예비교사를 위한

학교폭력 예방 및 대책

저자: 최헌철 · 김정원 · 송성순 · 김도진

창지사

머/리/말

'학교폭력이란 무엇인가?'

학교폭력은 학생을 대상으로 이루어지는 신체적, 언어적, 심리적 폭행을 의미한다. 학교폭력을 이분법적으로 가해 학생과 피해 학생으로 구분하는 것은 매우 위험하다. 학교폭력의 이면에는 사회적, 심리적, 환경적 요인이 복합적으로 작용하기 때문에 일방적인 가해자, 피해자가 존재하지 않는다.

예를 들어, 교실에서 늘 괴롭힘의 대상이 되던 학생이 더 이상 참지 못해 평소에 자신을 괴롭히던 학생에게 순간적인 감정으로 폭력을 휘두르게 되었다. 그런데 이 한 번 휘두른 폭력의 수준이 심하여 괴롭히던 학생이 크게 상처를 입고, 괴롭힘을 당했던 학생이 학교폭력사건으로 입건되었다면 두 학생을 단순히 피해자와 가해자로 나눌 수 없을 것이다.

이처럼 학교폭력 사건은 피해자인 동시에 가해자이며, 가해자인 동시에 피해자인 경우가 대부분이다. 그러므로 학교폭력의 특성을 고려하지 않고, 결과론적인 관점으로 학생을 지도하는 것은 매우 위험하다.

학생을 가르치려는 예비교사라면 누구나 한 번쯤은 '학교폭력이 일어났을 때 어떻게 대처해야 할까?'라는 고민을 해 보았을 것이다. 이 책은 그러한 고민을 조금이나마 덜어 주고자 '학교폭력의 이해'부터 시작하여 '학교폭력의 유형', 그리고 '학교폭력의 예방과 개입 프로그램'으로 구성하여 학교폭력에 대한 기본적인 지식과 지침을 담고 있다. PART 01은 학교폭력의 이해를 높이고자 '학교폭력의 개념', '학교폭력의 실태 및 분석', '학교폭력 원인론'에 관한 내용으로 구성하였다. PART 02는 교내·외에서 학생을 대상으로 한 학교폭력의 유형의 이해를 높이고자 '집단 괴롭힘', '언어폭력', '사이버불링', '성폭력'에 관한 내용으로 구성하였다. 마지막으로 PART 03은 학교폭력 예방과 개입 프로그램에 대한 이해와 실천적인 지침을 제시하고자 '학교폭력의 예방 프로그램', '학교폭력 학생 심리상담', '학교폭력 학부모 교육 및 심리상담', '학교폭력 관련 지원기관', '학교폭력 사례분석'에 관한 내용으로 구성하였다.

이 책은 특별히 학교폭력의 이해를 높이기 위해 생물학적 이론, 심리학적 이론, 사회학적 이론을 추가하였다. 또한 학교폭력 예방 및 대책에 관한 실천적인 지침을 제공하고자 국내·외 예방 프로그램을 담았고, 최근에 논란이 되는 학교폭력의 사례를 담아 학교폭력의 전반을 이해하는 데 도움을 주고자 많은 노력을 기울였다.

그러나 이러한 노력에도 불구하고 부족하고 미흡한 점이 있음을 시인하며, 여러 선배와 동료, 현장에서 직접 뛰는 선생님, 연구자들의 충언을 바란다. 그리고 이 책의 출판을 기꺼이 맡아 주신 창지사 사장님과 부장님, 책의 완성도를 높이기 위해 교정·편집·디자인을 맡아 주신 여러분께 깊은 감사를 드린다.

2016년 9월

저자일동

차/례

CHAPTER 10 학교폭력 학부모 교육 및 심리상담 • 230

CHAPTER 11 학교폭력 관련 지원기관 • 253

CHAPTER 12 학교폭력 사례분석 • 263

PART 01

학교폭력의 이해

01 CHAPTER 학교폭력의 개념

1 학교폭력의 정의

최근 학교폭력이 학교 안팎에서 자행되고 있고, 점차 그 위험수위가 높아지면서 심각한 사회 문제로 대두되고 있다. 학교폭력이란 학교에서 일어나는 폭력 혹은 학교와 연관된 폭력을 말한다. 그러나 학교폭력이라는 개념은 관점과 적용범위, 대상의 주체와 객체에 따라 교내폭력, 학교 주변 폭력, 또래폭력, 청소년폭력, 학생폭력 등의 용어와 혼용되고 있다. 일반적인 학교폭력이란 신체에 가하는 물리적 폭력 이외에 심리적 폭력, 언어폭력 등을 포함하는 것이 사회적 통념으로 폭력의 수단에는 제한이 없으며, 폭력은 직접 사람에 대하여 행해지는 것을 요하지 않고 물건에 대한 유형의 행사도 간접적으로 사람의 의사 형성에 영향을 미칠 수 있으면 폭력에 해당한다고 볼 수 있다. 따라서 이러한 폭력이 발생하는 장소, 가해와 피해의 대상, 폭력의 내용에 따라 학교폭력 역시 다양하게 정의되고 있다.

학교폭력의 실태와 개선방안의 연구(박영남, 외 2015) 보고서에 의하면, 학교폭력이란 용어는 현 청소년폭력 예방재단의 전신인 학교폭력 예방 시민모임에서 처음 사용되었으나 학교라는 교육현장에서 폭력이 행하여진다는 것을 인정하려 하지 않았기 때문에 학교폭력이라는 용어를 사용하지 못하게 하였다. 그러다가 1997년 학생들의 폭력이 급속히 악화되고 이로 인하여 자살하는 학생이 늘어나자 정부기관 및 매스컴 등에서 학교폭력이란 용어를 공식적으로 사용하기 시작하였다.

학교폭력(school violence)은 학교(school)와 폭력(violence)이라는 두 단어의 합성어로 '학교에서 발생하는 폭력'이라고 정의할 수 있다. 그러나 학교폭력의 개념은 학교라는 특수한 환경과 조건으로 인해 관점과 적용범위, 대상의 주체와 객체에 따라 정의에 대한 시각이 조금씩 차이를 보이고 있고 이는 다음과 같다(정종진, 2013).

첫째, 학교폭력이 발생하는 장소이다. 교내와 학교 주변, 등하굣길에서 경험하는 폭력뿐만 아니라 가정이나 학교 밖에서 일어나는 폭력도 학생들에게 영향을 미치는 것이라면 학교폭력으로 보아야 한다는 광의의 입장이 있다. 반면에 학교폭력의 범위를 학교 내에서 발생하는 폭력이나 학교 주변에서 발생하는 폭력으로 한정해야 한다는 협의의 입장도 있다.

둘째, 학교폭력의 주체가 되는 가해자와 피해자이다. 학교폭력의 가해자를 학교 내 학생으로 한정할 것인가, 아니면 피해 학생에게 폭력을 가하는 모든 사람들을 대상으로 할 것인가에 대한 입장이다.

셋째, 어떤 행위를 학교폭력으로 간주할 것인가에 대한 문제이다. 학교폭력은 가해자가 타인에게 해를 끼치려는 의도를 가진 어떠한 행동도 폭력으로 간주될 수 있다. 이 문제는 학교폭력의 정의에서 가장 어려운 부분이며, 연구자에 따라 다양하게 정의되고 있다.

이처럼 학교폭력에 대한 정의는 상당한 논란이 있어 왔으며, 국내·외의 학자, 정책연구원들마다 다양한 견해를 보이고 있다.

우선 국외의 토마스(Thomas, 2006)는 학교폭력을 다음과 같이 정의하고 있다.

첫째, 학교폭력이란 신체적·심리적 상해나 재산상의 피해를 가져오는 의도적이고 부주의한 행동으로 볼 수 있다.

둘째, 학교를 중심으로 발생하는 것으로서 정신적·신체적으로 나약하여 외부의 압력에 대해 스스로를 방어할 능력이 없는 아동에 대하여 힘이 강한 개인이나 집단이 고의적으로 단기간 또는 장기간에 걸쳐 가하는 물리적·심리적 공격이다.

프라이드(Fried)는 학교폭력의 구성요소를 다음과 같이 말하고 있다(이창호, 2009, 재인용)

첫째, 상대방에게 피해를 입힐 의도가 있어야 한다.

둘째, 상당한 기간에 걸쳐 반복적으로 특정 학생에게 피해를 입혀야 한다.

셋째, 가해자의 연령이나 신분이 남자라는 요소가 작용하여 가해 학생이 폭력행사의 표적이 된 학생에 대하여 힘의 우위를 유지하고 있다.

넷째, 피해 학생은 육체적으로 나약하거나 심리적으로 지나치게 민감하여 다른 학생의 폭력에 대응하지 못하고 다른 학생의 조롱이나 놀림에 상처받기 쉬운 성격을 지니고 있다.

다섯째, 피해 학생의 소외감이나 보복에 대한 두려움으로 주위의 도움을 받지 못한다.

여섯째, 학교폭력의 결과로 피해 학생의 자아 개념에 대한 손상이 상당 기간 지속되며 피해 학생은 이 충격 때문에 학교생활이 위축되거나 공격 행동을 하게 된다.

국내의 신혜섭(2005)은 학교폭력을 "학생들이 학교 내·외에서 가하거나 당하는 강탈과 폭행, 공갈, 협박 및 성폭행."이라고 정의하고 있다. 이 외에 한국형사정책연구원에서는 학교폭력을 "자신보다 신체적·심리적으로 약한 위치에 있는 학생에게 가하는 유형·무형의 폭력."이라 정의하였으며, 한국청소년교육연구소에서는 "자신보다 신체적·심리적으로 약한 위치에 있는 학생에게 가해지는 위협 또는 실제 행동 측면에서의 신체적 폭행상태·언어적 폭력·금품의 갈취·성폭행·집단적 따돌림."으로 정의했다(지승희 외, 2005). 청소년보호위원회에서는 학교폭력을 "자기보다 약한 처지에 있는 청소년에게 학교 안이나 밖에서 신체적·심리적 폭력을 행사하거나 이를 반복적으로 실시하는 청소년 간의 행동이다."라고 정의하고 있다. 또한, 청소년폭력 예방재단은 "학교 내·외에서 청소년이 당하는 폭행, 금품, 갈취 등 신체적, 물리적 폭력과 협박, 따돌림 등과 같은 정신적 폭력 및 성적인 폭력을 포함한다."고 규정하였다. 그리고 경찰 실무상으로는 "학교 내·외에서 주로 학생들에 의해 가해지거나 당하는 신체적·물리적·정신적 성적 폭력으로, 단순폭력, 금품갈취, 폭력서클에 의한 폭력행위, 성폭력을 수반하는 행위."라고 정의한다.

다양한 학자들의 학교폭력에 대한 정의를 기초로 국내에는 2008년 3월에 「학교폭력 예방 및 대책에 관한 법률」(이하 「학교폭력 예방법」)이 개정되면서 학교폭력의 개념을 "학교 내·외에서 학생을 대상으로 발생한 상해, 폭행, 감금, 협박, 약취·유인, 명예훼손·모욕, 공갈, 강요·강제적 심부름, 성폭력, 따돌림, 사이버 따돌림, 정보 통신망을 이용한 음란, 폭력정보 등에 의하여 신체·정신 또는 재산상의 피해를 수반하는 행위(제2조 제1항)."라고 정의하였다(교육과학기술부, 2012b). 여기서 학교 외란 학원, 공원, 놀이터, 친구 집 등을 말하며, 따돌림이란 "학교 내·외에서 2명 이상의 학생이 특정인이나 특정집단의 학생들을 대상으로 지속적이거나 반복적으로 신체적 또는 심리적 공격을 가하여 상대방이 고통을 느끼도록 하는 일체의 행위."를 말한다. 사이버 따돌림은 "인터넷, 휴대전화 등 정보통신 기기를 이용하여 학생이 특정 학생을 지속적·반복적으로 심리적 공격을 가하거나, 특정 학생과 관련된 개인정보 또는 허위사실을 유포하여 상대방이 고통을 느끼도록 하는 일체의 행위."를 말한다. 학교폭력의 가해 학생과 피해 학생에 대한 개념을 살펴보면, 가해 학생이란 가해자 중에서 학교폭력을 행사하거나 그 행위에 가담한 학생을 말하며, 피해 학생이란 학교폭력으로 인하여 피해를 입은 학생을 말한다.

학교폭력의 개념 규정과 함께 교육부의 학교폭력 사안대응 기본지침(교육과학기술부, 2012a)에서는 사소한 괴롭힘이나 학생이 장난이라고 가장한 행위도 학교폭력으로 분명히 규정하고 있다.

또한, 강제적인 심부름, 따돌림, 사이버 따돌림을 제외한 나머지 모두는 「형법」 또는 특별법상 그 자체가 범죄로 규정되어 있다. 따라서 법적으로는 학교폭력의 문제를 단순한 학생 간의 사소한 다툼이나 갈등으로 이해하는 관용적 태도로 접근할 수 있는 차원의 문제는 아니다. 학교폭력의 개념이 학생 간 폭력에서 학생을 대상으로 한 폭력으로 확대됨에 따라 가해자가 학생이 아니더라도 피해자가 학생인 경우 피해 학생에 대한 보호조치를 받을 수 있도록 되어 있다(김다현 외, 2013).

지금까지의 학교폭력에 대한 다양한 정의를 종합해 보면, 학교폭력이란 학생을 대상으로 이루어지는 신체적·언어적·심리적 폭력을 의미한다. 즉, 힘의 우위에 있는 개인 또는 집단이 언어적 위협, 놀림, 소지품 은닉, 따돌림, 집단에 의한 무시, 신체적 폭력, 성추행, 금품갈취, 기물손괴 등의 행동을 통해 공포 분위기를 조성함으로써 피해 학생이 심리적인 소외감과 극도의 불안감을 겪고, 신체적인 상처와 물리적인 손해를 감수하고 있는 상태라면 학교폭력으로 볼 수 있다.

따라서 학교폭력이란 가해자의 신분이나 시간과 장소 구분 없이 학생을 대상으로 이루어지는 부정적인 의도를 지닌 신체적·언어적·심리적·경제적 피해를 주는 모든 행위를 총칭하는 것으로, 한 명 또는 여러 명의 학생이 힘의 불균형 상황에서 자기보다 약한 상대나 집단의 암묵적인 규칙을 어긴 학생을 온·오프라인 상황에서 따돌리거나 괴롭히는 행위도 포함된다. 대체로 이러한 학교폭력 행위는 반복적으로 발생하며 학생 개개인이 해결하기 어려운 속성을 가지고 있다(정종진, 2013).

2 학교폭력의 특징

학교폭력은 학교라는 교육적·제도적 특수 환경의 영향으로 독특한 특성과 양상을 나타내고 있다. 이로 인해 사회적으로 발생하는 폭력과 차별화하고 있으며, 문제 해결이나 처벌 방법에도 차이를 두고 있다. 최근의 국내 학교 주변에서 발생하고 있는 폭력양상을 종합해서 학교폭력의 특성을 살펴보면 다음과 같다.

1) 학교폭력의 저연령화

학교폭력의 가해자와 피해자의 연령이 점차 낮아지고 있다. 최근 초등학생 사이에서도 중·고등학생과 유사한 수준의 학교폭력이 발생하고 있다. 학교폭력 피해 학생의 70% 정도가 초등학교 때 처음 학교폭력을 경험하는 것으로 나타났다. 또한, 학교폭력 가해 학생 중에 59%가 초등학교 때부터 학교폭력을 가한 것으로 보고 하였다. 초등학생은 중·고등학생에 비해 학교폭력에 대한 대처 능력이 떨어지고 쉽게 가해 학생의 행동에 동조하는 경우가 많기 때문에 피해 학생이 모든 친구들로부터 소외되어 고립되는 상황이 쉽게 발생한다.

이러한 결과가 나타나는 이유는 청소년의 신체적 발달이 왕성해지면서 사춘기가 빨라지고 인터넷과 게임 등을 통해 폭력 문화를 접하는 연령도 계속 낮아지고 있기 때문이다. 특히 게임 중독 현상이 최근 들어 초등학교 저학년에서 두드러지게 나타나면서, 이것이 학교폭력의 저연령화에 크게 영향을 미치고 있다. 학교폭력의 저연령화 현상은, 초등학생의 경우에 학교폭력에 대한 대처능력이 중·고등학생에 비해 미약해서 두려움과 불안 정도가 심하며, 이로 인해 대인기피현상과 함께 등교를 거부하는 현상까지 발생하는 등 부정적인 영향이 심각한 것으로 드러났다.

2) 학교폭력의 집단화 및 조직화

최근의 학교폭력은 가해 학생이 2인 이상인 경우가 증가하고 있으며, 단독범행보다 집단이나 조직적인 규율로 움직이는 불량서클, 성인폭력조직과 연계해서 하부조직으로 움직이는 집단화 및 조직화 추세로 변화하고 있다. 더욱 문제가 되는 것은 상해와 폭행은 감소하는 반면, 2인 이상 공동범행이나 흉기소지 범행·상습폭행·집단폭행·야간폭력행위 등 법률에 위반되는 처벌적 형태의 범죄가 대폭 증가하고 있다는 것이다. 집단 따돌림이나 집단폭행으로 인한 학교폭력 피해 학생은 심리적 지지원인 친구로부터 멀어져 홀로 남게 된다.

3) 학교폭력의 잔인성

학교폭력이 학생탈선이나 비행의 차원을 넘어서 심각한 범죄 수준에 이르고 있다. 최근의 학교폭력양상은 폭력행사나 금품갈취 이외에도 집단구타, 집단적인 따돌림이나 놀림은 물론 신체적·심리적 협박, 갈취, 성추행, 사이버폭력, 조직폭력 및 상납 요구, 가상게임을 통한 폭력, 동영상 촬영 등 언어적·신체적·정신적 폭력이 자행되고 있다. 그 수법 또한, 잔혹하고 대담해지고 있다. 그리고 이러한 폭력이 단순 일회성 폭력보다 6개월 이상 지속적으로 잔인하고 집요하게 가해지는 학대적 폭력이 증가하고 있다. 학교폭력의 잔인성으로 인한 피해 학생은 더 이상 학교나 교사 심지어 부모에게조차 도움을 요청하지 못하는 절망적인 상태에서 극단적인 자해행위나 자살을 선택하는 경우가 증가하고 있다.

4) 학교폭력의 일상화와 둔감화

학교폭력이 일상화되면서 비행 유형으로 변질되고 있다. 즉, 학교 안팎에서 이루어지는 학교폭력이 차지하는 비율이 점차 늘어나고 있어, 폭력이 학생의 일상과 주변에 만연되어 있다. 이전에는 학교 내 비행학생의 전유물로 여겨졌던 학교폭력 행위가 일반학생 사이에서도 쉽게 발생하면서 청소년기 특유의 비행 행동으로 간주해서 방치하거나 무시하는 경향이 있다. 또한, 가해 학생의 학교폭력에 대한 인식이 무뎌지고 일상화되어 폭력으로 인식하지 못하는 경향을 보이고 있다. 일선 교사는 학교폭력 및 집단 괴롭힘과 관련하여 가장 우려되는 점을 가해자의 죄의식 및 죄책감이 부족하다는 점을 들고 있다.

5) 사이버폭력의 증가

청소년의 인터넷과 휴대전화 사용의 보편화로 사이버폭력이 급증하고 있다. 사이버폭력은 인터넷이나 문자 메시지, 페이스북, 트위터, 카카오톡, 밴드 등을 이용하여 학교폭력 가해 학생이 피해 학생을 대상으로 비난하는 욕설과 비방을 담은 허위사실이나 악플을 전파하는 것이다. 최근에는 메신저 차단, 이메일 해킹, 개인블로그, 개인SNS 공격 등의 행위로 집단적으로 괴롭히거나 소외시키는 현상도 적지 않다. 이 외에도 데이터를 무제한으로 쓸 수 있는 휴대전화 요금제에 가입하게 한 뒤 스마트폰의 테더링이나 핫스팟 기능을 통해 공짜로 인터넷을 사용하는 방법도 등장하고 있다. 이러한 사이버폭력의 증가는 학교에서뿐만 아니라 24시간 때와 장소를 가리지 않고 피해 학생을 괴롭히고 있다는 것을 말해주고 있다.

6) 여학생의 폭력증가

여학생의 학교폭력이 날로 증가하는 양상을 보이고 있다. 일반적으로 폭력은 남성들의 전유물로 여겨지고 학교폭력의 대부분은 남학생에 의한 문제로 인식되어 왔으나 최근에는 여학생의 학교폭력이 증가하고 있다. 특히 여학생의 폭력은 집단으로 행해지고 있으며, 언어적 폭력에 국한되는 것이 아니라 신체적 폭력으로 이어지고 있다. 여학생 폭력의 사례를 보면 피해 학생에게 수치심을 주거나 복종하게 하기 위해 옷을 벗긴 후 때리거나, 머리카락에 불을 붙이고, 몸 안에 이물질을 집어넣기까지 한다. 또한, 질투심으로 인해 자신의 남자 친구를 시켜 성폭행하여 교사죄로 처벌받은 사례도 있다. 이처럼 여학생 폭력은 간접적이고 지능적이며, 정서적인 괴롭힘으로 피해자의 고통은 심각한 수준이다.

7) 성폭력의 증가

최근의 학교폭력 중 상당수가 성폭행이나 성추행과 관련되어 있으며, 폭력의 정도가 심각한 수준이다. 성폭력 수법으로는 집단 성폭행, 수치심을 느끼게 하는 성추행, 강간 및 집단강간 동영상을 촬영해 인터넷에 유포시키는 등 폭력성이 점점 악랄해지고 있다. 이러한 원인으로는 학생들이 인터넷이나 스마트폰을 이용하여 성과 관련된 유해 환경에 쉽게 접근이 가능하게 되었고, 이에 대한 무비판적인 모방이 늘어나면서 더욱 증가하고 있다.

8) 학교폭력의 은폐화

학교폭력의 심각성에도 불구하고 피해 학생은 자신의 피해 사실을 적극적으로 알리지 못하는 경우가 많다. 학교폭력에 대한 사회적 민감성이 높아져 가는 현 상황에도 불구하고 피해 학생과 이를 목격한 학생은 일이 커질 것 같고, 이야기해도 소용없을 것 같고, 보복당할 것 같다는 두려움으로 적극적으로 신고하지 않기 때문에 학교폭력이 은폐되고 있는 실정이다. 또한, 학교폭력 목격자들은 보복 등 자신이 피해자의 위치에 놓일 수 있다는 두려움이 크고, 친구들에게 관심이 부족하거나 도와줘도 소용이 없을 것 같은 무력감과 좌절감이 커서 적극적으로 방어하거나 신고하지 못하는 경우가 많다. 이렇게 낮은 신고율로 인해 가시적으로 드러나지 않는 폭력, 즉 따돌림이나 협박, 모욕, 강제적 심부름 등의 심리적 폭력이 증가하고 있다. 이와 함께 학교와 교사, 부모 등 중재 가능한 성인이 인식하지 못하는 가운데 학교폭력은 은밀하고 지속적으로 이루어지고 있다.

3 학교폭력 예방법에 따른 가해 학생 조치 변화

「학교폭력 예방법」은 2004년에 제정된 이후 2013년까지 총 12차례에 걸쳐 개정되어왔다. 그중에서 가해 학생에 대한 조치 내용은 아래 〈표 1-1〉, 〈표 1-2〉, 〈표 1-3〉과 같다.

2004년 1월 29일 제정된 「학교폭력 예방법」에서 가해 학생에 대한 조치를 1호에서 9호까지 9단계로 구분하였고, 2004년 7월 제정된 「학교폭력 예방법 시행령」에서는 출석정지에 관한 조항이 신설되었다. 이후 2008년 3월에 법률이 개정되어 기존의 8호 처분인 '출석정지' 조항에 '10일 이내'라는 출석정지 상한기간이 추가되었다(〈표 1-1〉 참조).

2012년 1월 법률 개정에서는 이전 법률에서의 3호 학급교체와 4호 전학처분이 7호 학급교체와 8호 전학처분으로 개정되면서 동년 3월 13일에 전학과 관련한 시행령 개정이 이루어졌다. 2012년 3월 21일 「학교폭력 예방법」 개정에서 6호 출석정지에 상한을 두었던 조항이 6호 출석정지로 개정되면서, 동년 3월 30일 시행령이 개정되었다. 구체적으로 가해 학생에 대한 전학조치에 관해 추가되었고, 가해 학생에 대한 우선 출석정지, 가해 학생의 조치 거부·기피에 대한 추가 조치, 퇴학 학생의 재입학 조항이 신설되었다. 동년 7월에는 가해 학생에 대한 조치별 적용기준이 신설되었고, 동년 9월에는 가해 학생에 대한 조치별 적용기준, 가해 학생에 대한 전학조치, 가해 학생에 대한 우선 출석정지, 가해 학생의 조치 거부·기피에 대한 추가 조치, 퇴학 학생의 재입학에 관한 사항이 개정되었다(〈표 1-2〉와 〈표 1-3〉 참조).

〈표 1-1〉「학교폭력 예방법」의 가해 학생 조치 변화(2004~2008년)

「학교폭력 예방법」	「학교폭력 예방법 시행령」
[2004. 1. 29. 제정] 1. 피해 학생에 대한 서면사과 2. 피해 학생에 대한 접촉 및 협박의 금지 3. 학급교체 4. 전학 5. 학교에서의 봉사 6. 사회봉사 7. 학내·외 전문가에 의한 특별교육 이수 또는 심리치료 8. 출석정지 9. 퇴학처분	[2004. 7. 30. 제정]가해 학생에 대한 출석정지기간(신설) ① 출석정지기간은 자치위원회의 심의를 거쳐 학교의 장이 정한다. ② 학교의 장은 출석정지된 학생에 대하여는 출석정지기간 중 가정학습에 대한 지원 등 교육상 필요한 조치를 하여야 한다.
[2005. 3. 24. 타법 개정] 위와 동일 [2005. 12. 29. 타법 개정] 위와 동일 [2006. 2. 21. 타법 개정] 위와 동일 [2008. 2. 29. 타법 개정] 위와 동일	
[2008. 3. 14. 전부개정] 1. 피해 학생에 대한 서면사과 2. 피해 학생에 대한 접촉 및 협박의 금지 3. 학급교체 4. 전학 5. 학교에서의 봉사 6. 사회봉사 7. 학내·외 전문가에 의한 특별교육 이수 또는 심리치료 8. 10일 이내의 출석정지* 9. 퇴학처분	[2008. 9. 12. 전부개정]

〈표 1-2〉 「학교폭력 예방법」의 가해 학생 조치 변화(2009~2012년)

「학교폭력 예방법」	「학교폭력 예방법 시행령」
[2009. 5. 8. 일부 개정] 위와 동일 [2010. 1. 18. 타법 개정] 위와 동일 [2011. 5. 19. 일부 개정] 위와 동일	[2009. 8. 6. 일부 개정] [2011. 11. 18. 일부 개정]
[2012. 1. 26. 일부 개정] 1. 피해 학생에 대한 서면사과 2. 피해 학생에 대한 접촉, 협박 및 보복행위의 금지 3. 학교에서의 봉사 4. 사회봉사 5. 학내·외 전문가에 의한 특별교육 이수 또는 심리치료 6. 10일 이내의 출석정지 7. 학급교체 8. 전학 9. 퇴학처분	[2012. 3. 13. 일부 개정] – 가해 학생에 대한 전학조치(신설) ① 초등학교·중학교·고등학교의 장은 자치위원회가 학교폭력 가해 학생에 대한 전학조치를 요청하는 경우에는 초등학교·중 학교의 장은 교육장에게, 고등학교의 장은 교육감에게 해당 학생이 전학할 학교의 배정을 지체 없이 요청하여야 한다. ② 교육감 또는 교육장은 학교폭력 가해 학생이 전학할 학교를 배정할 때에는 학교폭력 피해 학생의 보호에 충분한 거리 등을 고려하여야 하며, 관할구역 외의 학교를 배정하려는 경우에는 해당 교육감 또는 교육장에게 이를 통보하여야 한다. ③ 제2항에 따른 통보를 받은 교육감 또는 교육장은 해당 가해 학생이 전학할 학교를 배정하여야 한다.
[2012. 3. 21. 일부 개정] 1. 피해 학생에 대한 서면사과 2. 피해 학생에 대한 접촉, 협박 및 보복행위의 금지 3. 학교에서의 봉사 4. 사회봉사 5. 학내·외 전문가에 의한 특별교육 이수 또는 심리치료 6. 출석정지 7. 학급교체 8. 전학 9. 퇴학처분	[2012. 3. 30. 전부개정] – 가해 학생에 대한 전학조치(추가) ①②③ (2012. 3. 13.)과 동일 ④항 추가: 교육감 또는 교육장은 전학조치된 가해 학생과 피해 학생이 상급학교에 진학할 때에는 각각 다른 학교를 배정하여야 한다. 이 경우 피해 학생이 입학할 학교를 우선적으로 배정한다. – 가해 학생에 대한 우선 출석정지(신설) ① 학교의 장이 출석정지 조치를 할 수 있는 경우는 다음 각호와 같다. 1. 2명 이상의 학생이 고의적·지속적으로 폭력을 행사한 경우 2. 학교폭력을 행사하여 전치 2주 이상의 상해를 입힌 경우 3. 학교폭력에 대한 신고, 진술, 자료 제공 등에 대한 보복을 목적으로 폭력을 행사한 경우 4. 학교의 장이 피해 학생을 가해 학생으로부터 긴급하게 보호 할 필요가 있다고 판단하는 경우 ② 학교의 장은 제1항에 따라 출석정지 조치를 하려는 경우에는 해당 학생 또는 보호자의 의견을 들어야 한다. 다만, 학교의 장이 해당 학생 또는 보호자의 의견을 들으려 하였으나 이에 따르지 아니한 경우에는 그러하지 아니하다.

출처: 김남이(2015). Q 방법론을 활용한 학교폭력의 '무관용 원칙'에 대한 인식분석. pp. 22-26.

〈표 1-3〉「학교폭력 예방법」의 가해 학생 조치 변화(2012~2014년)

「학교폭력 예방법」	「학교폭력 예방법 시행령」
[2012. 3. 21. 일부 개정] 위와 동일	– 가해 학생의 조치 거부·기피에 대한 추가 조치(신설) 자치위원회는 조치를 받은 학생이 해당 조치를 거부하거나 기피하는 경우에는 법 제17조 제11항에 따라 학교의 장으로부터 그 사실을 통보받은 날부터 7일 이내에 추가로 다른 조치를 할 것을 학교의 장에게 요청할 수 있다. – 퇴학 학생의 재입학(신설) ① 교육감은 퇴학 처분을 받은 학생에 대하여 법 제17조 제12항에 따라 해당 학생의 선도의 정도, 교육 가능성 등을 종합적으로 고려하여 「초·중등교육법」 제60조의 3에 따른 대안학교로의 입학 등 해당 학생의 건전한 성장에 적합한 대책을 마련하여야 한다. ② 규정한 사항 외에 가해 학생에 대한 조치 및 재입학 등에 필요한 세부사항은 교육감이 정한다. [2012. 7. 31. 타법 개정] – 가해 학생에 대한 조치별 적용 기준(신설) 1. 가해 학생이 행사한 학교폭력의 심각성·지속성·고의성 2. 가해 학생의 반성 정도 3. 해당 조치로 인한 가해 학생의 선도 가능성 4. 가해 학생 및 보호자와 피해 학생 및 보호자 간의 화해의 정도 5. 피해 학생이 장애학생인지 여부 – 가해 학생에 대한 전학조치 – 가해 학생에 대한 우선 출석정지 – 가해 학생의 조치 거부·기피에 대한 추가 조치 – 퇴학 학생의 재입학 [2012. 9. 14. 타법 개정] –가해 학생에 대한 조치별 적용 기준 –가해 학생에 대한 전학조치 –가해 학생에 대한 우선 출석정지 –가해 학생의 조치 거부·기피에 대한 추가 조치 –퇴학 학생의 재입학
[2013. 3. 23. 타법 개정] 위와 동일 [2013. 7. 30. 일부 개정] 위와 동일	[2013. 3. 23. 타법 개정]위와 동일
[2014. 11. 19. 타법 개정] 위와 동일	[2014. 6. 11. 타법 개정] 위와 동일 [2014. 11. 19. 타법 개정] 위와 동일

출처: 김남이(2015). Q 방법론을 활용한 학교폭력의 '무관용 원칙'에 대한 인식분석. pp. 22-26.

4 학교폭력 근절 종합 대책 이전과 이후의 가해 학생 조치 변화

2012년도부터 학교폭력 근절 종합대책 발표 전후 학교폭력 가해 학생에 대한 조치는 〈표 1-4〉와 같다. 2012년 학교폭력 근절 종합대책 발표 전 출석정지기간이 10이내(연간 30일 이내)의 상한 조항에 대한 제한이 삭제되었으며, 연간 수업일 수의 3분의 2이상 출석정지에 대해 유급조치가 신설되었다. 그리고 보복과 장애학생에 대한 폭행에 관해 가중처벌조치하며, 가해 학생 학부모의 동의가 없어도 전학조치할 수 있고, 피해 학생 인근학교로의 재전학이 불가능하게 되었다. 또한, 상급학교 진학 시 동일학교로 배정되지 않도록 하며, 특별교육 시 가해 학생의 보호자도 함께 교육을 받아야 하는 강제조항이 신설되었다.

〈표 1-4〉 학교폭력 근절 종합 대책 전후의 가해 학생의 조치

구분	2012년 이전	학교폭력 근절 종합대책 (2012. 2. 6.)	현장중심 예방 대책 (2013. 7. 23.)
가해 학생 즉시 출석정지	학교폭력대책자치위원회의 심의 후 출석정지를 학교장에게 요청 → 학교장 출석정지 조치	학교장이 즉시 출석정지 조치 가능	가해 학생에게 긴급 출석정지 조치 가능(출석정지에 대하여 학부모에게 서면 통지)
출석정지기간	10일 이내 (연간 30일 이내)	제한 없음	제한 없음
출석정지로 인한 유급	유급 불가능	유급 가능(연간 수업일 수의 3분의 2 이상 출석정지 당하면 유급)	변동사항 없음
보복·장애학생 폭행	근거규정 없음	가중처벌조치	변동사항 없음
전학	강제 전학 불가능(가해 학생 학부모의 동의 없이는 전학이 어려움)	강제전학 가능(가해 학생 학부모의 동의가 없이도 가능)	강제전학 이후 피해 학생의 인근 학교로 재전학 불가능

상급학교 진학 시 타 학교 배정	근거규정 없음	피해 학생 선배정 후 가해 학생 별도 배정으로 동일 학교에 배정되지 않도록 조치	변동사항 없음
특별교육 시 학부모 소환	의무사항 아님	의무 사항(불이행 시 과태료 부과 검토)	해당 학생의 보호자도 함께 교육을 받게 하여야 하며 불이행 시 300만 원 과태료를 부과함 과태료를 부과해도 특별교육을 3개월 이내 받아야 함
학교생활기록부 학교폭력징계 사항 기록	기록의무 없음	학교폭력 조치를 생활기록부 기재 의무화(5년)	생활기록부 기재 및 졸업 후 2년간 유지(자치위원회의 심의를 거쳐 졸업 후 즉시 삭제 여부 결정)
재활치료	의무사항 아님	가해 학생 재활 프로그램 필수 운영, 학부모의 동의 없이도 가해 학생에 대한 심리치료 실시	전학·퇴학 시 대안교육기회 제공

출처: 김남이(2015). Q 방법론을 활용한 학교폭력의 '무관용 원칙'에 대한 인식분석. pp. 27-28.

5 학교폭력 예방법과 소년법

1) 소년법의 개념

「소년법」은 성인범죄자에 비해 의사결정능력의 부족 등으로 인한 차이를 인정하는 소년보호주의를 바탕으로 1958년에 제정되어 2014년까지 9차례 개정이 이루어졌다. 소년보호주의는 국가가 소년범죄자에 대해 부모 또는 부모를 대신하여 역할을 수행해야 한다는 국친 사상에 근거하여 정착되었다. 이러한 배경은 우리나라의 「소년법」 제1조에 "이 법은 반사회성 있는 소년에 대하여 그 환경의 조정과 성행의 교정에 관한 보호 처분을 행하고 형사처분에 관한 특별조치를 행함으로써 소년의 건전한 육성을 기함을 목적으로 한다."고 기술되어 있는 것을 바탕으로 한다. 「소년법」의 주요 개정 내용은 〈표 1-5〉와 같다.

그러나 최근 청소년의 신체적 성장 및 문화적 성장과 소년범죄의 흉폭화·전문화·조직화 등의 문제로 인해 현행 「소년법」은 엄벌주의와 소년보호주의라는 양면적인 성격을 가지게 되었다. 「소년법」의 엄벌주의는 적용 대상 연령의 하향 조정, 보호 처분의 확대 및 신설, 검사의 처분 결정 전 사전조사제 도입 등으로 나타난다. 반면에 소년보호주의는 국선보조인 제도나 피해자와 가해자 간의 화해 권고 제도, 비행예방정책의 기본규정, 조건부 기소유예 제도 등으로 나타난다. 이 중에 조건부 기소유예 제도는 전문가의 의견을 반영하여 소년범의 사회 복귀 방향을 제시해 주며, 낙인효과도 줄여 새로운 삶을 살아갈 수 있도록 도와주는 회복적 사법의 일환으로 교육주의와 과학주의 측면에서 효과가 매우 크다는 것을 알 수 있다.

소년사범의 절차는 크게 소년보호사건과 소년형사사건으로 나뉜다. 전자는 「소년법」에서 규정하고, 후자는 일반 형사사건과 같은 형사소송법에 따르며, 「소년법」에 특별한 규정이 있으면 그에 따르도록 하고 있다. 「소년법」상 형벌 법령에 저촉되는 행위를 한 10세 이상 14세 미만의 소년인 촉법소년과 10세 이상 19세 미만의 소년으로서 "집단적으로 몰려다니며 주위 사람들에게 불안감을 조성하는 성벽(性癖)이 있는 자 또는 정당한 이유 없이 가출하는 자, 술을 마시고 소란을 피우거나 유해 환경에 접하는 성벽이 있는 자(「소년법」 제4조)."인 우범소년은 소년보호사건으로 경찰서장이 소년법원에 직접 송치를 하며, 보호자 또는 학교, 사회복리시설, 보호관찰소의 장은 범죄소년, 촉법소년, 우범소년을 관할 소년부에 통고할 수 있다(권봉주 외, 2014).

〈표 1-5〉 「소년법」 주요 개정 내용

「소년법」	내용	
「소년법」 제정	–1958년 7월 24일 법률 제489호로 제정(9차례에 걸쳐 개정됨).	
현행 「소년법」 개정 이유	–일부 개정 2007. 12. 21. 법률 제8722호, 총4장 71조 부칙 6조로 구성. –소년범죄는 감소하고 있으나 높은 수준의 재범률 등으로 인해 개정함.	
개정 「소년법」 주요 내용	적용연령 하향(엄벌주의)	촉법소년 및 우범소년의 연령을 현재 12세 이상에서 세 이상으로, 20세 미만에서 19세 미만으로 낮춤.
	검사의 사전 조사제(엄벌주의)	검사가 전문가가 조사한 소년의 품행, 환경 등 분석 자료를 근거로 사건을 처리함.
	화해권고 제도(보호주의)	판사가 화해를 권고할 수 있고 보호 처분 결정에 참작할 수 있음.
	소년보호사건에서의 국선보조인 제도(보호주의)	예전에는 규정이 없었으나 인권보장을 위해 위탁소년에 대해서는 필수적으로 국선보조인을 선정하도록 함.
	조건부 기소유예 제도(보호주의)	경미한 사안에 대해서는 선도교육과 관련된 단체 시설에서 상담교육활동을 받을 수 있음.

출처: 최준(2009). 소년범죄와 개정소년법. 교정복지연구, 16, pp. 37-63.

2) 학교폭력 예방법과 소년법

「학교폭력 예방법」은 피해 학생의 보호, 가해 학생의 선도·교육 및 피해 학생과 가해 학생 간의 분쟁조정을 목적으로 한다. 이는 범죄를 해결하는 과정에서 중요한 것은 가해자에 대한 처벌이 아니라, 피해의 회복이라는 회복적 사법의 철학을 담은 법률제정이라고 볼 수 있다(강지명·이유진, 2013). 또한, 학교폭력 예방과 소년법의 관계(권봉주, 외, 2014)에서도 반사회성이 있는 소년에 대한 처벌이 목적이 아니라 소년들이 건전하게 성장할 수 있도록 돕기 위해 제정된 회복적 사법이다. 법의 적용에 있어 두 법은 약간의 차이가 있다.

첫째, 법의 제정 목적 측면에서 「소년법」은 반사회적 범죄를 저지른 소년들에 대한 조치와 교정에 초점을 두고 있으며, 「학교폭력 예방법」은 학교폭력에 연루된 가해 학생뿐 아니라 피해 학생의 보호까지 명시하고 있다. 이는 가해 학생만을 대상으로 하는 「소년법」의 한정적 대상 범위를 「학교폭력 예방법」이 보완하여 피해 학생의 입장까지 고려한 것으로 상호보완적인 특성을 가진다(〈표 1-6〉 참조).

둘째, 「학교폭력 예방법」 제2조는 학교폭력을 학생을 대상으로 발생한 행위로 규정하여, 학교 밖 청소년 등에 의한 학교폭력도 동법에 따라 지원받을 수 있다고 규정하고 있어 가해자가 학생이 아니더라도 피해자가 학생인 경우 학교폭력에 해당하여, 피해 학생에 대한 보호조치가 실시된다. 이 경우, 가해자에게는 「학교폭력 예방법」상의 여러 가지 징계조치가 내려지고 분쟁조정도 하게 된다(〈표 1-6〉 참조).

〈표 1-6〉 「학교폭력 예방법」과 「소년법」 비교

「학교폭력 예방법」	「소년법」
제1조: 이 법은 학교폭력의 예방과 대책에 필요한 사항을 규정함으로써 피해 학생의 보호, 가해 학생의 선도·교육 및 피해 학생과 가해 학생 간의 분쟁조정을 통하여 학생의 인권을 보호하고 학생을 건전한 사회구성원으로 육성함을 목적으로 한다. 제2조: 이 법에서 사용하는 용어의 정의는 다음 각호와 같다. 1. '학교폭력'이란 학교 내·외에서 학생을 대상으로 발생한 상해, 폭행, 감금, 협박, 약취·유인, 명예훼손·모욕, 공갈, 강요·강제적 인 심부름 및 성폭력, 따돌림, 사이버 따돌림, 정보통신망을 이용한 음란·폭력 정보 등 에 의하여 신체·정신 또는 재산상의 피해를 수반하는 행위를 말한다.	제1조: 이 법은 반사회성이 있는 소년의 환경 조정과 품행 교정을 위한 보호 처분 등의 필요한 조치를 하고, 형사처분에 관한 특별조치를 함으로써 소년이 건전하게 성장하도록 돕는 것을 목적으로 한다. 제2조(소년 및 보호자): 이 법에서 '소년'이란 19세 미만인 자를 말하며, '보호자'란 법률상 감호교육(監護敎育)을 할 의무가 있는 자 또는 현재 감호하는 자를 말한다.

셋째, 예방교육과 관련하여 「학교폭력 예방법」에서는 학생의 인권을 보호하기 위하여 학교의 장은 학생의 육체적·정신적 보호와 학교폭력의 예방을 위해 학기별로 1회 이상 교육을 실시하여야 하며, 학부모와 전 교직원을 대상으로도 학기별 1회 이상을 교육하도록 하고 있다. 기존의 「소년법」에서는 비행소년만을 대상으로 교육을 실시하였지만 「학교폭력 예방법」에서는 비행소년뿐만 아니라 모든 학생과 학부모, 교직원까지 포함하면서 학교폭력 예방에 초점을 맞추어 교

육하도록 하였다(〈표 1-7〉 참조).

그러나 학교폭력 예방교육이 학교평가와 연계된 상황에서 학교폭력 문제는 학교 자체적으로 해결하려는 경향이 높고, 전문상담가의 부족 등으로 인해 피해 학생이나 가해 학생에 대한 전문적인 예방교육이 충분히 이루어지고 있지 않다. 특히, 최근 발생하는 학교폭력은 학생 개인의 정신적 장애 및 가정환경 등과 같은 학교 외적인 요인이 복잡하게 작용하고 있어 일괄적인 방식의 예방교육은 효과를 발휘하기 어렵다. 따라서 소년법에서는 학교 외적 요인인 가정폭력, 정신적 우울증 예방교육에 대한 지원 및 의무규정이 필요하고, 학교폭력 예방법에서는 학기별 1회라는 형식적인 규정에서 벗어나, 학교 내적 요인인 교우관계, 사제관계 등에 초점을 두어 학교실태에 맞는 폭력 예방교육이 계획 및 실천될 수 있도록 범위와 내용을 명확히 하는 근거 규정 마련이 필요하다.

〈표 1-7〉 「학교폭력 예방법」과 「소년법」의 예방교육 관련 법령 비교

「학교폭력 예방법」	「소년법」
제15조 ① 학교의 장은 학생의 육체적·정신적 보호와 학교폭력의 예방을 위한 학생들에 대한 교육(학교폭력의 개념·실태 및 대처방안 등을 포함)을 학기별로 1회 이상 실시하여야 한다. ② 학교의 장은 학교폭력의 예방 및 대책 등을 위한 교직원 및 학부모에 대한 교육을 학기별로 1회 이상 실시하여야 한다.	제67조의 2. 법무부장관은 제4조 제1항에 해당하는 자(이하 '비행소년'이라 한다.)가 건전하게 성장하도록 돕기 위하여 다음 각호의 사항에 대한 필요한 조치를 취하여야 한다. 1. 비행소년이 건전하게 성장하도록 돕기 위한 조사·연구·교육·홍보 및 관련 정책의 수립·시행

02 CHAPTER 학교폭력의 실태 및 분석

1 학교폭력 피해 실태

학교폭력 행위는 이제 학교의 보편적인 사회적 현상이 되었다. 이는 학교폭력의 대상자가 비행학생에 국한되지 않고, 일반학생에게도 학교문화의 보편적인 행위로 일상화되는 수준에 이르렀다. 청소년폭력 예방재단(2013)의 학교폭력 실태 조사 분석에서 학교폭력 피해율은 2006년부터 감소하다 2010년을 기점으로 다시 상승하여 2011년에는 18.3%로 정점을 찍은 이후 다시 감소하는 추세로 나타났다. 교육부(2014)의 조사 결과와 청소년폭력 예방재단의 조사 결과의 수치 차이는 있지만 전체적인 피해 추세 패턴은 유사하게 나타난다. 교육부의 학교폭력 실태 조사 결과는 피해율이 2012년도부터 2014년도까지 지속적으로 감소하는 것으로 나타났다(김남이, 2015). 청소년폭력 예방재단과 교육부의 조사 결과는 [그림 2-1]과 [그림 2-2]와 같다.

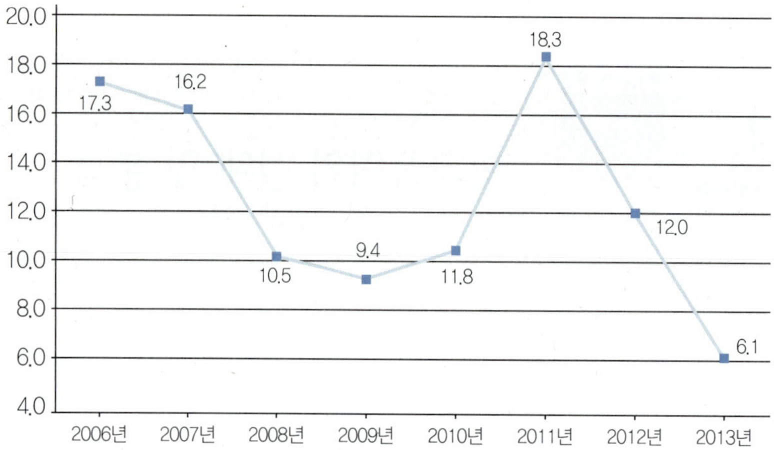

[그림 2-1] **학교폭력 피해 발생 비율**

출처: 청소년폭력 예방재단(2013).

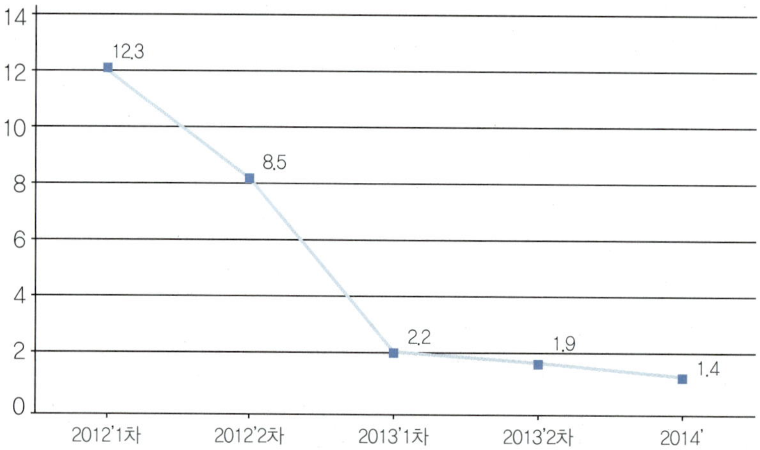

[그림 2-2] **학교폭력 피해 발생 비율**

출처: 교육부(2014).

이러한 학교폭력의 유형에는 신체폭력(감금, 상해, 폭행, 약취 · 유인), 언어폭력(명예훼손 · 모욕, 협박), 금품갈취(공갈), 집단 따돌림, 성폭력, 사이버폭력 등이 있다. 청소년폭력 예방재단의 2013년 전국 학교폭력 실태조사 보고서에 따르면, 학교폭력의 유형별 응답현황을 살펴보면, 말로 하는 협박, 욕설(49.7%)이 가장 많았고 인터넷 채팅, 이메일, 휴대전화로 하는 욕설과 비방(29.5%), 집단 따돌림(29.2%), 강제 심부름과 같은 괴롭힘(25.6%), 손이나 발 또는 도구로 맞거나 특정 장소에 갇힘(24.9%)의 순으로 나타났다(〈표 2-1〉 참조).

〈표 2-1〉 폭력피해 유형별 경험 비율

순위	폭력피해 유형	비율(%)
1	욕설이나 모욕적인 말	49.7
2	사이버폭력	29.5
3	집단 따돌림	29.2
4	괴롭힘	25.6
5	신체폭력	24.9
6	협박, 위협	20.8
7	금품갈취	12.2
8	성적 희롱, 피해	8.1

또한, 폭력이 지속화, 집단화되어 처음 가해한 학생이 보복 폭행을 하거나(44.0%), 처음 가해한 학생이 친한 주위 학생과 함께(33.4%) 폭력을 행사하는 경우도 높았다. 또한, 학교폭력 피해 학생 중 66.2%가 두 명 이상의 가해자에게 폭력을 당하고, 가해 학생의 수가 여섯 명 이상인 경우가 16.3%에 달했다.

학교 급별 폭력피해 경험을 조사한 결과에 의하면 초등학생이 2.7%로 가장 높았고, 그 다음은 중학교 2.0%, 고등학교 0.9% 순으로 나타났다. 이는 학교폭력 피해자의 연령이 낮아지고 있음을 의미한다. 학교 급별에 따른 학교폭력의 특징을 살펴보면, 초등학생과 중·고등학생의 학교폭력의 가장 큰 차이는 초등학생의 경우 장난과 폭력을 구분하지 못하는 상태에서 주로 담임교사가 없는 시간에 많이 발생하였다.

초등학생의 폭력유형은 장난을 겸한 성과 관련된 행동과 선후배관계를 이용한 폭력 및 금품갈취, 집단 따돌림 등이 주류를 이루는 반면, 중학생의 경우에는 언어폭력, 사이버폭력, 빵셔틀, 금품상납 요구 등의 폭력이 많이 발생하였다. 고등학생은 조직적으로 운영되는 폭력서클이 존재하면서 집단 따돌림, 성폭력, 선후배 간 군기잡기, 금품갈취 등이 있었다. 또한, 남학생과 여학생 간에 학교폭력의 유형에도 차이가 있었다. 남학생은 금품갈취와 폭행 등 외부로 드러나는 폭력이 많았던 반면, 여학생은 따돌림이나 욕설과 같은 언어적 폭력이 자주 나타났다.

〈표 2-2〉 학교 급별에 따른 학교폭력의 특징

	초등학교	중학교	고등학교
폭력 유형	· 장난과 폭력을 구분하지 못하는 학교폭력 · 성희롱(치마, 바지 벗기기) · 담임교사 부재 시 발생 · 기절놀이, 수술놀이, 노예놀이 등 새로운 폭력 발생 · 왕따 대물림 폭력 · 선후배관계를 이용한 폭력 및 금품갈취	· 성폭력(성희롱, 성추행) · 언어폭력이 신체폭력으로 진행 · 빵셔틀, 금품상납 등의 금품갈취 · 외모로 인한 집단 따돌림 · 폭력서클을 이용한 금품갈취 및 신체폭력 · 사이버폭력 심각	· 선후배 간 군기잡기 폭력, 금품갈취 · 성폭력 증가 · 폭력집단 가입 및 운영을 통한 집단폭행 및 따돌림 · 남학생(금품갈취, 폭행), · 여학생(따돌림, 언어폭력)

출처: 학교폭력 사안 처리 가이드 북(2013).

교육부에서 실시한 2013년 학교폭력 사안 처리 가이드북과 청소년폭력 예방재단의 2013년 전국 학교폭력 실태조사 발표 자료를 중심으로 학교폭력의 실태와 현황을 설명하면 다음과 같다.

1) 남학생은 신체폭력, 여학생은 집단 따돌림

최근 1년간 어떤 유형의 학교폭력을 당하고, 가하였는지에 대한 조사결과에서 신체폭력과 집단 따돌림에서 성별에 따른 차이가 극명하게 나타났다. 남학생의 경우 17.0%로, 여학생의 7.9%에 비해 신체폭력을 9.1% 이상 더 경험한 것으로 나타났다. 여학생의 경우는 20.1%로, 남학생의 9.1%에 비해 집단 따돌림을 11% 더 경험한 것으로 나타났다.

집단 따돌림과 괴롭힘은 그 수법이 지능화, 은밀화, 장기화되는 것으로 조사되었다. 두 명 이상의 학생이 한 학생에게 장기간에 걸쳐 따돌리고 괴롭히는 과정을 통해 결국 자살에 이르게 하는 따돌림의 지능화 현상이 두드러지게 나타나고 있다. 집단 따돌림과 괴롭힘을 당한 피해 학생은 학교 가기를 싫어하고 우울증을 겪기도 하며 자살을 시도하기도 한다. 따돌림의 가해 학생이 장기적으로 끈질기게 피해 학생을 괴롭히고 따돌림으로써 결국에는 자살에 이르도록 만들 정도로 집요함을 보이고 있다.

2) 피해율은 감소했으나 피해자의 심리적 고통은 증가

최근 1년간 학교폭력 피해율(6회 이상)은 6.1%로 나타나 지난해 12%에 비해 감소한 것으로 조사되었다. 이처럼 학교폭력 피해율은 낮아진 것으로 조사되었지만 학교폭력 피해 후 느끼는 고통의 정도는 49.3%에서 56.1%로 높아져 피해 청소년의 심리적 고통은 과거에 비해 더욱 심해진 것으로 나타났다. 이러한 심리적 고통은 심각한 학교폭력 피해 후유증(불안, 외상 후 스트레스 장애 등), 자살, 보복 및 가해행동, 공격성과 범죄 등으로 이어질 수 있다.

3) 학교폭력 피해로 인한 복수 및 자살

학교폭력을 경험한 학생 중 42.1%가 폭력의 고통으로 인해 자살을 생각해 본 경험이 있는 것으로 응답했다. 즉 학교폭력 피해자 10명 중 4명은 피해 후 자살을 생각해 본 경험이 있는 것으로 나타났으며, 이는 전년도 44.7%에 이어 자살이라는 극단적인 생각을 하는 청소년이 지속적으로 늘어나는 것을 말해 주고 있다. 또한, 학교폭력 피해 이후 가해 학생에게 복수를 하고 싶은 충동을 느낀 적이 있다고 응답한 비율이 70.7%나 되었다. 이러한 조사 결과는 학교폭력 피해 학생은 모욕감, 분노, 억울함, 증오 등으로 학교폭력 피해에 대한 보복 심리를 가지고 있는 것으로 추론되며, 이러한 보복 심리는 복수 충동 및 보복 행동으로 이어져 또 다른 학교폭력을 발생시킬 수 있다. 피해의 고통에 시달리고, 복수 충동이나 보복 행동이 해결되지 못했을 경우 우울, 자살 등의 심각한 위기를 초래할 수도 있다.

4) 학교폭력의 저연령화

학교폭력의 가해자와 피해자의 연령이 점차 낮아지고 있다. 재학기간 중 학교폭력의 경험이 있다고 응답한 학생 중, 학교폭력 피해를 처음 당한 시기에 대한 조사결과에서 초등학교 6학년이 16.5%로 가장 높게 나타났다. 초등학교시기에 피해를 당한 경우는 전체의 75.1%로 나타났으며, 2012년도의 78.3%에 이어 여전히 높은 비율을 나타내고 있다(청소년폭력 예방재단, 2013). 이러한 조사결과는 초등학생의 학교폭력 피해가 심각함을 알 수 있으며, 학교폭력으로 인한 후유증이 장기화되어 지속적으로 학교생활 적응에 부정적인 영향을 끼칠 수 있기 때문에 초등학교 때부터 학교폭력 예방 및 대책이 시급하다.

2 학교폭력 가해 실태

교육부 조사에서 학교폭력의 가해 경험에 대한 조사결과에서 가해 경험이 있다고 응답한 학생은 초등학교 5.8%, 중학교 4.7%, 고등학교 1.7%순으로 나타났으며, 남학생이 4.9%, 여학생이 3.3%보다 높게 나타났다. 또한, 학교폭력 가해자에 대한 조사결과 51.8%의 학생이 '같은 반 동급생'이라고 보고하였다. 그 다음은 '다른 반 학생'(27.8%)', '같은 학교 선배 또는 후배'(11.8%)로 나타났다. 이러한 조사결과는 폭력피해 학생의 90% 정도가 교내의 서로 아는 학생으로부터 피해를 당하고 있음을 보여 준다.

1) 은밀하고 교묘한 학교폭력의 증가

2013년 전국학교폭력 실태조사에서 최근 1년간 1회 이상 가해를 한 경우는 5.7%로 2012년 12.6%보다 감소하였다. 하지만 여전히 학교폭력은 근절되지 않고 있다. 가해 경험 학생의 폭력유형으로는 '집단 따돌림'이 30.1%로 가장 많았으며, '욕설과 협박'(27.4%), '강제적 심부름'(10.3%)의 순으로 나타났다. 또한, '가해 학생 여럿이 함께 가해했다'는 보고가 62.6%로 '혼자 가해했다'는 37.4%보다 월등히 높았다.

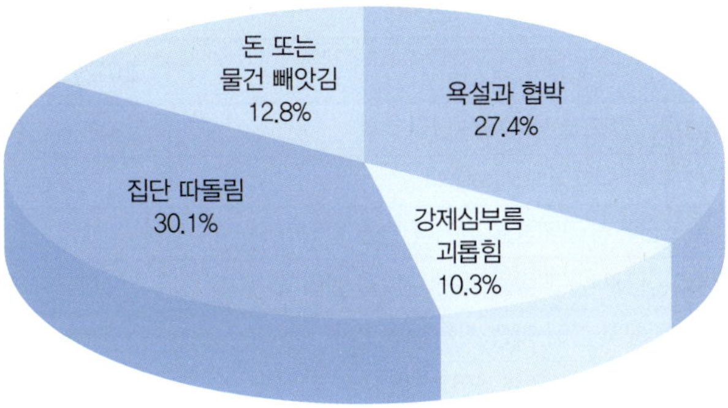

[그림 2-3] **학교폭력 유형별 응답률**

출처: 한국청소년정책연구원(2013).

학교폭력 가해 이유로는 '장난으로 했다'는 대답이 33.1%로 가장 높았고, 다음으로는 '오해와 갈등'(18.4%), '상대방이 잘못해서'(17.3%)의 순으로 나타났다. 이러한 조사결과에서 가해 학생이 학교폭력이 범죄라는 심각성을 모르고 있고, 또래와의 관계에서 의견 차이로 발생하는 갈등을 적절하게 조율할 수 있는 능력이 부족하다는 것을 알 수 있다.

2) 학교폭력 가해자에 대한 즉각적이고 선도적 조치의 필요

학교폭력 가해 후 일어난 일에 대한 질문에 '피해 학생에게 사과했다'(38.5%), '아무 일도 일어나지 않았다'(26.6%) 등의 순으로 조사되었다. 또한, '폭력서클에 대해 강한 처벌이 필요하다'고 생각하는 학생은 전체의 55.5%로 나타난 반면, '나와 상관없다'고 응답한 학생도 19.3%나 되었다. 이를 통해 학교폭력의 심각성에 대한 인식이 증가하면서 가해 학생에 대한 조치가 부각되고 있으나 학교 현장에서는 적절한 조치가 이루어지지 않고 있음을 알 수 있으며, 학교폭력 사후관리·감독이 강화될 필요가 있다. 또한, 학생들은 폭력서클에 대한 강한 처벌이 필요하다고 인식하면서도 '나와 상관없다'는 무관심한 태도가 심각하다는 것을 알 수 있다.

〈표 2-3〉 **학교폭력 가해 후 겪은 일**

항목	2012년(%)	2013년(%)
아무 일도 일어나지 않았다.	27.6	26.6
피해 학생에게 사과했다.	36.4	38.5
피해 학생 부모님에게 꾸지람을 듣거나 벌을 받았다.	6.2	4.4
학교 선생님이 아셔서 꾸지람을 듣거나 벌을 받았다.	18.2	21.9
자치위원회에서 가해 학생 조치를 받았다.	5.9	3.0
경찰서에 신고되어 조사만 받았다.	2.5	2.3
경찰 조사 후 형사 처벌을 받았다.	1.7	1.2
피해 학생에게 물질적인 보상(치료비, 위자료)을 했다.	1.5	2.1
합계	100	100

3) 학교폭력 가해 행동에 대한 사과와 반성의 기회 제공 필요

가해행동에 대한 인식을 보면 '피해 학생에게 미안하다'라고 응답한 학생이 33.5%, 그 밖에 '감정을 조절하지 못하고 과하게 반응했다', '후회한다' 등의 응답은 42.1%로 나타나 자신의 가해 행동에 대해 잘못을 인정하는 경우가 전체의 75.6%로 나타났다. 이는 많은 학생이 자신의 가해 행동에 대한 잘못을 인정하기는 하지만 모두가 직접적으로 피해 학생에게 사과를 하지는 않는 것으로 나타나 화해 프로그램이나 교육 등을 제공하여 화해 방법을 알려 주고 기회를 제공해 줄 필요가 있다.

〈표 2-4〉 학교폭력 가해 행동에 대한 인식

항목	2012년(%)	2013년(%)
정당한 행동이었다.	13.3	10.4
감정을 조절하지 못하고 과하게 반응했다.	14.3	11.0
피해 학생에게 미안하다.	27.9	33.5
부끄럽다.	9.1	9.5
후회한다.	22.6	21.6
아무 생각도 들지 않는다.	12.8	14.0
합계	100	100

3 학교폭력 목격 학생 실태

교육부 조사에서 학교폭력을 목격했다고 응답한 학생이 전체의 17.5%로 나타났으며, 중학생 20.2%, 초등학생 18.8%, 고등학생 13.4%의 순으로 나타났다. 성별로는 남학생이 21.1%, 여학생이 13.9%로 나타났다. 청소년폭력 예방재단 조사에서는 학교폭력을 목격한 적이 있는 학생은 전체의 41.7%로 나타났다.

1) 학교폭력을 목격한 경험

2013년 전국학교폭력 실태조사에서 최근 1년간 학교폭력을 목격한 적이 있는 학생은 전체의 41.7%로 나타났다. 또한, 학교폭력을 목격한 적이 있는 학생 중 모르는 척한 학생은 43%로 나타났다. 나머지 학생은 '학교 선생님께 알렸다'(23%), '직접 말렸다'(19%), '피해 학생의 친구가 되어 주었다'(15%)의 순으로 응답했다. 이는 학교폭력을 목격하고도 모르는 척하는 방관자가 제일 많다는 것을 알 수 있으며, 이들에게 목격 후 적극적인 대처가 중요함을 인식시켜 줄 필요가 있다.

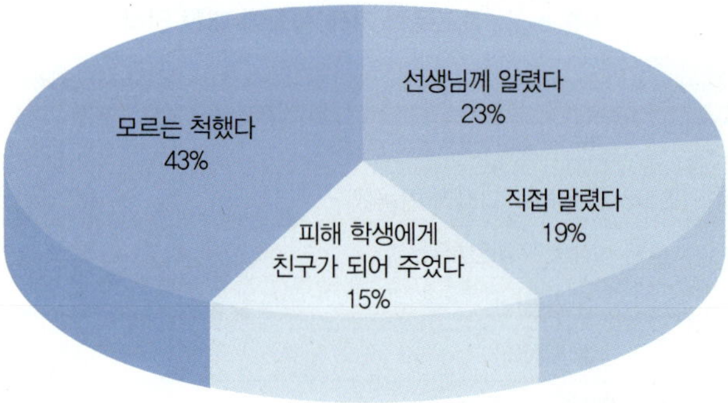

[그림 2-4] **학교폭력을 목격한 후의 행동**

출처: 한국청소년정책연구원(2013).

2) 목격 후 모르는 척하는 이유

학교폭력을 목격하고도 모르는 척하는 방관 이유가 무엇인가에 대해 '같이 피해를 당할까 봐'가 30.6%로 가장 높게 나타났으며, 다음이 '관심이 없어서'(26.9%), '도와줘도 소용이 없을 것 같아서'(23.5%), '어떻게 해야 할지 몰라서'(19%)의 순으로 나타났다. 이러한 조사결과에서 학교폭력 방관자들은 보복 등 자신이 또 다른 학교폭력 피해자가 될지 모른다는 두려움이 크고, 친구들에게 관심이 부족하거나 도와줘도 소용이 없을 것 같은 무력감과 좌절감이 크다는 것을 알 수 있다.

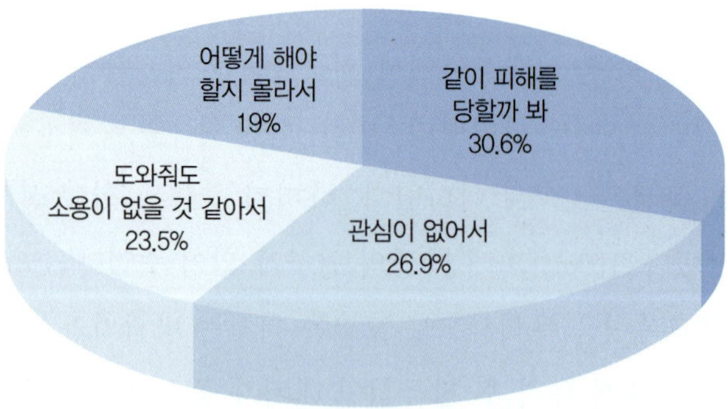

[그림 2-5] **학교폭력 목격 후 모르는 척하는 이유**

출처: 한국청소년정책연구원(2013).

3) 목격한 느낌

학교폭력을 목격한 학생을 대상으로 어떠한 느낌이 들었는가에 대해 질문한 결과 '왜 똑 부러지게 대처하지 못하는지 답답하다'가 32%로 가장 높게 나타났으며, 다음이 '도와줄 수 없어서 무기력하다'(26%), '무섭다'(22%), '화가 난다'(20%)의 순으로 나타났다. 이러한 조사결과는 학교폭력을 목격하고 답답하다고 느끼거나 무기력하다고 느끼는 방관 학생을 대상으로 심리치유와 함께 피해 학생을 도와 줄 조력자로 만드는 교육과 인식전환이 필요하다.

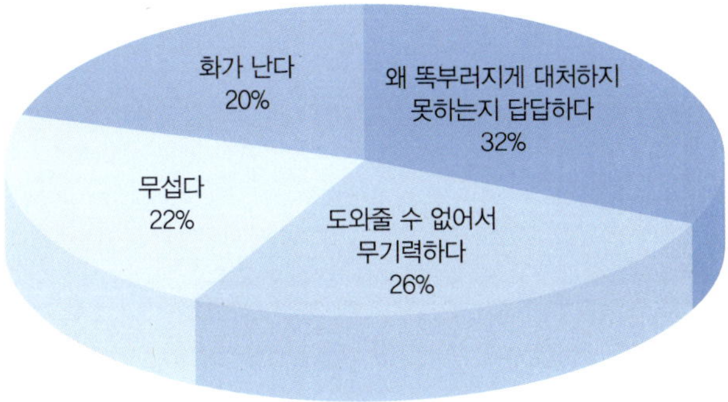

[그림 2-6] **학교폭력을 목격한 느낌**

출처: 한국청소년정책연구원(2013).

4 학교폭력에 대한 인식

학교폭력에 대한 교사, 학생, 학부모의 인식현황에 대한 조사에서 학부모(89.4%), 교사(80.8%)들은 학교폭력의 관심도 및 심각성에 대한 높은 우려감을 보이고 있으나 학생은 '심각하지 않다'가 76.6%, '심각하다'는 23.4%로 나타났다. 이러한 결과에 영향을 미치는 요인 중에 하나는 학교 현장에 늘 존재하고 있는 학생 간의 심리적·신체적 불균형이다. 이러한 차이는 약한 상대는 괴롭히고 강한 상대에게는 복종하려고 하는 힘의 논리에 빠져들게 하고, 또한 청소년이 학교폭력의 심각성을 받아들이는 데 있어 학부모, 교사에 비해 심각성을 낮게 받아들이는 데에도 영향을 준다는 것이다.

03 CHAPTER 학교폭력 원인론

1 생물학적 이론

학교폭력에 대한 본능적·유전적·생물학적 이론은 모든 생물체의 공격 행동이 주로 유전 및 생물학적 원인에 의해서 기인된다는 이론이다. 인간의 공격성향이 유전된다는 것을 강조하고 있으며, 생물학적 호르몬 요인, 각성 수준, 신경 및 생리적 결함 등에 초점을 둔다. 이는 인간의 공격성 및 폭력이 생물학적 과정과 연관해서 유발하는 증상으로 신체적 역기능의 문제라고 보는 것이다.

예를 들면, 고양이와 쥐를 한 우리에서 기르는 경우, 적절한 먹이 공급을 해주면 별 탈 없이 잘 지내는데, 이때 고양이의 사상하부의 특정영역을 전극으로 자극하면 공격 충동을 일으켜 잘 지내던 쥐를 공격하여 물어 죽인다. 또한, 남성호르몬의 일종인 테스토스테론(testosterone)은 인간의 활동 수준을 자극하고 적극성을 강화해서 타인에 대한 공격성의 형태로 표출될 수 있다. 이로 인해 일반적으로 남학생이 여학생보다 좀 더 공격성이 높은 것으로 나타난다. 이 외에도 유전적 결함으로 인한 염색체 결합이 XYY(슈퍼남성증후군)인 남성의 경우 일반 남성들보다 사납고 공격성이 강한 것으로 보고되고 있다. 이러한 결과는 인간이나 동물이 특정한 상황이나 조건에서 공격 행동을 일으키게 하는 생물학적 공격기제가 있음을 암시한다(조영애, 2007, 재인용).

폭력성에 대한 심리학적 각성 이론은 기질적으로 예민하고 각성 수준이 높은 사람들은 심리적으로 긴장되어 있기 때문에 환경의 자극이나 대인관계에 예민하게 반응할 뿐만 아니라 각성 수준이 낮은 사람들에 비해 빠르게 흥분하고 공격적·폭력적으로 변하기 쉬운 특성이 있는 것으로 알려져 있다.

신경심리적 결함 이론은 언어적 추리와 수행 기능상의 신경심리적 결함이 자기조절을 어렵게 하여 공격 행동과 비행 등의 품행 문제를 일으키며, 또한, 신경심리적 결함으로 인해 학업성취도가 떨어지고 욕구좌절을 경험하게 되며, 이로 인해 공격 행동이 지속되거나 폭력성을 표출하게 된다고 보았다.

그러나 학교폭력과 같은 공격성향이 유전된다는 점을 강조하는 본능적·유전적·생물학적 이론은 생물학적인 요인의 영향을 무시할 수는 없지만 방법론상 비과학적이라는 점이 지적될 수도 있다. 또한, 사회적인 영향을 무시했다는 점, 범죄를 생물학적 구조의 단순한 기능으로 보았다는 점, 그리고 폭력 학생의 대부분은 신체적 이상자보다 정상적인 학생에게서 발생하고 있다는 점 등에서 이론적 한계가 있다(정은희, 2006).

2 심리학적 이론

1) 정신분석학적 이론

정신분석학적 이론은 인간에게는 모두 폭력적 충동이나 본능이 있다고 전제하고, 원초아(id), 자아(ego)와 초자아(superego)와 같은 내부 심리 기제의 작용과 관련하여 학교폭력의 유발 과정을 설명하는 이론이다. 이 이론은 생활 과정에서 폭력 충동은 계속적으로 생성되는데, 자아나 초자아와 같은 내부 심리 기제가 이를 적절히 통제하고 관리하지 못하면 학교폭력과 같은 폭력행위가 유발된다는 것이다. 프로이드(Freud, 1905)는 인간의 본능을 개인의 성공, 발전, 창조와 관련된 생존본능(life instinct)과 파괴와 공격의 죽음본능(death instinct)으로 구분하고, 인간은 생존본능보다는 고통과 관련된 죽음의 본능에 의해 주로 지배를 받는다고 강조하였다. 따라서 인간은 무의식적인 성적·공격적 본능을 가지고 출생하기 때문에 공격성은 인간의 본능이라고 주장하였다. 또한, 프로이드는 무의식 속에 잠재되어 있는 죽음의 본능 충동은 끊임없이 개인의 심리와 행동을 지배하려고 지속적으로 노력하기 때문에 성적·공격성 본능을 적절하게 처리하지 못하면 성격발달에 막대한 지장을 초래한다고 하였다.

프로이드는 폭력행위의 발생은 자아와 초자아의 통제력이 너무 약해서 원초아(id)의 본능적이고 반사회적인 충동을 저지하지 못할 때, 인간 행동에 영향을 끼치는 무의식 속에 미해결된 갈등과 문제가 많을 때 폭력행위가 발생한다고 보았다. 그리고 '원초아'의 본능적 욕망과 '초자아'의 이상을 중재하고 조종하며 현실적이고 객관적인 정신기능을 하는 '자아'의 기능이 약할 때 인간의 공격 행동과 비행 행동이 나타난다고 보았다. 즉, 현실적이고 객관적인 기능을 하는 자아가 건강하게 발달하지 못할 때 공격 행동과 같은 폭력행위가 발생한다는 것이다.

에릭슨(Erikson, 1982)은 인간발달의 전 생애를 8단계로 나누어 각 단계에 따른 발달과제를 제시하고 있다. 발달 단계 중 청년기는 급격한 신체적·인지적 변화와 함께 현실 세계에서 자신이 누구이고 무엇을 하면서 살아가야 할 것인가와 관련된 자신의 정체성을 찾기 위해 혼란과 방황을 경험하게 되며, 이러한 과정에서 정체성을 제대로 찾지 못하면 부적응 현상이 나타나 역할혼란과 좌절감에 빠지거나 기존의 사회적 기대나 가치관에 정반대되는 부정적인 정체감이나 무규범적인 자아 개념을 갖게 된다고 하였다. 이러한 정체성 혼란이 내적 위기를 동반하여 가출, 공격성, 반사회적 행동 등과 같은 폭력행위로 나타난다고 보았다(김진호 외, 2003).

프로이드의 정신분석의 한계를 인식한 페어베언(Fairbairn)의 대상관계 이론에서는 폭력행위를 분열된 애착에 초점을 두고 있다. 애착 이론(attachment theory)은 생의 초기에 일차적인 보호자와 격리된 아동은 안전한 애착관계를 발달시키지 못하여 도덕적인 사회적 상호관계를 하는 내면적 작동모델이 형성되지 않아 학교폭력과 같은 폭력행위를 유발할 수 있다고 보았다. 또한, 아들러(Adler)는 인간의 열등감에 대한 태도가 긍정적·현실적이면 그 결과는 바람직한 보상으로 나타나서 우월감을 추구하게 되는 반면에, 열등감에 대한 태도가 무기력하거나 부정적이면 열등감은 개인의 전반적인 삶에 부정적인 영향을 미치게 된다고 하였다. 또한, 이러한 열등감에 대한 부정적 태도는 타인과의 경쟁이나 비교 시에 힘의 공격 현상으로 나타나서 타인에 대한 공격이나 정복·비하 등의 행동으로 나타나게 된다고 하였다.

2) 사회학습 이론

사회학습 이론에서는 '인간의 공격성은 다른 형태의 사회적 행동처럼 자극, 강화 및 인지적 통제하에 있는 학습된 행위'라고 하였다. 특히 폭력의 사회학습은 좌절을 공격으로 이끌어 갈 수 있는 조건, 공격의 학습을 촉진하는 과정, 좌절이나 불행한 경험으로 인한 많은 다른 가능한 결과가 있을 수 있다는 데 초점을 둔다.

반두라(Bandura, 1973)는 폭력행위가 강화원리에 의한 행동을 설명하는 대신, 관찰학습과 모델링을 통한 대리적 학습기제를 통해서 학습될 수 있다고 주장하였다. 여기서 관찰학습이란 주위 사람들의 행동이나 언어를 모방함으로써 언어, 관심, 태도, 행위습관 등을 학습하는 것이다. 모델링은 관찰자에게 길잡이가 되는 모델의 행동을 통해 학습하는 과정이다. 이러한 학습은 일상적인 사회장면에서 이루어지기 때문에 사회학습이라고 한다. 특히 반두라는 관찰학습과 모델링이 청소년의 사회화를 위한 가장 강력한 도구이며, 청소년은 관찰이나 모델링 학습을 통해 공격 행동이나 친사회적 행동 및 성역할 등을 학습하게 된다고 주장하였다. 또한, 모델의 개별반응의 강화는 모델행동의 모방과 동일시에 중요한 요인이 된다고 주장하였다. 즉, 아동의 폭력행동은 TV나 영상매체, 만화나 서적 등에 나타나는 폭력물에 의해 학습될 수도 있고, 부모나 기성세대의 폭력행위를 모방함으로써 발생할 수도 있다. 또한, 다른 사람의 폭력행동을 관찰하고 모방함으로써 새로운 폭력행동 기술을 습득하기도 하며, 폭력행동에 대한 억제력이 둔화되거나 감퇴되어 양심의 가책이나 별 문제의식 없이 폭력행동을 모방할 수 있다.

실제로 아동이 폭력적인 행동을 할 때 부모나 교사로부터 처벌을 받게 되면 폭력행동이 용납될 수 없다는 것을 처벌을 통해 학습하게 된다. 또한, 자신이 모델로 삼고 있는 부모나 교사의 폭력행동을 통해, 다른 사람의 행동을 고치기 위해서 폭력행동을 사용할 수 있다는 것을 학습하게 된다. 따라서 학습기제에 따라 배우게 되는 인간의 공격 행동 요인은 '공격에 대한 사회적 규범'과 '공격에 대한 개인적 평가' 두 가지로 구분할 수 있다. 공격에 대한 사회적 규범은 한 사회가 가지고 있는 인간의 공격성에 대한 일반적인 사고와 태도를 말한다. 이는 인간은 공격에 대해 사회가 어떻게 생각하는지에 대해 먼저 학습한 후에 공격대상 및 공격상황, 공격 방법 등을 선택하고 행동한다는 것이다. 공격에 대한 개인적 평가는 공격 행동 자체를 좋지 못한 행동으로 인식해서 개인적으로 불안이나 죄책감을 느끼고 있거나 처벌과 보복에 대한 공포감으로 인해 두려움을 경험하게 되는 것이다.

이와 같이 사회학습 이론은 개인의 행동이 외부의 자극에 의해 영향을 받지만 인간은 자신들의 행동의 결과나 효과를 경험하고 스스로 통제할 뿐만 아니라 새롭게 구성해 나간다고 보는 것이다.

3 사회학적 이론

1) 사회통제 이론

사회통제 이론은 미국의 사회학자인 허쉬(Hirschi, 1967)에 의해 체계화된 이론으로 폭력을 비롯한 비행을 일상의 사회학적 변수인 가족구조, 학교, 지역사회 조직 등에 귀인 시키고 있다. 이 이론은 "무엇이 사람들을 범죄자로 만드는가?" 보다는 "왜 사람들은 규율을 준수하는가?"를 설명하고자 한다. 사회통제 이론에서는 사람들이 폭력과 같은 나쁜 행동을 하지 않는 이유는 사회로부터 법을 어기지 않도록 통제받기 때문이라고 보았다. 허쉬는 가정에서부터 사회기관에 이르기까지 개인이 갖고 있는 유대가 통제력이 되어 학생으로 하여금 법과 규범이나 규칙을 지키게 한다고 보았다. 즉, 개인이 출생하면 가정과 학교, 사회기관들과 유대관계를 형성하게 되며, 이러한 사회적 유대관계는 개인에게 통제력으로 작용해서 법이나 규범 및 규칙을 지키게 된다는 것이다. 따라서 개인이 사회와의 유대가 강해서 외부사회의 법이나 전통·규율의 통제를 수용하는 경우에는 친사회적인 행동을 하게 되는 반면에, 사회와의 유대가 없거나 약한 경우에는 통제를 무시하거나 거부하게 되어 반사회적 성향의 문제행동을 하게 된다는 것이다.

허쉬는 사회통제로 작용하는 요인으로 애착(attachment), 관여(commitment), 신념(belife), 참여(involvement)의 네 가지 요인으로 분류하여 비행과 사회적 유대의 관계를 설명하였다. 애착이란 애정과 정서적 관심을 통하여 개인이 사회와 맺고 있는 유대관계를 의미한다. 관여란 일반적인 사회적 목표나 수단을 존중하고 그에 순응하는 것을 의미한다. 참여란 일상적인 활동에 적극적으로 참여하는 것을, 신념이란 개인이 관습적인 규범이나 가치를 어느 정도 내면화하고 있는가를 의미한다. 이러한 각각의 유대요소들을 많이 가질수록 일탈 행동으로부터 멀어지고 자기가 소속되어 있는 집단에 대한 유대가 약해지거나 끊어질 때 폭력 등의 비행이 발생한다는 것이다(김영훈, 2002). 즉, 사회통제를 담당하는 네 가지 유대관계가 적절하게 형성되지 못하면 개인이 폭력행동이나 비행에 빠져들 개연성이 그만큼 높아진다는 것이다.

사회통제 이론을 지지하는 연구자들은 학생과 학생 간, 교사와 학생 간의 갈등 수준이 높은 학교에 다니는 학생은 적대적 문제, 주의집중 문제, 비행과 공격성의 품행 문제를 더 일으키게 되고, 반면에 학교와 긍정적인 유대관계를 유지하고 있는 학생은 부정적 행위를 적게 보인다고 하였다. 또한, 학교에서 교사와 성인의 감독이 소홀하면 운동장이나 복도, 학교식당과 같은 장소에서 폭력 비율이 증가한다고 하였다.

2) 차별접촉 이론

차별접촉 이론은 미국의 서더랜드(Sutherland)와 크레시(Cressy)에 의해 창안된 이론으로, 지금까지의 비행 이론 중 가장 많은 주목을 받고 있으며, 실제 적용도가 높고 비행 사회화에 관한 문화전파 이론 중 가장 영향력 있는 이론이다(이창호, 2009, 재인용). 차별접촉 이론은 인간의 행동을 환경이나 상황에 따라 달라지는 유동적인 것으로 보며, 모든 행동을 학습된 것으로 파악한다. 따라서 비행도 학습된 것으로 보며 비행의 학습은 초기에는 사소하고 비형식적인 집단에서 이루어지다가 나중에는 집단적 경험의 형태로 발전해 나간다는 것이다. 즉, 폭력이나 범죄와 같은 비행은 사람들 사이의 상호작용에 의해 학습되는 행위로써 폭력 혹은 비행 학생의 집단과 접촉한 경험이 오래되고 그 집단의 학생하고만 계속 관계를 갖는다면 폭력 혹은 범죄 행동의 학습이 빨리 일어나고, 그 집단에서 벗어나지 않는 한 폭력이나 범죄 행동은 계속 강화되고 지속될 수 있다는 것이다.

차별접촉 이론의 핵심은 '어느 개인이나 비행 행위에 대한 정의가 준법 행위에 대한 정의보다 유리하게 내려질 때 비행 행위를 하게 된다.'는 것이며, '그 비행은 사회 구조적인 조건이 아닌 사회적 학습의 결과로 파악한다.'는 것이다. 또한, 차별접촉 이론은 폭력행동을 저지르게 되는 과정에 초점을 두고 있으며, 비행은 반사회적 행동이 아니라 사회적 행동이며, 사회적인 대인 관계를 멀리하고 혼자 지내는 사람은 잘 어울리는 사람보다 비행 참여도가 낮다고 하였다. 따라서 차별접촉 이론은 폭력과 같은 범죄도 일반 행위와 같이 배워서 하는 것이며, 배우는 내용은 범죄기법 뿐만 아니라 태도도 포함된다고 본다.

3) 하위문화 이론

한 사회에는 집단에 따라 다양한 하위문화가 존재한다. 하위문화란 전체 문화의 하위부분으로서, 소속되어 있는 성원들을 통합하도록 하는 것이며, 그 성원들은 학습을 통하여 그 내용을 배우고, 그것을 자신들의 행동의 기준으로 삼는 생활양식의 총체를 말한다. 하위문화 이론에 의하면 사람들이 생각하는 비행과 관련된다고 보는 하위문화의 가치가 비행청소년에게 내면화됨으로써 이러한 가치에 익숙하게 되다 보니 자연적으로 폭력이나 비행을 저지르게 된다는 것이다.

코헨(Cohen, 2000)은 학교는 학생의 부적응 문제로 비행을 유발할 뿐만 아니라 비행하위문화가 형성될 수 있는 사회적 공간이라고 하였다. 학교에서는 다양한 수준의 학생이 모여서 중산층의 기준에 따른 지위를 성취하기 위하여 경쟁한다. 이 과정에서 하류계층 출신의 학생은 기본적으로 불리한 위치에 있으며, 이들이 겪는 긴장과 좌절은 중산층 출신의 학생보다 클 수밖에 없다. 하류계층 출신의 학생은 학교 안팎에서 중산층의 척도에 의해서 평가된다. 이러한 평가에 의해 하류계층 학생은 지위상승의 열망을 갖고 있지만 여러 가지 여건상 불리한 위치로 말미암아 긴장과 분노, 좌절을 경험하게 되고 나름대로의 지위확보와 인정을 받기 위해서 중산층의 가치와는 상반되는 폭력과 같은 반사회적 행동을 시도하거나 비행을 옹호하는 비행하위문화를 형성한다(이순래, 2002).

사회 각 계층의 모든 성원들이 공유하는 중심문화와 하류계층 청소년의 문화와는 갈등이 일어나며, 특히 중간계급의 가치관이 지배하는 학교에서는 경쟁에 실패한 사람과 중심화에 귀속되지 못한 하층계급의 청소년이 심각한 긴장상태를 나타내게 된다. 결국 하류계층 청소년은 중심문화에 반발하여 자신들 가치관의 합리화, 정당화를 위해 집단을 형성하게 되고, 그 집단을 강화하여 중간계급의 가치관에 대항한다. 이러한 과정이 비행집단을 형성하게 되는 것이다.

따라서 하위문화 이론에서는 사회구조를 강조하면서도 인간은 그가 속한 집단의 문화, 즉 하위문화를 학습하는 것으로 볼 수 있으며, 폭력 역시 이러한 하위문화의 학습에 그 원인이 있다는 것이다. 그러므로 빈곤 계층의 청소년은 가정이나 또래집단에서 배운 행동양식과 학교나 사회에서 요구하는 행동양식 사이의 긴장을 해소시켜 주는 것이 폭력 예방을 위한 대책이 될 수 있다고 본다(안용진, 2007).

4) 생태학적 이론

생태학 이론의 대표적인 학자인 브론펜브레너(Bronfenbrenner, 1979)는 인간은 자신이 속해 있는 사회문화적 환경 수준에 의해 구분되는 복잡한 관계체계 내에서 직·간접적으로 영향을 받으며 성장한다고 하였다. 특히 아동과 청소년의 사회적 발달은 성격특성과 이러한 특성이 보다 큰 하위체계나 사회적 맥락 속에서 어떻게 상호작용하는지의 결과에 따라 나타나며 유지되고 수정된다고 보았다. 또한, 브로펜브레너는 이러한 인간발달에 영향을 미치는 환경체계를 가장 직접적으로 근접해서 영향을 미치는 체계부터 순서적으로 미시체계, 중간체계, 외체계, 거시체계, 시간체계로 구분하였다.

미시체계(micro system)는 아동 및 청소년이 직접 접촉하고 있는 체계로 아주 가까운 주변에서 일어나는 활동과 상호작용을 나타낸다. 미시체계 안의 모든 관계는 양 방향적이고 호혜적이며, 가족과 또래집단, 학교, 보육센터 등이 포함되어 있다. 미시체계가 청소년발달에 영향을 미치는 요인은 가정의 사회경제적 지위, 부모의 교육 수준과 양육태도, 학교 및 보육환경, 이웃과 교사와의 관계 등이 있으며, 학교폭력 발생에도 직접적인 요인으로 작용할 수 있다.

중간체계(middle system)는 아동과 청소년의 가정, 학교, 또래집단과 같은 미시체계들 간의 연결이나 상호관계를 나타낸다. 중간체계에는 부모와 교사와의 관계, 형제관계, 이웃과의 관계 등이 포함되어 있다. 따라서 중간체계들 간의 관계가 밀접할수록 발달은 촉진되며, 발달 단계상 청소년기에 주변사람들과의 원만한 관계형성은 사회성 발달에 중요하게 작용한다. 특히 친구와의 원만한 관계형성은 청소년기 주요 발달과제로 청소년이 학교에 다니는 중요한 이유가 된다. 예를 들면, 친구들로부터 따돌림이나 폭력을 당하는 청소년은 대인관계뿐만 아니라 학교적응력도 문제가 있으며, 대체로 우울하고 무기력한 증상을 나타낸다.

외체계(outer system)는 아동과 청소년의 생활에 직접적으로 작용하지는 않지만 그들의 발달에 영향을 줄 수 있는 맥락들로 구성된다. 이러한 외체계에는 이웃과 친지, 대중매체, 정부기관, 사회복지기관, 교육위원회, 법률 서비스 등이 포함되어 있다. 즉, 외체계는 청소년을 직접적으로 둘러싸고 있는 환경은 아니지만 청소년의 발달과 생활에 간접적으로 영향을 미치는 환경을 의미한다. 예를 들면 기성세대의 불합리하고 물질위주의 생활태도와 가치관이 청소년의 사고와 행동에 영향을 미치며, 이러한 영향력은 학교폭력으로 연결되어 나타나고 있다. 또한, 대중매체와 인터넷, 스마트 폰 등으로 인해 사이버 공간에서 방출되는 불건전한 정보와 다양한 폭력문화에 노출되면서 청소년의 공격적 사고와 행동에 영향을 미치는 것으로 나타났다.

거시체계(macro system)는 아동과 청소년에게 영향을 미치는 사회 및 문화적 영향력을 포함한다. 개인이 속한 문화의 지배적인 태도와 이념을 말하는 거시체계는 청소년이 살고 있는 사회의 특정문화의 가치·법률·관습을 포함하는 환경을 의미한다. 이러한 거시체계 역시 외체계와 마찬가지로 청소년에게 직접적으로 연관되어 있는 체계는 아니지만 청소년의 발달에 중요한 영향 요인으로 작용하는 환경체계이다. 예를 들면 사회폭력에 대한 허용도는 그 사회의 문화적 신념에 따라 사람들의 폭력에 대한 태도나 폭력을 허용하는 정도에 영향을 미친다. 그리고 이러한 허용적 태도는 청소년의 학교폭력에도 직접적인 영향을 미친다고 할 수 있다(Sherer & Miller, 2004).

이처럼 생태학적 이론은 학교폭력은 고립되어 일어나지 않으며 개인과 가족, 또래집단, 학교, 지역사회 및 사회적 규범 간의 복잡한 상호작용의 결과라고 본다. 즉, 학교폭력은 우울, 불안, 충동성, 문제 해결력 부족과 같은 개인변인과 자녀에 대한 감독 부족, 학대, 가족 내 공격성, 부모 관여 부족과 같은 가족변인, 또래 간 폭력의 수용, 개인 및 집단 폭력과 같은 또래변인, 성인의 폭력, 성인의 무관심, 학교의 무처벌, 학교의 부정적 분위기와 같은 학교변인, 지역사회 내 공격성, 지역사회의 자원부족, 지역사회와 학교 간의 연대 부족과 같은 지역사회 변인이 상호 복합적으로 작용하여 학교폭력에 기여한다는 것이다(정종진 외, 2014).

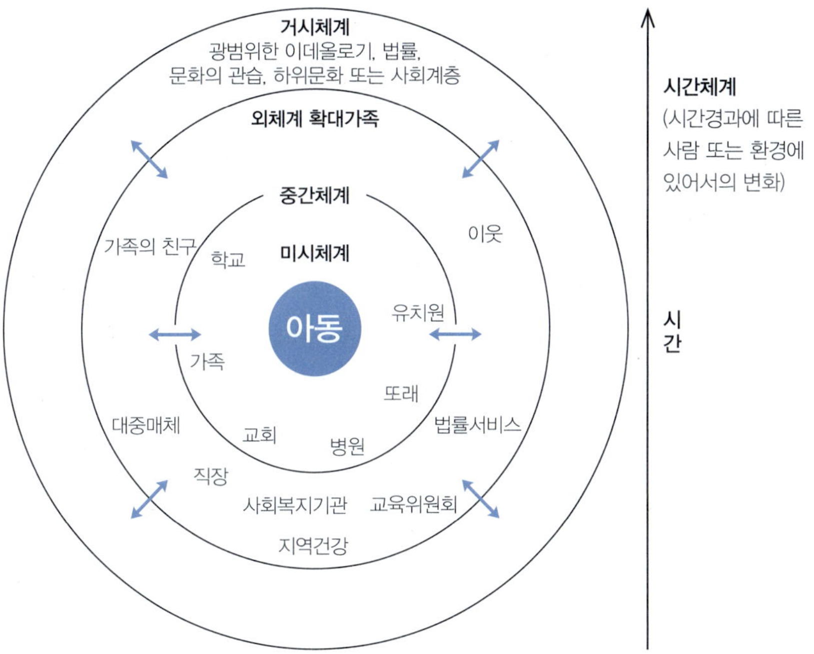

[그림 3-1] 브론펜브레너의 생태체계모델

4 학교폭력의 원인

학교폭력의 원인은 매우 다양하며, 다차원적이다. 학생 개인뿐만 아니라 가정·학교·사회 요인들이 상호 복합적으로 작용하여 학교폭력을 야기하고 있다. 또한, 청소년기의 발달 과정에서 나타나는 일반적인 특성과 더불어 가해·피해 학생의 개인적 특성의 차이, 가정의 교육기능 약화와 입시주의 학교 교육, 비교육적인 사회적 환경 등의 여러 원인이 복합적으로 작용하여 발생하는 경우가 많다. 이처럼 학교폭력은 한 가지 단순 유발 요인보다는 이와 관련된 다수의 요인이 함께 존재할 때 문제행동의 가능성이 더 높아진다고 볼 수 있다.

1) 개인 요인

학교폭력의 개인적 및 심리적 요인은 청소년기의 발달심리학적인 일반적인 특성과 학생 개개인의 심리적 요인으로 구분할 수 있다. 김범수(2009)는 발달심리학적 요인을 세 가지로 구분하였다.

첫째, 청소년기에는 신체적 급성장으로 인한 성적호르몬의 왕성한 분비로 생식 능력을 갖추게 됨으로써 강한 성적 욕구를 갖게 된다. 그러나 이들의 강한 성적욕구는 사회가 충족하도록 용납하지 않을 뿐만 아니라 청소년의 성적 욕구를 지혜롭게 또는 간접적으로나마 충족시킬 수 있는 다각적 노력이나 교육은 소홀히 한 채 무조건 억압해야 하는 것으로 이해된다. 욕구불만의 청소년은 자신의 욕구 충족을 위해 비정상적이고 비도덕적인 방법으로 표출하게 된다.

둘째, 청소년은 아동도 아니고 성인도 아닌 과도기적 위치에 있기에 아동기 행동양식도 용납이 되지 않고, 아직 성인의 역할도 주어지지 않았기 때문에 역할 갈등상태를 경험한다.

셋째, 청소년기에 부모로부터 독립하길 원한다. 신체적으로나 심리적으로는 성숙하다고 판단하게 되어 부모로부터 독립하려는 욕구가 강하게 나타나지만 사회 경제적 여건과 자신의 능력부족으로 부모에게 의존할 수밖에 없기 때문에 독립과 의존의 갈등을 경험하게 된다. 이러한 발달적 특징들이 청소년기의 다양한 문제 행동을 야기한다고 볼 수 있다. 또한, 청소년기의 정신적 발달은 육체적 발달보다 늦기 때문에 불안하며, 외부와의 접촉을 통하여 욕구불만이나 갈등의식을 느끼게 되어 사회적 위계와 규율에 저항하려는 심리를 갖게 되는데 이러한 사춘기적 특성으로 인해 문제행동을 하는 경우가 많다(곽형식, 1998).

한편, 학교폭력의 주요 요인으로 지적되고 있는 개인적 요인으로는 피해나 가해 청소년의 신체적·인지적·심리사회적인 측면에서 나타나는 특성으로 공격성·자아존중감·자기통제·대인관계능력 등이 있다. 괴롭힘을 비롯한 학교폭력은 개인적 힘이나 특성의 차이로 설명될 수 있기 때문이다. 즉, 상대적으로 힘이 강한 학생은 자기보다 힘이 약한 대상을 억압하려는 동기를 갖는다. 학생 간의 심리적·신체적 힘의 불균형 현상은 학교현장에서 항상 존재하기 때문에 상대적으로 우세한 힘과 타인을 지배하려는 동기의 연합은 학교폭력의 원인을 설명할 수 있는 중요한 요인이 될 수 있다.

학교폭력에 대한 경험적 연구를 보면 일반적으로 가해 학생이 피해 학생보다 신체적으로도 강하고 공격적인 반면 피해 학생은 신체적으로 약하며 내향적이고 자존감이 낮은 경향이 있다(정종진, 2012). 또한, 가해 학생은 학교에 대한 자부심이 적고, 스트레스에 적절하게 대응하지 못해 자신의 부적절한 반응을 자신이 가해한 피해 학생 때문이라고 생각하는 반면에, 피해 학생은 지나치게 부끄러움을 많이 타는 경향이 있다. 이러한 학교폭력의 개인적 특성의 차이는 유전적 요인 이 외에도 개인이 처하고 있는 특정한 가정상황이나 학교 및 사회적 환경 요인과도 연관되어 있다.

2) 가정 요인

가정은 사회의 가장 기본적인 공동체로서 인간의 성격과 가치관 및 행동양식 등 성장의 기초가 형성되는 곳으로, 청소년의 비행 행동과 밀접하게 연관되어 있다. 청소년 비행 문제가 거론될 때마다 그 원인으로 가장 먼저 지목되는 것이 가정교육의 부재이다. 가정은 사회의 가장 기본적인 공동체로서 아이들의 성격, 지능, 정서, 신체 등의 형성이 이루어지는 가장 원초적이며 중요한 공간이다.

비행의 가정적 요인으로는 가족의 해체와 가족 간의 심한 갈등, 부모의 부적절한 양육태도, 빈곤가정, 가정의 도덕성 부재 등 주로 가족상황과 연결되어 있다. 이중에서도 부모의 불화와 갈등·방임 등으로 인해 자녀에 대한 보호 및 정서적 지원이 부족한 기능적 결손가정은 청소년 비행의 가장 대표적인 가정환경이라고 할 수 있다. 특히 가정의 빈곤, 경제적 수준이 낮은 지역이나 범죄위험이 있는 이웃과 인접해 있는 가정의 주변환경, 부모의 실업이 학교폭력 발생과 관련이 있다. 이러한 가정의 학생은 적절한 지지적 환경을 제공받지 못하며 범죄와 연관된 일에 관여할 가능성이 높다. 또한, 부모와 자녀 간의 부정적 태도, 처벌적이고 권위주의적인 부모의 훈육방식, 공격 행동을 방임하는 부모의 태도, 부모의 불화, 위협적인 가족 분위기, 긍정적 변화를 유도하기 위한 방법들에 관한 부모의 무지 등과 같은 가정적 요인들이 학교폭력에 영향을 주는 것으로 밝혀졌다(강진령·유형근, 2000).

가정은 청소년의 인격발달이 형성되는 곳으로 신체적 성장과 심리적 발달에 중요한 작용을 하는 교육적 환경을 제공하는 곳이다. 이러한 가정이 본래 기능을 상실하게 되면 청소년은 가치관과 정체성의 혼란을 겪게 된다. 학교폭력에 연유되어 있는 가해 학생과 피해 학생 중에는 가정교육의 결함, 가정불화, 가족 내의 긴장과 대립, 부모의 지나친 기대와 과잉보호, 무관심 등 가정 본래의 기능 상실에서 기인하는 경우가 많았다(남미애·홍봉선·양혜진, 2007). 가정의 기능 상실은 청소년의 부정적인 자아 개념과 기대를 발달시키기 쉽고, 그로 인해 학교폭력의 공격을 받기 전에 먼저 학교폭력의 공격을 가할 수도 있다. 다른 사람들에게 학교폭력을 행사하는 것이 그들에게 막강한 힘이 있고 중요한 존재라는 인식을 갖게 만들기도 한다(Thomas, 2006). 학교폭력을 유발할 수 있는 중요한 위험 요인인 가정환경을 제시하면 다음과 같다.

첫째, 부모의 사망, 이혼 및 경제파탄 등의 요인으로 부모와 가정의 교육기능이 약화되고 해체되는 경우에 자녀가 그 불만을 자신보다 약한 학생에 대한 폭력으로 발산하게 된다. 즉, 결손가정의 경우는 가족 역할이 정상적인 기능을 상실함으로써 역할 구조상의 변화를 가져오며, 재적응을 요구하기 때문에 심각한 문제가 야기된다. 이러한 재적응 과정에서 성격이 공격적이고 비행을 저지르기 쉬운 환경에 노출되게 된다.

둘째, 부모가 맞벌이를 하거나 자녀와 떨어져 생활하면서 관심을 기울이지 못할 때 자녀가 불량한 친구들과 연결되어 폭력가해자의 행동을 하거나 또는 폭력피해의 당사자가 되는 경우도 있다. 맞벌이 부모의 경우는 자녀와의 대화와 자녀에 대한 이해를 가질 수 있는 충분한 시간이 없고, 부모 자신의 사회생활이나 직장에서 오는 스트레스나 피로감으로 자녀와 대화하고 행동에 관심을 갖기가 어렵다. 또한, 생활 수준이 비교적 높은 가정에서도 아버지는 직장 일로 바쁘고, 어머니는 사회생활이나, 자신의 여가활동 등으로 인해 자녀와의 대화 시간을 가질 수 없는 경우가 많다. 학교폭력의 빈도와 강도는 일관성 없는 부모의 자녀양육 지도와 아이들이 받는 부모의 관심과 사랑의 양과 관련이 깊다.

셋째, 자녀에 대한 과잉보호 및 학벌·입시 위주의 교육관이 원인으로 작용한다. 부모의 과잉보호 또는 학업에 대한 지나친 기대나 부담을 줄 때 자녀의 의도적인 탈선 및 비행행위가 학교폭력과 연결되기도 한다.

넷째, 가족의 불화, 아동학대, 가정폭력, 알코올 중독 등 정상적인 가정이라고 보기 어려운 환경은 아이로 하여금 분노와 적개심을 갖게 하고 가족의 소속감을 느끼지 못하게 해 일진을 형성하는 등의 일탈 행동을 부채질하기도 한다.

다섯째, 부모 간의 폭력 또는 부모가 자녀를 훈육하는 방법으로 폭력을 사용하는 폭력가정에서 성장하는 청소년의 경우에는 폭력의 심각성에 대해 인식하지 못해서 타인에게 함부로 폭력을 행사하게 된다. 즉, 가족구성원들 간의 갈등이나 부모의 욕구좌절감이 공격적으로 표출되는 경우를 관찰하게 되면 이러한 행동양식이 모델링되어 학교폭력으로 발달시키기 쉽다. 그리고 지나치게 지시적이거나 야단을 자주 치며 매우 공격적으로 아이를 위협하는 부모의 자녀양육방식은 아이들에게 타인을 통제하려하거나 공격적으로 행동하게 하는 모델이 된다. 그러므로 지나치게 처벌적인 양육태도는 아이를 거칠고 공격적으로 만들며, 약한 사람을 괴롭히고 강한 사람에게는 복종하려고 하는 힘의 논리에 빠져들게 하기 쉽다.

3) 학교 요인

학교는 청소년의 지·덕·체의 조화로운 발달과 전인적인 인격의 형성을 추구하는 사회적 조직체이다. 학교는 또래집단을 사귀고 학문적·사회적 능력과 한계를 경험하는 장소이자 학생이 가장 많은 시간을 보내는 곳이며, 폭력이 발생할 가장 위험한 장소이기도 하다. 학교생활의 대부분은 교과학습으로 이루어져 있으며, 교사와 학생상호간의 인간관계는 형식적이고 기계적일 수밖에 없고 생활지도나 정서교육에 대한 관심은 줄어들고 있다. 이렇듯 학생의 적성이나 소질을 계발하고 인격을 도야하기보다는 대학진학을 위해서만 노력하도록 하고 있는 학교풍토는 학생으로 하여금 경쟁과 긴장의 관계를 형성·조장하고 있다. 또한, 친구라는 존재가 함께 아름다운 추억을 만들어 가는 삶의 동반자가 아니라 내가 살기 위해서 밀어내야 하는 삶의 경쟁자가 되고 만다. 그 결과, 학생은 학교폭력을 당하는 친구의 아픔을 객관적으로 바라보거나 입장을 바꿔 생각해 보는 능력을 갖추지 못하고 친구를 괴롭히는 것에 대한 죄의식도 부족하다. 또한, 교사의 틀에 맞지 않으면 문제아로 취급되는 학교 분위기가 형성되고, 학생의 개성과 다양성을 인정하지 않는 획일적이고 규격적인 교육풍토가 자리하고 있다.

청소년시기의 가장 중요한 문제의 하나로 학습을 강조하기 때문에 부모나 교사는 공부와 성적을 중요하게 생각하고 있다. 또한, 입시중심의 학교 교육은 청소년에게 정서적 안정을 주지 못하고, 각자의 개성마저 무시되어 다양한 심리적 문제와 탈선을 유도하고 있다. 학벌 지상주의가 만연한 학교와 사회풍토에서 공부를 못하는 학생은 잘하는 학생의 들러리가 되고, 이로 인해서 생기는 스트레스를 해소할 만한 마땅한 분출구가 없어 약한 친구를 괴롭힘으로써 이를 해소한다. 서로를 존중하고 배려하는 긍정적인 학교 분위기에서보다는 부정적인 피드백과 부정적인 주목을 받기 쉬운 학교 환경에서 학생은 학교폭력을 행사한다. 또한, 학교생활의 부적응, 교우관계 악화, 성적의 저하 등은 청소년으로 하여금 심리적 갈등과 우울을 조성하고 있으며, 이러한 심리적 방황은 가출 및 비행, 학교폭력의 원인으로 작용하게 된다(이은정, 2003). 따라서 학벌 지상주의 교육에서 벗어나 개인의 다양한 능력이 존중되고 인성이 개발되며, 공동체적 윤리가 함양될 수 있도록 지속적인 학교 교육 개혁이 절대적으로 요구되고 있다.

청소년의 비행 및 학교폭력과 관련된 주요 원인을 살펴보면 다음과 같다.

첫째, 입시위주의 학교 교육에서는 학생의 인권과 자율성의 중시보다 학력향상이나 학교의 명예를 우선시한다. 학생들은 누구나 교사로부터 인정을 받고 싶은 욕구를 가지고 있다. 성적을 중요시하는 학교에서 성적에 대한 인정을 제대로 받지 못하는 학생은 자신들의 분노와 갈등을 해소하기 위한 방편으로 학교폭력을 행사하거나 동참할 수 있다.

둘째, 과대학교, 과밀학급의 교육환경은 교사와 학생상호간의 인간적인 접촉 및 관계형성에 장애 요인이 되고 있다. 학교폭력 문제는 학교 규모가 크고 학급당 학생 수가 많을수록 더 많이 발생한다. 개인적 안정감은 규모가 큰 학교일수록 낮으며 규모가 작은 학교일수록 높고, 규모가 큰 학교와 학생 수가 많은 학급일수록 보다 많은 문제와 도전에 직면하게 된다(Bowen, Bowen, & Richman, 2000). 규모와 학생 수가 많은 학교와 학급의 교사는 보다 많은 주의와 개입을 필요로 하는 위험군의 학생과 의미 있는 관계를 형성하고 유지하는 데에 어려움을 가진다. 교사 1인당 담당해야 할 학생 수가 많은 학교와 학급의 교사는 학생들의 행동을 효과적으로 점검하기 어렵다. 따라서 학생의 문제행동과 비행에 더 자주 직면하게 된다. 많은 학생이 모이는 장소에서 성인 감독의 부재는 괴롭힘, 싸움, 성희롱, 언어적 공격 등 여러 유형의 학교폭력과 밀접한 관계를 보이는 경향이 있다.

셋째, 학교폭력이 발생했을 때 단순히 학생 사이의 문제로 여기고 개입하지 않거나 미온적으로 대처하고 외부 노출을 꺼리는 것이 학교폭력을 키우는 원인이 되고 있다. 학교폭력 발생 시 학교의 명예 또는 교사의 안위를 먼저 고려해서 문제의 근본적인 해결보다는 합의를 보거나 축소하려는 일부 학교장이나 교사의 미온적 자세나 대처는 학교폭력 증가의 대표적인 원인으로 작용하고 있다. 학교폭력에 대한 중요한 비전이나 이데올로기의 부재는 학교를 폭력 행동의 위험성에 빠지게 할 수 있다. 폭력 문제에 대한 지속적인 관심과 인식을 갖는 것이 폭력 예방의 중요한 열쇠가 된다. 교사와 교장의 태도와 행동은 폭력적 행동을 감소시키는 데에 매우 중요한 역할을 한다(Olweus et al., 1999). 여러 나라에서 행해진 연구에 따르면, 폭력 사건에 대해 학교 당국이 어떻게 반응하느냐에 따라 피해 학생과 가해 학생뿐만 아니라 다른 학생들에게도 큰 영향을 미친다(Smith et al., 1999).

넷째, 교권의 실추와 생활지도에 전념할 수 없는 교육현장의 문제로, 교사가 학생이나 학부모로부터 존경을 받던 풍토가 없어지면서 교사가 자신감을 갖고 생활지도에 전념하지 못하고 있다. 또한, 교사 및 상담인력의 부족으로 인해 학생들의 생활지도와 상담에 소홀하게 되면서 학교폭력에 적절하게 대처하지 못하고 있다.

4) 또래집단 요인

청소년에게 가장 중요한 관심 중에 하나는 친구 문제로, 정서와 사회성 발달에 중요한 요인으로 작용할 뿐만 아니라 학교에 다니는 중요한 이유 중 하나가 되고 있다. 따라서 청소년은 가족과 함께 있기보다는 친구들과 보다 많은 시간을 보내게 되면서 일상활동의 친근한 대상이 된다. 또한, 친구를 통해 흥미로운 정보, 신나는 느낌, 즐거움 등의 자극을 통해 친밀감 및 정서적 유대감을 얻게 되며, 친구들의 지지와 격려로 자기 자신이 유능하고 매력적이며 가치 있는 존재라는 느낌을 갖게 된다. 따라서 청소년은 자신의 환경과 가치관이 유사한 친구들과 어울리게 되며, 친구들과의 가치관이 일치할 경우에는 사회적·도덕적 가치관이 강화된다. 그러나 가치관이 서로 차이가 날 경우에는 도덕적으로 행위를 선택하고 결정을 내리는 데 갈등을 느끼게 되면서 친구와 결별하거나 아니면 상대친구의 도덕성을 학습하게 된다. 청소년이 친구와 함께 반사회적 행동을 할 때에는 불안이나 죄책감을 덜 느끼게 되는 동시에, 아주 낮은 단계까지 도덕성이 퇴행하게 되는 것이다. 그러므로 청소년기 친구와의 친밀한 관계형성은 올바른 사회적·도덕적 가치관 형성에 기여할 뿐만 아니라 정체감 발달에도 중요한 요인으로 작용한다.

학생 중에는 또래집단에 어울리거나 적응하기 위한 노력으로 학교폭력의 행동을 하기도 한다. 학생 사이에서 또래와의 관계는 매우 중요하다. 학생들은 또래와 원만하게 생활하고 더 나은 지지를 얻기 위해 노력한다. 일반적으로 인기 있는 학생은 또래로부터 수용되고 지지를 받지만, 인기가 없는 학생은 거부되고 배척되어 따돌림과 괴롭힘을 당하기 쉽다. 그리하여 학생들은 또래집단에 동조하려는 경향을 갖게 되고, 다른 학생들에 대해 힘을 과시하려고 노력하기도 한다. 이처럼 학생들은 또래집단으로부터 따돌림이나 괴롭힘을 당하지 않기 위해 동조하고자 학교폭력에 가담하기도 하는 것이다.

청소년기의 심리사회적 발달 측면에서 친구와의 관계형성은 생애의 중요한 과제이기 때문에 학교폭력이 청소년에게 미치는 영향은 매우 부정적일뿐만 아니라 신체적·심리적 손상도 막대한 것으로 나타났다. 학교폭력과 관련해서 피해 및 가해 학생의 또래관계 특성을 살펴보면 다음과 같다.

첫째, 현대사회는 대중문화와 매스미디어가 지배하는 사회이기 때문에 청소년은 대중매체의 영향을 받을 수밖에 없다. 또한, 급속도로 보급된 인터넷으로 유해한 인터넷 음란물, 상업주의적 폭력이나 쾌락이 여과 없이 수용되어 감수성이 예민한 청소년에게 바람직하지 못한 이성관, 범죄 충동을 야기한다. 이러한 다양한 매체를 통해 가정이나 학교의 영향보다, 친구들의 영향력이 증가하면서 공통적인 관심사와 흥미를 가지고 응집되어 있는 또래집단은 서로 유사한 태도와 행동을 보이게 된다. 따라서 일반 청소년이라고 해도 학교폭력을 긍정적으로 수용하는 태도와 행동을 보이는 불량친구나 집단과 접촉하거나 가담하게 되는 경우에는 그들과 함께 학교폭력의 가해 학생으로 참여하게 되는 것이다.

둘째, 학교폭력의 가해 또는 피해자 청소년 중에는 생활이 빈곤해서 다른 친구들과 비교되거나 부모의 무관심과 통제 결여, 부모의 냉대 및 학대를 당해서 가정과 학교생활에 적응하지 못하는 경우에 불량한 친구들과 어울리게 되면서 본의 아니게 학교폭력에 연루되기도 한다. 비행 친구들과의 잦은 접촉과 친밀한 관계 형성은 학교폭력과 밀접한 관련이 있으며, 폭력조직에 가입했거나 폭력행동에 대해 긍정적 태도를 갖고 있는 또래와의 관계 형성 또한 학교폭력 유발 위험 요인이 된다.

셋째, 학교에서 또래와의 관계가 원만하지 못해서 친구들로부터 놀림이나 괴롭힘, 따돌림, 상해 등의 학교폭력을 당하는 경우에 보복을 하기 위해 비행청소년으로 발전해서 가해자 집단에 동조하기도 한다.

4) 사회 요인

학교폭력은 학교 환경뿐만 아니라 아동과 청소년이 성장하고 발달하는 이웃과 지역의 사회적 환경과도 밀접하게 연관되어 있어 폭력과의 관계에서 매우 중요한 영향을 미치는 요인이다. 학교폭력에 영향을 미치는 사회적 요인으로는 폭력적 문화와 퇴폐적 향락 문화, 불완전한 가정을 촉진하는 빈곤과 실업, 적자생존 논리의 확산, 대중매체의 폭력성과 선정성 등이다. 현재 우리 사회의 부조리한 사회윤리는 학교폭력의 증가와 흉포화의 큰 요인이 되고 있으며, 특히 학교 주변에서 도심까지 곳곳에 있는 유해환경과 대중매체의 선정성·폭력성·폭력을 묵인하는 사회풍토 등이 청소년 비행을 더욱 부채질하고 있다(최은수, 2005).

학교폭력과 관련된 사회환경적 요인들을 살펴보면 다음과 같다.

첫째, 학교폭력을 유발하는 사회환경적 요인으로 대중매체를 들 수 있다. 대중매체와 인터넷, 스마트폰이 일상생활의 중요한 위치를 차지하게 되면서 청소년의 정서와 사회성 및 도덕성 발달에 막대한 영향을 주고 있다. 청소년은 TV나 영화에 나오는 모델들의 행동과 역할을 관찰함으로써 새로운 행동이나 태도, 가치, 정서적 반응 등을 학습하게 된다. 특히 폭력에 대한 사춘기 청소년의 호기심과 모방심리는 아직 가치관이 확립되지 않은 청소년에게 모방범죄를 유발시킬 수 있으며, 조직폭력배를 우상시 한다거나 범죄자를 동정하는 등 부정적 견해를 가지게 되는 경향이 있다. 이러한 폭력에 대한 노출은 청소년이 문제를 해결하는 방법으로 폭력을 수용하도록 학습시키며, 대중매체를 통해 언어적이고 신체적인 폭력을 많이 경험한 청소년일수록 학교폭력 가해 경험이 많은 것으로 나타났다(Murray, 1999). 폭력과 관련된 대중매체의 이러한 영향력에도 불구하고 현재 언론매체나 드라마 등에서 폭력사실이나 프로그램 등이 여과장치 없이 노출되면서 청소년의 공격 행동뿐만 아니라 도덕적 가치나 판단에도 영향을 미치고 있다. 또한, 사이버 공간에서 접촉하게 되는 불건전한 정보와 다양한 범죄에 직접적으로 노출되면서 다양한 폭력행동의 모방과 학습이 학교폭력의 원인으로 작용하고 있다.

둘째, 대중매체와 함께 청소년 주변에 존재하는 유해환경이 학교폭력의 위험요인으로 작용할 수 있다. 청소년에게 영향을 미치는 학교 주변의 지역사회 유해환경에는 노래방, PC방, 찜질방, 각종 유흥업소 등이 있으며, 현재 청소년이 쉽게 출입하는 장소이다. 이러한 유해환경의 무책임한 영업 행위와 부도덕한 상업주의로 돈벌이에만 급급한 업주들은 청소년에게 비행장소를 제공하거나 묵인하는 범죄문화의 온실 역할을 하고 있다. 청소년이 이러한 유해환경에 자주 접촉함으로써 규범적 의식이 약화되고 반규범적인 가치나 태도를 학습할 기회가 증가하기 때문에 비행과 반사회적 공격 행동을 일으킬 가능성이 높아진다. 또한, 학생이 생활하고 있는 지역사회는 가정환경만큼이나 개인에게 미치는 영향이 크다고 할 수 있다. 지역사회 내에서 폭력에 노출되는 것은 학생의 공격성과 학교폭력의 위험성을 증가시킨다(Farrell, Valois, Meyer, & Tidwell, 2003). 특히 지역사회에서 실직이나 열악한 경제 수준과 관련된 범죄나 폭력에 노출될수록 학생이 폭력행동에 연루될 가능성이 증가한다.

셋째, 현재의 전반적인 사회분위기는 물질만능주의가 만연하고, 정당한 질서 의식의 정착보다는 권력과 부를 우선시하며, 편법을 써서라도 출세하고 보자는 한탕주의, 극단적인 이기주의가 지금까지 일반적으로 통용되었던 사회의 가치 체계를 크게 변화하게 만들었다. 가치관의 동요와 갈등은 청소년에게 적응하기 곤란한 문제를 가져왔으며, 가정·학교·사회에서의 공동체적 유대감도 과거에 비해 많이 감소되었다. 이러한 잘못된 생활양식과 가치관들이 청소년에게 무분별하게 주입되면서 이들의 가치관에 영향을 주어 학교폭력의 발생계기를 제공하고 있다. 이 외에도 학벌중심의 사회와 입시위주의 교육 제도로 학벌을 중시하는 사회분위기에서 명문고·명문대 진학을 위주로 한 학업분위기에 적응하지 못하는 과정에서 느끼는 학생의 소외감과 좌절감이 학교폭력으로 노출되고 있다.

넷째, 현재 우리 사회의 청소년은 성인의 편법주의, 이기주의, 경쟁주의 등의 공동체문화와 성장주의, 물질주의 등의 생활관을 답습하면서 가치혼란과 함께 비판적이고 반항적·이기적인 사고와 행동을 보이고 있다. 따라서 학교폭력을 예방하기 위한 사회적 노력으로 기성세대의 불합리하고 폭력적인 문화를 정화하려는 노력이 선행되어야 한다. 성인들의 학교폭력에 대한 방관과 묵인, 지나친 경쟁위주의 사회적 풍토와 여가활동의 기회나 시설의 부족 등과 같은 지역사회의 문화·환경적 여건은 학교폭력을 유발하는 위험 요인이 될 수 있다. 그러므로 자신과 타인의 권리와 복지를 인정하는 평등과 참여의 가치정착을 위해 사회문화적 환경이 전반적으로 개선되어야 한다.

일반적으로 학교폭력을 청소년이 성장하는 하나의 단계로 안이하게 생각하는 사회적 통념으로 인해 예방과 근절을 위한 사회적 관심과 해결의지가 부족하며, 이는 학교폭력을 방치하고 조장하는 요인으로 작용하고 있다. 이로 인해 학교와 학생은 물론, 사회적으로 학교폭력의 심각성은 깨닫고 있지만 체계적·효율적으로 대처하지 못하고 있다.

PART 02

학교폭력의 유형

04
CHAPTER

집단 괴롭힘

1 집단 괴롭힘의 개념

콜로로소(Coloroso, 2008)는 괴롭힘의 네 가지 요소를 권력의 불균형, 고의적으로 상해를 입힐 의도, 추가공격의 위협, 공포감으로 규정하였다. 권력의 불균형이란 앞선 장에서도 기술했지만 힘이나 권위, 지위, 경제력, 신체적 우위 등에서 차이가 있음을 나타내는 것이고, 고의적으로 상해를 입힐 의도란 단순히 실수도, 놀리려는 것도 아닌 상대방이 상처받기를 기대하며 고통을 주는 분명한 의도를 말하는 것이다. 추가공격의 위협이란 가해자와 피해자 모두 괴롭힘이 다시 있을 것이라는 사실을 알고 있음이며, 공포감이란 두렵고 무서운 느낌이나 기분으로서 괴롭힘이 격화되는 요소가 된다. 공포감이 조성되고 나면 가해자는 어떠한 비난이나 보복의 두려움 없이 행동할 수 있다. 무기력해진 피해자는 반격을 하려 하지도, 괴롭힘에 대해 누군가에게 말하려 하지도 않는다. 공포감은 방관자들도 갖게 되는데 가해자들은 방관자들의 공포심을 통해 더욱 안심하게 된다고 한다.

집단 괴롭힘이란 가해자가 다수가 되어 피해자를 괴롭히는 것을 말한다. 방관자들 역시 피해자에게는 자신에 대한 폭력을 용인하며 '내 편은 하나도 없다'는 소외감을 느끼게 하는 이중적 가해자가 된다. 더구나 방관자 중에는 폭력에 가담하게 되는 학생도 다수 있게 된다. 가해가 집단화되면서 피해자들은 정신적·신체적 피해가 가중된다. 집단 괴롭힘은 집단 따돌림이라는 용어로 더 많이 사용되고 있다. 이경숙(1998)은 '학생의 왕따 현상에 관한 연구'를 통해 왕따는 따돌림의 개념뿐 아니라 '집단 괴롭힘'까지 포괄하는 개념으로 사용함을 주장하고 있는데, 일반적으로 집단 따돌림은 집단 속에서 '복수 또는 개인이 약자를 대상으로 지속적·반복적으로 행하는 신체적·정신적 공격'으로 정의된다.

우리 사회에서 청소년 집단 따돌림 현상은 이미 심각한 사회 문제의 하나로 대두되었다. 집단 따돌림은 특정 지역의 학생에게서만 찾아볼 수 있는 현상이 아닌, 지역을 불문하고 나타나는 현상이 되었으며 더 나아가 세계 각국의 청소년 집단에서 찾아볼 수 있는 일반 현상이 되고 있다. 집단 따돌림 현상은 1980년대까지만 하더라도 일본 혹은 유럽의 선진국에서나 나타나는 외국 문화 풍토의 하나였다(박진규, 2000). 그러나 1990년대에 들어와서 우리나라에서도 집단 따돌림에 관한 논의가 매스컴을 통해 있었고, 1990년대 후반에는 이에 대한 학문적인 논의도 비교적 활발하게 일어나고 있다.

집단 따돌림은 '아주 큰 것', '으뜸', '우두머리'의 뜻을 갖는 접두어 '왕'과 어울려 '왕 따돌림' 또는 '왕따'라는 말로 대신하게 되었다. 왕따는 '크게 따돌림을 당하는 사람', '가장 많이 따돌림을 당하는 사람'을 칭하기도 하고 '따돌림 현상 그 자체'를 지칭하게도 되었다. 왕따로부터 더 많은 은어가 파생되었는데 '집따'는 '집중 따돌림'을, '은따'는 '은근히 따돌림'을, '전따'는 '전체 따돌림'을, '개따'는 '개인적 따돌림', '평따'는 '평생 따돌림'을 말하는 용어로 사용되고 있다. 이러한 왕따 문제는 이제 학생 사이에서뿐 아니라 성인집단, 즉 직장이나 사회단체에서도 나타나고 있다고 한다(이기문·김진희, 1999).

2 집단 괴롭힘의 유형

괴롭힘에는 언어적·신체적·관계적 괴롭힘을 세 가지 유형이 있다. 각각만으로도 대단한 위력이 있지만 두 가지 이상이 조합되어 더 큰 위력을 나타내며 일반적으로 집단 괴롭힘에는 세 가지가 모두 나타나고 있다.

1) 언어적 괴롭힘

언어는 강력한 도구이며 마음에 깊은 상처를 줄 수 있다. 언어학대는 남학생이나 여학생 모두가 사용하며 우리나라에서도 가장 많이 일어나는 폭력 현상으로 나타나고 있다(청소년폭력 예방재단, 2013). 전체 폭력의 70%가 언어폭력으로 나타나기도 한다. 언어적 괴롭힘은 욕, 조롱, 무시, 가혹한 비난, 악의적인 거짓 소문, 험담, 개인적인 중상모략, 인종차별적 비방, 성적 암시나 경멸적인 발언의 형태를 띤다. 최근에는 얼굴을 맞대고 하는 언어적 괴롭힘에서 메일, 문자, 게시판 포스팅 등 사이버 공간을 이용하는 괴롭힘으로 확대되었으며 언어적 괴롭힘과 함께 동영상, 사진, 그림 등도 제시되어 괴롭힘을 증대하고 있다.

언어적 괴롭힘은 발뺌하기도 쉽고 어른과 또래 앞에서 들키지 않고 상대를 괴롭힐 수 있는 방법이다. 가해자는 재빨리 말해버리면 끝이지만 피해자는 심각한 피해를 받게 된다. 더욱이 반복적인 언어폭력은 연령과 상관없이 모든 아이에게 피해를 주지만, 아직 강한 자의식이 발달하지 않은 어린 학생에게는 특히 더 치명적이다.

타이처(Teicher) 박사는 어렸을 때 언어폭력을 많이 당한 사람의 뇌량과 해마는 일반인보다 적다고 발표하면서 언어폭력이 실제로 뇌 형성과 발달에 영향을 많이 주고 있음을 밝혔다. 우리나라 카이스트 정범석 교수도 이에 대한 손상을 입었다고 주장하였다(EBS 〈다큐프라임〉 '언어폭력 개선 프로젝트-1부 영혼의 상처, 언어폭력'). 언어적 괴롭힘은 세 가지 유형 중 가장 쉽게 그리고 가장 먼저 실행될 수 있는 유형으로 나머지 두 가지 유형의 괴롭힘을 시작하기 위한 진입로이며 더 악의적이고 잔인한 폭력을 사용하기 위한 첫 단계가 될 수 있다.

2) 신체적 괴롭힘

괴롭힘의 형태 중 가장 두드러지게 눈에 띄는 괴롭힘이다. 일반적으로 여학생보다는 남학생에게 더 많이 나타나는 괴롭힘이다. 남학생은 공통되는 흥미에 따라 넓고 느슨하게 정의된 집단에서 어울리는 경향이 있으며, 명확하게 구분된 동시에 구성원 모두가 중시하는 위계질서를 형성한다(Coloroso, 2008). 남학생 사이의 위계질서는 어떠한 조직 구성이냐에 따라 다를 수 있지만 보통은 신체적인 기량이 우월하게 작용한다. 경우에 따라서 지적 능력이나 지위가 더 우월하게 간주되기도 한다.

신체적 괴롭힘은 괴롭힘 유형 중 가장 눈에 띄고 가장 식별하기 쉽지만 전체 괴롭힘 중 1/3도 채 되지 않는다고 한다. '때리기, 밀치기, 목 조르기, 차기, 꼬집기, 물기, 찌르기, 할퀴기, 팔다리 비틀기, 침 뱉기, 넘어뜨리기, 가두기, 피해자의 옷과 소지품을 훼손하거나 파손하기' 등이 있다. 차고 때리고 찌르는 비틀고 넘어뜨리는 행위에서 더 심하면 모욕적인 행동 시키기 등도 있으며 성적 괴롭힘도 발생한다. 집단으로 때리기 등으로 피해 학생이 사망에 이르는 경우도 발생한다.

3) 관계적 괴롭힘

외부에서 식별하기 가장 어려운 괴롭힘이다. 남학생보다는 여학생 사이에서 더 자주 일어나는 괴롭힘이라고 보고되고 있다. 이러한 차이는 남녀 특성에 따라 나타나는 것으로 학자들은 이야기하고 있다. 여학생은 관계를 중시하는 특성이 있다. 여학생은 남학생에 비해 작고 명확하게 정의된 경계를 가진 더 친밀한 집단에서 어울리는 경향이 있기 때문에 친밀하게 구성된 친구 집단에서 배척하는 것만으로 상대에게 상처를 입힐 수 있다.

관계적 괴롭힘은 무시, 고립, 배척, 순수 따돌림을 통해 피해 학생의 자의식을 체계적으로 사라지게 만드는 형태의 괴롭힘이다. 에릭슨의 이론에 따르면 청소년기에는 '또래관계'가 중요하며 이 시기에 겪는 또래관계가 한 인간의 자아정체감을 형성하는 데 매우 중요하다. 그러므로 초등학교와 중학교시기에 또래관계에서 건전한 관계를 갖지 못하고 따돌림 등으로 심각한 위기를 겪는 것은 자아정체감에 손상을 초래하고 이는 일평생 영향을 미치게 된다. 관계적 괴롭힘은 또래를 고립시키고 배척하거나 고의적으로 상대의 친구관계를 망가뜨리기 위해 사용될 수 있다. 이것은 위협적으로 노려보고 눈동자를 굴리고 한숨을 쉬고 찡그리고 비웃고 얕보듯이 낄낄 웃고 적대적인 몸짓을 하는 것과 같은 미묘한 제스처를 포함한다.

친구들과 어울리고 소속감을 갖고 싶어 하는 것은 사람들의 기본 욕구이다(Maslow, 1943). 매슬로우의 욕구 7단계를 볼 때, 애정 및 소속의 욕구는 욕구의 가장 낮은 단계에 있는 생리적 욕구와 그 위의 안전의 욕구 다음으로 존재하는 욕구에 해당된다. 즉, 사람은 다른 사람들과 관계를 맺고 소속감과 애정을 나누고 싶어 하는 욕구가 있다는 것이다. 매슬로우는 애정 및 소속의 욕구가 충족되어야 자존의 욕구로 나아갈 수 있다고 하는데, 따돌림은 애정 및 소속의 욕구를 차단시키게 하는 괴롭힘이며 이로써 자존의 욕구를 충족시키는 것을 원천 차단한다 해도 과언이 아닌 것이다.

〈매슬로우의 욕구(동기) 이론〉

인본주의 심리학의 대표학자로 꼽히는 매슬로우(Maslow)의 욕구위계 이론은 따돌림이 얼마나 위협적인 상황인가를 잘 말해 주고 있다.

매슬로우의 욕구위계 이론은 개인의 잠재력을 발현시키는 데 장애 요인으로 작용하는 확인 가능한 조건을 의미한다. 이에 욕구는 일반적으로 사회, 경제, 보건과 관련된 용어로 표현되는데, 욕구는 단순히 개인이 바라는 상태나 조건들만을 의미하지 않는다. 개인이 지각하거나 표현한 욕구 이외에 개인에게 필요하지만 지각하지 못하는 욕구들도 있기 때문이다. 또한, 욕구는 상대적일 수 있기에 모든 대상자들이 동일한 욕구를 가진다고 판단해서는 안 된다.

욕구는 인간의 뇌 속의 생리적·심리적 성질을 포함한 어떤 힘으로 현재의 불만족한 상황을 바꿀 수 있도록 지각, 통각, 지적 작용, 의욕, 행위 등 어떤 특정한 방향으로 체계화하는 힘으로 볼 수 있으며, 이것은 행위와 지각과 기타 인지 과정을 만족으로 이끌어 가도록 조직하는 힘으로 정의할 수도 있다. 따라서 욕구는 내적 과정에 의하여 나타나기도 하지만, 머리(Murry)에 의하면 환경의 강한 압력에 의해서도 욕구가 발생할 수 있다고 하였다(이상필, 1990). 매슬로우는 다른 욕구 개념과 구별하기 위해 욕구를 두 가지 형태로 구별하고 있다. 제1의 형태는 기본적 욕구, 결핍성의 욕구로 음식물, 쾌적한 온도, 신체적 안전, 애정, 존경 등에 대한 욕구이다. 제2의 형태는 성장 욕구 혹은 자아실현 욕구로 잠재능력, 기능, 재능을 발휘하려는 욕구이다. 매슬로우는 결핍성의 욕구를 저변으로 하여 자아실현 욕구를 정점으로 하는 체계를 가정하였다. 따라서 매슬로우에 의하면 인간은 삶에 의미와 만족을 주는 일련의 선천적 욕구에 의해 동기화된다.

이 욕구는 강도와 중요성에 따라 일종의 계층적 단계로 배열된다. 강도의 순서에 따라 욕구의 위계는 생리적 욕구, 안전의 욕구, 소속감 및 애정의 욕구, 존중의 욕구, 인지적 욕구, 심미적 욕구, 자아실현 욕구 등의 일곱 가지로 제시하였다.

[그림 4-1] 매슬로우의 욕구 7단계

〈생리적 욕구〉

배고픔, 음식, 갈증, 수면, 배설, 성에 대한 욕구 등이다. 이러한 생리적 욕구는 유기체의 생물학적 유지에 직접적으로 관련된다. 다음 단계의 욕구들을 충족시키기 전에 생리적 욕구가 충족되어야 한다. 생리적 욕구는 모든 욕구 중 가장 중요한 욕구를 의미한다. 예를 들어, 음식, 안전, 애정, 존경이 결핍된 사람은 그중 어떤 것보다 배고픔을 더 절실하게 느낀다. 그러나 일단 배고픔이 해결되면 그 사람은 더 이상 음식물에 매달리거나 생각하지 않는다.

〈안전의 욕구〉

생리적 욕구가 안정되면 안전에 대한 욕구가 생긴다. 안전욕구는 환경 내에서의 확실성, 안전, 질서, 고통회피, 보호 등에 대한 욕구를 말한다. 안전욕구는 사회의 법, 질서, 권력에 대한 위협이 있을 때에 절박해진다. 어린아이들은 낯선 사람들이나 익숙하지 않은 환경에 접근하려고 하지 않는다. 또 정상적인 성인들이 미래를 위하여 저축을 하거나 보험에 가입하고, 직장을 쉽게 바꾸려고 하지 않는 것도 안전의 욕구를 추구하는 것이다. 안전욕구는 전쟁, 범죄, 홍수, 지진과 같은 상황에서나 사회조직의 해체 등이 발생할 때도 잘 나타난다.

〈소속 및 애정의 욕구〉

생리적 욕구 및 안전의 욕구가 보장되면 남들과 어울리고 애정을 나누고 싶어 하게 된다. 집단의식이 개인의 주요 목표가 되는 것이다. 애정의 욕구는 애정을 주는 것과 받는 것 양쪽 다 포함한다. 즉, 이러한 욕구는 친구나 연인, 동료들과의 친밀한 관계나 특정 단체 안에서 형성된 사회적 관계를 통해 표현된다. 하지만 이 욕구가 충족되지 않을 경우 고독, 소외감, 우울증을 느끼게 된다.

〈존중의 욕구〉

자기 자신과 다른 사람들로부터 존경받고 싶은 욕구를 말한다. 존중의 욕구는 능력, 신뢰감, 개인의 힘, 적합성, 성취, 독립, 자유 등을 의미하며, 다른 사람으로부터의 존경은 명성, 수용, 주목, 평판, 영광, 명예를 말한다. 다른 사람이 소중하게 대해 주는 데서 생기는 자존감이 일차적이다. 사실상 다른 사람이 자신을 귀하게 여겨 주지 않는다면 자기 자신을 중요한 사람이라고 느끼기 어렵다. 자존의 욕구 충족은 자신감 가치, 힘, 능력을 갖게 하며, 이 욕구가 좌절되면 열등감, 무력감, 좌절감, 자기 비하 등을 느끼고 자신의 능력을 확신하지 못하게 된다.

이상의 네 가지 욕구는 결핍욕구이다. 즉, 충족되지 못할 때, 신체적·정신적 건강이 보장되지 못하는 욕구이다. 따라서 이들 욕구의 충족을 통해서 개인은 병리적 상태에서 벗어날 수 있다.

〈인지적 욕구〉

알고 이해하려는 욕구이다. 이러한 욕구는 지성의 동기부여적 측면을 나타내는데, 구체적으로는 사실을 인식하고 의구심을 만족시키려는 특징이 있다. 그런가 하면, 이들과는 대조되는 이해와 설명에 대한 욕구도 있는데, 그것은 시스템화하고 조직화하며 분석하고 관계성과 의미를 추구하려는 욕구를 말한다.

〈심미적 욕구〉

주어진 환경 속에서 미적 매력이나 외관의 아름다움 등이 충족되는 소비에 대한 욕구이며(김동현, 2010) 아름다움에 대한 열망이다. 매슬로우는 자연과 예술에서의 아름다움과 조화, 균형, 질서 모양 등을 추구하는 욕구라고 설명하였다.

〈자아실현의 욕구〉

자신의 잠재력을 성취하고 싶은 욕구이다. 자신의 본성에 충실하는 것인 자아실현 욕구의 구체적인 형태는 사람마다 다르다. 그러므로 자아실현 욕구는 사람에 따라 크게 차이가 있으므로 개인차가 가장 크다.

이상의 세 가지는 성장의 욕구이다.

욕구위계 이론은 낮은 단계에 있는 욕구가 어느 정도 충족되어야 더 높은 단계의 욕구를 의식하거나 동기가 부여된다는 가정을 하고 있다. 그러나 다음 욕구가 출현하기 전에 하위 욕구가 100% 충족되어야 하는 것은 아니다. 사실상 대부분의 사람들은 기본적 욕구를 일부는 충족시키고 일부는 충족시키지 못한다. 욕구의 위계에서 상위의 욕구일수록 충족의 비율이 상대적으로 낮다. 더구나 단식을 하면서 자아실현을 추구하거나, 나라를 위해 목숨 걸고 참전하는 사람 등의 예외적 사례도 있을 수 있다.

3 가해 학생

어떤 학생이 가해자가 되는가에 대한 관심은 늘 지속되었다. 그러나 가해자의 유형은 매우 다양하다. 처음부터 가해자로 태어나는 사람은 없다. 사회과학자 브론펜브레너가 언급한 '환경적 영향'은 무시할 수 없다. 환경적 영향이란 아동의 특정한 행동을 허용하거나 조장하는 가정생활과 학교생활, 지역사회와 미디어를 포함한 문화 전반을 지칭한다. 확실하게 말할 수 있는 것은 가해자는 괴롭힘을 배운다는 것이다.

사실 가해자가 더 많은 괴롭힘을 당한다(Coloroso, 2008). 가해자는 자신보다 몸집이 더 크고 힘도 센 사람들에게 당했던 일을 대부분 흉내 낸다. 세계적으로 유명한 정신과 의사인 앨리스 밀러(Alice Millcr) 박사는 "사람들은 모든 가해자가 한때는 피해자였다는 단순한 사실을 믿으려 하지 않는다. 그러나 분명한 것은 어린 시절부터 자유롭고 건강한 환경에서 성장한 사람은 다른 사람을 경멸할 필요를 느끼지 않는다는 사실이다."라고 주장하였다. 우리는 이러한 주장을 통해 어린이들에게 자유롭고 건강한 환경을 제시하는 것이 그 무엇보다도 중요한 것임을 인식하여야 한다.

1) 가해자의 유형

(1) 매클럼의 분류

매클럼(2003)은 가해자의 유형을 공격적 가해자와 수동적 가해자로 분류하였다.

① 공격적 가해자

공격적이고 호전적이며 또래보다 힘이 더 세거나 덩치가 크고 더 많은 사회적 지위를 갖는 경우가 많다. 학생이 갖는 사회적 지위란 교사로부터의 인정, 부유하거나 권력을 갖고 있는 부모를 둔 가정배경, 학력을 강조하는 학교에서는 우수한 성적이 사회적 지위로 인정될 수 있다. 이들은 들볶기, 야단법석 떨기, 놀리기 등 비교적 약한 폭력행동부터 시작한다. 피해 학생이 공격하기에 좋은 대상인지를 결정하기 위해 먼저 약한 폭력적 행동을 하고, 이후 대상을 정하면 심각한 정도까지 폭력 수준을 높인다. 이들은 다른 학생을 지배할 때, 자신이 강하다고 느끼며 폭력을 같이 행할 친구를 찾아 짝을 짓거나 집단을 이루어 타인을 공격한다. 이러한 폭력을 통해 또래로부터 지위를 획득하고 명성을 얻는 것을 좋아한다.

옆에서 지켜보는 방관 학생은 이들의 폭력행동에 대해 긍정적인 피드백을 주고, 공격적 가해자를 지지해 주는 역할을 하게 된다. 흔히 공격적 가해자는 자신의 행동에 대해 책임을 지지 않으려 하고 피해자가 자신을 화나게 만들었다고 비난한다. 공격적 가해자는 폭력행동을 다양하게 하고 폭력행동에 더 많이 참여한다.

② 수동적 가해자

학교폭력 가해자의 약 18%가 수동적 가해자로 보고되고 있는데, 이들은 주로 공격적 가해자들의 행동을 따르고 이들의 지시에 순종한다. 이들은 스스로 먼저 폭력을 시작하지는 않는 편이나, 다른 친구를 괴롭히는 공격적 가해자를 따르거나 함께 참여하는 경우가 많다.

수동적 가해자들은 일반적으로 공격적 가해자에 비해 심리적으로 더 불안정하고 열악한 상황에 있는 경우가 많다. 구체적으로 이들은 불안감이 높고 폭발적으로 화를 내며 자아존중감이 낮은 편이고 또래로부터 거부당하는 경우가 많다. 이들은 공격적 가해자들과 친구가 되려고 애쓰는 편이고, 공격적 가해자에 비해 또래 사이에 인기가 없는 편이며 친구가 별로 없다. 수동적 가해자들은 공격적 가해자로부터 자기 자신이 언제 어떻게 공격을 받을지 모른다는 불안에 떨고 있다.

(2) 콜로로소의 분류

콜로로소는 가해자의 유형을 일곱 가지로 분류하였다.

① 기고만장형

특권의식을 갖고 있으며 거만하게 구는 가해자 유형이다. 자존심이 매우 강하고 과잉된 자의식에 빠져 있다. 폭력을 좋아하며 괴롭힘의 대상에 대해 어떠한 동정심도 갖고 있지 않다. 타인에 대해 우월감을 느낄 때 기분이 좋아지는 유형으로 우월감을 느끼고자 폭력적 행위를 한다. 친구가 많은 것은 아니다. 친구관계는 신뢰, 성실, 상호존중에 기초하기 때문이다.

② 사회형

자신이 목표로 한 대상을 조직적으로 고립시키고 효과적으로 사회적 활동에서 배제시키기 위해 소문, 험담, 언어적 조롱, 따돌림 등의 수법을 활용한다. 낮은 자의식을 갖고 있지만 과장된 자신감과 매력으로 자신의 감정과 불안함을 감춘다. 가식적이고 교묘하게 사람을 부리는 데 능한 이 유형은 타인에 대한 배려와 동정심이 풍부한 사람인 양 행동하지만 이것은 사실 진실된 공감 능력의 결여를 감추기 위한 것이다. 인기는 있지만 주변의 아이들은 이들로부터 공격을 당하지 않기 위해 자신의 비밀을 털어놓지 않는다.

③ 냉혹형

냉정하고 초연한 가해자 유형이다. 자신의 감정을 거의 나타내지 않지만 대상을 괴롭힐 때만큼은 강한 의지를 드러낸다. 그는 타인을 괴롭히기 위해 아무도 자신을 지켜보지 않거나 막지 않을 때를 기다린다. 이 유형은 괴롭힘의 대상 앞에서는 잔인하고 악랄하지만 다른 사람들, 특히 어른들 앞에서는 매력적인 인간으로 변모해 상대를 기만한다. 냉정하고 인정사정 보지 않는 태도로 인해 한 점 흔들림이 없는 정신을 가진 사람으로 보일 때도 있지만, 사실 속 깊은 곳에 감춰진 그의 감정은 그 자신도 정체를 알지 못하는 불안과 고뇌를 마음속에서 키운다.

④ 과잉행동형

학업에 어려움을 겪으며, 사회적 기술 수준이 낮다. 대개 학습장애를 겪고 있으며, 정확하게 사회적 암시를 읽어 내지 못하고 간혹 다른 아이들의 순수한 행동을 적대적 의도로 받아들인다. 심지어 사소한 자극에 대해서도 공격적으로 반응하고 자신의 적대적인 반응을 정당화하기 위해 다른 아이에게 비난의 화살을 돌린다. 친구를 사귀는 데 어려움이 많다.

⑤ 피해자이면서 가해자형

괴롭힘의 대상이면서 가해자이기도 하다. 어른이나 연상의 아이들로부터 괴롭힘이나 학대를 당하는 이 유형의 가해자는 무력감과 자기혐오감에서 벗어나기 위해 다른 아이들을 괴롭힌다. 조직화된 폭력서클에 속하여 서클선배에게 괴롭힘을 당하고 나서 그 보복으로 다른 친구들에게 폭력을 행사하기도 한다. 가해자 유형 중 가장 인기가 없으며 자신에게 상처를 주는 사람들과 자신보다 약하거나 왜소한 아이들을 잔인하게 괴롭힌다.

⑥ 집단형

개인적으로 누군가를 배척하거나 희생양으로 삼을 수 없을 때 집단의 힘을 동원한다. 이때 이 집단에 속한 '착한' 아이들은 자신들의 행동이 잘못되었고 대상에게 상처를 준다는 것을 알고 있으면서도 괴롭힘을 멈추지 않는다.

⑦ 조폭형

친구관계가 아닌 전략적 동맹을 통해 권력, 통제, 지배, 복종 관계를 강화하고 세력권을 넓히려 한다. 처음에는 존중과 보호를 받고 싶은 마음에 가족과 같은 느낌을 기대하고 가입하지만 비뚤어진 열망으로 점차 조직에 과도하게 헌신하게 되면서, 괴롭힘의 희생자들에게 범한 자신들의 만행을 더 나아가 자신들이 저지른 모든 행동의 결과를 대수롭지 않게 생각하게 된다. 타인에 대한 공감이나 양심의 가책은 없다.

2) 가해자의 특성

여러 유형의 가해자가 있지만 그들에게 나타나는 공통점이 발견된다.

- 타인을 지배하고 싶어 한다.
- 타인을 이용하여 자신이 얻고 싶은 것을 얻으려 한다.
- 타인의 관점에서 상황을 파악하는 것을 어려워한다.
- 나와 다른 타인의 관점을 수용하지 못한다.
- 타인의 욕구, 권리, 감정보다는 자신의 욕망과 쾌락에 집착한다,

- 주변에 부모와 어른이 없을 때, 다른 아이를 해하려는 경향이 있다.
- 약한 형제자매 또는 또래를 먹잇감으로 삼는다.
- 비난, 비판, 거짓말을 사용하여 자신의 결점을 괴롭힘의 대상에게 덮어씌운다.
- 자신의 행동에 대한 책임감이 결여되어 있다.
- 자신의 현재 행동에 대한 장단기적 전망, 의도치 않은 결과를 고려하는 안목이 부족하다.
- 타인의 주목을 끌려 한다.

가해자에게는 세 가지 태도가 형성되는데 특권의식, 차이에 대한 무관용, 배척할 자유이다. 특권의식이란 다른 누군가를 예속하거나 통제하고 지배하고 학대할 특별한 권리가 자신에게 있다고 생각하는 허영심이 생기는 것이다. 차이에 대한 무관용이란 자신과 다른 것은 열등하고 존중할 가치가 없다고 생각하는 사고방식이다. 배척할 자유란 존중하거나 돌볼 가치가 없다고 여겨지는 누군가를 고립시키거나 소외시키고 격리시키려 하는 배타적 사고방식이다.

가해 학생에게 책임을 물을 때 그들이 하는 상투적인 수법은 다음과 같다.

- 잘못을 부인한다.
- 사건을 별것 아닌 일로 만든다. "그냥 웃자고 한 건데."
- 피해자가 반격을 해오면 이렇게 말한다. "야, 너 미친 것 아냐?"
- 감독교사에게 울면서 싸움을 시작한 사람을 비난하고 자신은 피해자에 불과하다고 주장한다. 보통 이러한 행동은 진짜 피해자를 자극하게 된다.
- 피해자를 가해자로 둔갑시켜 자신은 궁지에서 벗어난다.
- 피해자를 협박하여 피해자 자신이 잘못한 것이라고 거짓 자백하도록 만들기도 한다.
- 피해자의 말을 부인하고 자신의 행동을 방어하기 위해 방관자들의 도움을 받는다.

일부 가해 학생은 일이 잘못되었을 때, 어떤 말을 해야 하고 어떤 식으로 피해자 행세를 해야 하는지를 잘 알고 있으며, 다른 사람들과 공모할 줄도 알고 어른의 감정과 편견을 이용할 줄도 안다. 이런 식으로 폭력의 악순환은 지속된다. 교사는 가해 학생은 다수이고 피해 학생은 한 명이기 때문에 이런 말이 계속될 때 혼란스럽지 않을 수 없다. 최근 학생들은 폭력사건에 대하여 교사의 개입을 극도로 꺼린다. 방관 학생, 피해 학생 모두 섣부른 교사개입이 피해 학생을 더 힘들게 한다는 것을 알고 있기 때문이다.

4 피해 학생

콜로로소가 주장하기를 가해 학생이 피해 학생을 고를 때 기준이 되는 다섯 가지 핵심요소는 종교, 인종, 젠더, 신체적 특징, 정신적 특징이라고 주장했다. 우리나라의 경우는 종교나 젠더보다는 조손가정, 한부모 가정 등의 가족구조 또는 가정환경이 포함된다고 하겠다. 최근 들어 다문화가정이 많아졌는데 이들의 신체적 특징으로 인해 이러한 다문화가정 학생이 피해자가 되곤 한다.

우리 사회에 팽배해 있는 잘못된 생각 중 하나는 괴롭힘의 대상이 된 아이에게 무언가 잘못이나 문제가 있을 것이라는 믿음이다. 다시 말해 사람들은 괴롭힘의 대상이 연약하고, 한심하고, 무르고, 자신감 없고, 외톨이이고, 가해자가 시키는 대로 하거나 스스로 괴롭힘을 자초하기 때문에 괴롭힘을 당할 수밖에 없다는 잘못된 믿음을 갖고 있다. 결국 이러한 잘못된 믿음 때문에 괴롭힘은 합리화되어 아이들, 심지어 어른들조차 괴롭힘에 대해 책임지지 않고 괴롭힘에 참여하며 대상이 된 아이가 괴롭힘을 당하는 것을 못 본 체하고 더 나쁘게는 괴롭힘을 피해자 탓으로 돌리게 되는 것이다. 그러나 이 세상에 괴롭힘을 당해야 마땅한 사람은 아무도 없다는 사실을 잊지 말아야 한다.

1) 피해 학생의 유형

올베우스(Olweus, 1994)는 학교폭력의 피해자를 두 유형으로 구분하였다.

(1) 복종적 피해자

이들은 자신이 공격받고 모욕당할 때 상대에게 보복하지 않고 불안정한 반응을 보이는 특징을 갖는다. 또한, 이들은 자신이 무가치한 사람이라는 신호를 상대에게 보여 피해를 당하는 경우가 많다. 일반적으로 이들은 괴롭힘을 당할 때 대응하려 하지 않고, 고립되나 사회적으로 철회하는 경우가 많다. 이들은 학급이 바뀌거나 새로운 집단에서 새롭게 친구를 사귈 수 있을 때에도 자신에 대해 부정적 이미지가 퍼져 있다는 생각으로 인해 친구를 사귀려는 시도를 하지 않고 괴롭힘을 당하는 것이 어쩔 수 없다고 믿는 경우가 많다(Berstein&Watson, 1997).

(2) 도발적 피해자

피해를 당하면서 불안한 반응과 공격적인 반응을 함께 보이는 유형이다. 이들은 복종적 피해자와 달리 주변 사람을 짜증나게 함으로써 피해대상이 되는 경우가 많다. 이들은 가해-피해자로 분류되기도 한다.

2) 피해 학생이 되지 쉬운 학생 특성

피해 학생이 되기 쉬운 학생, 즉 피해 학생의 특성을 열거해 보면 다음과 같다.

- 학교에 새로 전학 온 아이
- 학교에서 가장 어린 아이
- 키가 작고 몸집이 왜소한 아이
- 겁이 많은 아이
- 자신감이 없어 보이는 아이
- 트라우마를 겪은 아이

- 고분고분한 아이
- 다른 아이들을 당황스럽게 만드는 행동을 하는 아이
- 싸우려 하지 않는 아이(갈등을 회피하려는 아이, 문제를 직면했을 때 피하는 아이)
- 수줍어하고 부끄러워하고 조용하며 소심한 아이
- 집이 가난한 아이
- 부잣집 아이이며 잘난 척하는 아이
- 가해자가 열등하며 경멸하는 나라 또는 인종의 아이
- 젠더, 성적 취향이 일반 아이들과는 다른 아이
- 영리하고 재능이 뛰어난 교사가 편애하는 듯한 아이
- 감정을 과하게 잘 표현하는 아이
- 뚱뚱하거나 홀쭉한 아이 등 눈에 띄는 신체적 특징을 가진 아이
- 치아 교정기를 하고 있는 아이
- 신체적 장애를 가진 아이
- 정신적으로 장애를 가진 아이
- 외모가 매력적이지 않은 아이

3) 피해 학생의 어려움

피해자가 처음 표적이 되었을 때, 가해 학생의 폭력에 어떻게 반응하느냐에 따라서 단순 피해자에서 집단 따돌림과 폭행 희생자 단계로 이동이 결정된다. 처음 놀리거나 폭행시도가 있을 때 공격에 굴복하여 고통, 공포, 혹은 무반응을 보이거나 단호하게 또는 공격적으로 대응하지 못한다면, 정서적·신체적으로 문제가 생길 수 있다. 그 아이는 가해자의 공격을 받기 전과 다른 사람이 되고 가해자는 무기력해진 그를 계속 괴롭히게 된다.

피해 학생은 가해자의 잔인함에 적절하게 대응하지 못했다는 자책감과 수치심, 실패의식을 갖게 되며, 가해의 대상이 된 피해 학생의 일상적인 평온은 파괴

된다. 또래로부터 소외당하고 공부에 집중하지 못하며, 사회적 기술 대신 생존 전략을 개발하게 될 때, 그의 삶은 급격히 바뀌게 된다. 학생이 폭력의 대상이 되었다 할지라도, 어른에게 털어놓지 못하는 이유는 다음과 같다.

- 피해 학생은 괴롭힘을 당했다는 것을 부끄러워한다. 가해자는 상대로 하여금 자신이 존중받을 가치가 없고, 인기가 없고, 고립되었으며 부끄러워해야 마땅한 인간이라고 생각하게 만든다. 남자아이는 여자아이보다 어른에게 말할 가능성이 더 적다. 남자아이는 강해야 한다는 사회적 이데올로기를 주입받아 "견뎌내라.", "스스로의 힘으로 해내라."와 같은 말을 듣고 자랐으며, 이를 실천으로 옮기려는 성향이 강하다.
- 피해 학생은 어른에게 말했을 때 받을 보복을 두려워한다. 가해자는 위협을 통해 이러한 공포를 가중시킨다. 가해자는 공포와 보복의 암묵적 또는 직접적 위협을 통해 피해 학생을 침묵하게 만들면서 자신의 야만적인 행동을 계속할 수 있다.
- 피해 학생은 누군가가 자신에게 도움을 줄 수 있다고 생각하지 않는다. 그는 괴롭힘이 주는 고립감으로 인해 자신이 외톨이라고 생각한다. 또 피해 학생은 가해자가 너무 강력하고 비열하고, 영리하여 누구도 그의 행동을 멈출 수 없다고 생각한다.
- 피해 학생은 괴롭힘이 어른이 되는 데 필요한 과정이라는 거짓말을 믿는다. 이런 믿음이 피해 학생을 지옥으로 몰아넣는데, 이 지옥은 흔히 볼 수 있는 아동기의 전경 중 일부이다.
- 피해 학생은 어른도 자신을 괴롭히기 때문에 어른을 믿을 수 없다고 생각한다. 이런 믿음이 피해 학생을 지옥으로 몰아넣는데, 이 지옥은 흔히 볼 수 있는 아동기의 전경 중 일부이다.
- 피해 학생은 또래가 설사 자신을 괴롭히더라도 어른들에게 이야기하는 것은 또래를 배신하는 것이고 이는 나쁘고, 남자답지 못하고, 유치하다고 배

웠다. 이를 '고자질'이라고 어른들은 가르쳤기 때문이다. 피해 학생은 언어적·신체적 괴롭힘을 당하거나 따돌림을 당했을 때 그것을 묵묵히 받아들이는 것이 성숙한 대응이라고 생각한다.

4) 피해 학생의 징후

피해 학생은 앞서 열거한 이유 때문에 어른에게 솔직하게 말하지 않는다. 하지만 어른들에게 넌지시 암시를 준다. 피해 학생은 다섯 가지 방식으로 말을 한다. 몸, 얼굴, 눈, 목소리의 높낮이, 말, 때로는 그들의 말이 실제 말하고자 하는 것을 변명하거나 감추기 위해 시도되기도 한다. 부모는 자녀의 행동 변화를 놓치지 말아야 한다. 그 변화의 출현 빈도, 지속 기간, 강도를 주의 깊게 살펴보면 피해의 징후를 알 수 있다. 괴롭힘은 장기간에 걸쳐 신체적·정신적 결과를 남기기 때문이다. 부모는 자녀의 행동에서 나타나는 다음과 같은 징후들을 발견한다면 행동 속에 내포된 암시가 무엇인지 고민하여 자녀의 입장에서 생각해 봐야 한다. 피해 학생의 징후들은 다음과 같다.

- 갑자기 학교에 흥미를 잃거나 학교 가는 것을 거부한다.
- 평소에 이용하지 않던 길을 통해 학교에 간다.
- 유급을 당한다.
- 가족과 소원해지고 학교활동에 불참하며 혼자 있고 싶어 한다.
- 점심 값을 잃어버렸다든가 학교에서는 배고프지 않았다고 말하며 방과 후 집에 오자마자 음식을 달라고 한다.
- 부모의 돈을 가져가고 그 돈의 사용처에 대해 서툰 변명을 한다.
- 집에 오자마자 곧장 화장실로 간다(가해자들이 공격할까봐 화장실에 못 가기 때문이다).
- 전화나 이메일을 받은 뒤에 슬퍼하거나 시무룩해지고, 화를 내거나 무서워한다.
- 또래에 대해 말할 때 경멸적이거나 비하하는 언어를 쓴다.

- 또래나 일상생활에 대하여 말하려 하지 않는다.
- 옷차림이 흐트러지거나 옷이 찢어지고, 때로는 옷을 분실한다.
- 설명과 일치하지 않는 신체적 부상을 입는다.
- 복통, 두통, 공황 발작 증세를 보이고 잠을 못 자거나 아주 많이 자며, 탈진 증세를 보인다.

> 수치심은 한 인간에게 삶을 포기하게 만들 정도의 공포, 즉 심리적 파멸을 가져온다. 거부, 야만성, 사랑의 결핍보다 더 인간의 정신을 위협하는 것은 없다. 자신의 영혼이 경멸을 받는 것을 감당할 수 있는 사람은 …… 아무도 없다.
>
> James Garbarino(코넬 대학교 인간개발학과 교수)

5) 괴롭힘으로 인한 자살(bullycide)

피해를 당한 학생은 경멸당하고 얻어맞고 수치심을 느끼지만 매일 정상인 것처럼 가면을 쓰고 생활한다. 거짓 미소와 초조한 웃음 밑에는 치명적인 상처가 자리 잡고 있다. 만약 이런 고통이 없어지지 않는다면 아이는 파국으로 치닫게 될 것이며, 이때의 징후들은 앞서 제시한 징후들보다도 훨씬 더 심각할 것이다. 피해 학생은 배제와 경멸이 불러온 감당하기 어려운 수치심으로 인해 폭발하게 된다.

심리적 파멸의 위협으로부터 고통 받는 피해 학생은 가해자의 작위와 또래 혹은 어른 방관자의 부작위로 일어난 부당행위에 대해 어느 정도 대응할 필요성을 느낄 때 공격적인 행동을 선택하게 된다. 폭력이란 결코 우연히 일어나는 것이 아니다. 폭력은 약간의 암시이며, 위험신호, 그리고 도움을 청하는 절규가 한데 섞인 길고 극적인 이야기의 비극적 결말이다. 괴롭힘으로 인한 자살은 피해 학생이 계속 괴롭힘을 당하느니 차라리 자살을 선택하는 것을 말한다. 이를 괴롭힘에 의한 자살이라고 하며 집단 따돌림을 다른 말로 죽음에 이르는 놀이라고 칭하기도 한다. 미국의 경우, 괴롭힘에 의한 학생의 자살 징후 리스트를 다음과 같이 제시하고 있다.

- 알코올과 마약 남용
- 미디어 중독
- 목표 상실(지속적으로 목표와 꿈이 바뀌고 비현실적인 기대를 갖고, 목표에 도달하기 위한 인내심과 자제심이 결여됨)
- 무기에 매혹됨
- 총기에 자주 손을 댐
- 자주 풀이 죽거나 화를 내며 우울해함
- 폭력을 통해 지위와 가치를 얻으려 함
- 폭력 또는 자살 위협
- 만성적 분노
- 거부나 경멸의 감정을 자주 드러냄

이와 유사하게 미국의 페퍼다인 대학교의 전국학교안전센터에서 청소년폭력행동을 예측하는 평가항목을 개발하여 발표하였다. 다음은 페퍼다인 대학교의 청소년 폭력행동 유발 지표이다.

- 갑작스럽게 화를 내거나 감정이 폭발하는 경향이 있다.
- 욕설, 저주, 상스러운 말을 자주 한다.
- 화가 났을 때 습관적으로 폭력적인 위협을 한다.
- 학교에 무기를 가져온다.
- 학교나 다른 공동체에서 중징계를 받은 적이 있다.
- 마약, 술, 기타 중독 물질을 복용한 적이 있다.
- 또래 중에 친한 친구가 적거나 아예 없다.
- 무기, 폭발물, 방화도구에 관심이 많다.
- 무단결석을 하거나 정학, 퇴학을 당한 경험이 있다.
- 동물을 잔인하게 괴롭힌다.

- 부모 또는 돌봐 주는 어른으로부터 적절한 감독과 지원을 거의 또는 전혀 받지 못한다.
- 가정에서 학대 또는 방치를 목격했거나 경험했다.
- 또래나 자기보다 어린 아이를 괴롭히거나 위협한다.

콜로로소(2008)는 이에 더하여 다음의 항목을 부가하였다.

- 또래나 자기보다 나이가 많은 아이로부터 괴롭힘을 당해 왔다.
- 자신이 자초한 문제나 곤란한 상황을 다른 사람 탓으로 돌리는 경향이 있다.
- 폭력적인 주제의 TV쇼, 영화 또는 음악을 지속적으로 즐긴다.
- 폭력적인 주제나 의식, 학대를 다루는 읽을거리를 즐긴다.
- 학교에서 하는 작문이나 쓰기 과제물에 분노, 좌절, 삶의 부정적인 면을 드러낸다.
- 또래집단 중 가장 건전하지 못한 조직폭력단이나 반사회적 단체와 관계를 맺는다.
- 자주 우울해하며 감정기복이 심하다.
- 자살하겠다고 위협하거나 실제 자살을 시도한 적이 있다.

5 방관 학생

> 학생들이 급우를 거부하고, 소외시키고, 심리적으로 고문할 때 피해 학생들은 상처 입은 맹수처럼 보복할 것이다. 그들은 작위의 행위를 한 것이다. 책임져야 할 사람이 또 있다. 모르는 척 옆에서 방관하고 고통의 형벌을 묵인하는 사람들이다. 그들은 부작위의 행위를 한 것이다.
>
> Phillip McGraw 박사(The Oprah Magazine, 2001년 6월)

방관자들은 피해 당사자도 아니고 적극적 가해자도 아니다. 그러나 그들은 가해의 선상에 놓일 수도 있고 피해의 선상에 놓일 수도 있는 존재이다. 자신의 태도가 가해자 편에 가담하는 것이 될 수 있다는 두려움과 또래가 괴롭힘을 받을 때 아무것도 하지 않았다는 양심의 가책 사이에서 씨름하는 사이에 방관자의 자신감과 자존감도 사라져 버린다. 방관자는 잔인한 괴롭힘을 막지 않거나 막지 못하는 순간에 상처받게 되는 그들의 자신감이나 자존감을 회복하지 못한다. 가해자에 대한 두려움 혹은 자신의 능력 부족으로 괴롭힘을 막지 못했다는 자책감과 자괴감은 경멸의 가장 가까운 친구인 무관심으로 변화한다. 또한, 방관자는 돕지 못한 것, 대응하지 못한 것에 대해 타당한 이유를 대기보다는 변명을 늘어놓으려 하는데, 이 그럴싸한 변명은 사회적 환경에 나쁜 영향을 마치고, 방관자가 가해자 편에 가담할 가능성을 키우며, 실제로 그들이 가해자 역할을 흉내 내게끔 만든다. 방관자의 그럴싸한 변명은 다음과 같다.

- 가해자를 친구라 생각한다. 즉, 친구를 고자질하는 것은 나쁘다고 생각하는 것이다.
- 폭력은 나와 상관없는 일이고, 내가 싸우는 것도 아니다. 다른 사람 일에 끼어들지 말고 자신의 일만 하고, 자기 자신만을 걱정하라고 교육받은(너나 잘해) 방관자들은 내 할 일만 하면 그만이라고 스스로에게 변명한다. 이러한 태도는 무관심이라는 이름으로도 알려져 있다.
- 피해자는 내 친구가 아니다. 피해자와 평소에 친하지 않았다는 이유로(피해자들은 평소에 사교성이 없으며 친구가 없고 조용한 편이므로) 친구도 아닌데 개입할 필요가 없다고 생각하는 것이다.
- 피해자는 패배자이다. 패배자이기 때문에 당하는 것이라 생각하고 싶어 한다.
- 피해자는 괴롭힘을 당해도 싸다. 피해자는 폭력을 자초했다. 게다가 피해자 스스로 자신을 지키지 못하는데, 왜 누군가가 그를 지켜 주어야 하는가? 이 변명은 방관자를 자유롭게 만들어 주는 것처럼 보이지만, 괴롭힘이 피해

자의 악덕이 아니라 가해자의 경멸에서 비롯된다는 기본 원칙에 의하면 틀린 말이다. 혼자의 힘으로 스스로를 지키지 못하는 사람은 여러 사람이 함께 보호해 주어야 한다는 의식을 갖도록 교육이 필요하다.

- 괴롭힘이 피해자를 강하게 만들 것이다. 폭력을 이겨냄으로써 피해자 스스로 강해질 것이라고 믿고 싶어 한다. 그러나 지속적인 폭력에의 노출은 인간을 파괴한다는 사실에 대하여 알려 줄 필요가 있다.
- 밀고자, 고자질쟁이로 낙인찍힐까 걱정된다. 고자질과 약한 친구를 돕도록 노력하는 것에는 차이가 있음을 교육해야 할 필요가 있다.
- 피해자를 옹호하는 것보다 집단에 속해 있는 편이 더 낫다. 즉, 다수에 속하는 것을 편히 여긴다.

노르웨이 베르겐 대학교의 올베우스 박사가 개발한 괴롭힘 서클은 방관자들이 괴롭힘이 벌어지는 상황에서 어떤 행동을 하는가를 보여 주었다.

〈표 4-1〉 **괴롭힘의 서클에 나타난 학생유형**

학생유형	내용
피해자	괴롭힘을 당하는 사람
가해자	괴롭힘을 시작하며 적극적으로 참여하는 사람
추종자/심복	괴롭힘을 시작하지는 않지만 적극적으로 참여하는 사람
지지자/소극적 가해자	괴롭힘을 지지하지만 적극적으로 참여하지는 않는 사람
소극적 지지자/잠재적 가해자	괴롭힘을 좋아하지만 공개적인 지지를 보이지는 않는 사람
무심한 방관자	괴롭힘을 봐도 '나랑은 상관없는 일'이라며 입장을 취하지 않는 사람
잠재적 방어자	괴롭힘을 싫어하고 괴롭힘 당하는 아이를 도와줘야 한다고 생각하지만 실제로 돕지는 못하는 사람
괴롭힘 대상의 방어자	괴롭힘을 싫어하고 괴롭힘의 대상을 돕거나 도우려고 하는 사람

1995년 캐나다 토론토에서 수행한 한 연구는(Pepler & Craig, 1995) 올베우스

박사의 이러한 주장을 뒷받침하고 있다. 그 연구는 도시의 학교 운동장에서 발생한 괴롭힘 사건에 또래 아이들을 관찰하고 다음과 같은 결과를 발표하였다. 또래는 괴롭힘 사건의 85%에 관여하였고, 81%에서 괴롭힘을 강화시켰다. 또래는 괴롭힘의 피해자보다는 가해자를 더 존중하고 그에게 더 우호적인 태도를 보였으며 단지 13%만이 괴롭힘을 막으려 했다.

콜로로소(2008)는 방관자들이 모르는 척하는 이유를 네 가지로 꼽아 열거하였다.

- 방관자는 자신이 다치는 것을 두려워한다. 가해자는 덩치도 크고 힘도 세니 그들을 무서워하는 것은 부끄러운 일이 아니며 그와 싸우려 하는 것은 영리한 일이 아니라고 생각한다.
- 방관자는 가해자의 새로운 대상이 되는 것을 두려워한다. 피해자를 성공적으로 도와주었다 해도 나중에 가해자에게 보복당할 가능성이 있다. 가해자들은 방해꾼을 경멸하고 비방하는 데 능숙하다.
- 방관자는 상황을 더 악화시킬 수 있는 일을 하는 것을 두려워한다.
- 방관자는 무엇을 해야 할지 모른다. 어떻게 보고하고 어떻게 도와야 하는지를 배우지 못했다.

일반적으로 방관자들은 부작위와 작위를 통해 가해자를 돕고 선동하는 지지자의 역할을 담당한다. 그들은 곁에서 벌어지는 괴롭힘을 멍하니 지켜보거나 못 본 척하고, 때로는 적극적으로 가해자를 격려하거나 가해자 편에 가담하여 가해자 집단의 일원이 되기도 한다. 그들의 선택이 무엇이든 대가가 따르기 마련이다. 방관자가 적극적으로 가해자와 함께하거나 가해자를 응원하는 것은 피해자를 더 당혹하게 하고, 가해자의 반사회적 행동을 고무시키며, 방관자 자신을 잔혹함에 무뎌지게, 혹은 그 자신을 또 한 명의 가해자로 만들 위험이 있다. 아이들이 가해자의 공격적이고 반사회적 활동을 관찰하면서 가해자를 인기 있고, 강하며, 존경스러운 롤모델로 생각하게 된다면, 가해자의 행동을 모방할 가능성이 높다.

방관자는 폭력에 반대하는 내적 통제기능이 마비되어 또래 가운데 가해자의 위상을 높여 주고, 그를 칭찬하며, 그와 더불어 웃고, 그를 존경받아 마땅한 아이라고 인정하거나 그에게 금전적 보상을 베푸는 등의 푸짐한 상을 주게 된다. 방관자의 이러한 행태는 '개인적 책임의식의 감소'를 초래한다. 가해자는 더 이상 혼자 행동하는 것이 아니고 방관자도 피해자에게 가해하는 여러 명 중 1인이 된다.

방관자의 이러한 행동은 가해 학생의 죄의식을 감소시키고 괴롭힘의 대상이 가진 부정적인 특성들을 확대시킨다. 괴롭힘에 대한 무제재, 내적 통제의 마비, 죄의식의 감소, 괴롭힘의 대상이 가진 부정적 특성의 확대는 고정관념, 선입견 그리고 차별을 강화하는 세계관을 키우는 요인이 된다. 이는 또래 간의 성공적인 관계를 정립하는 데 필요한 세 가지 요소인 교감능력, 측은지심, 다른 사람의 입장에서 생각하는 태도를 키우는 데 방해가 된다.

괴롭힘은 아이들을 불안하게 만드는 공모분위기를 조성한다. 아이들은 서로 돕고 돌봐주며, 위협을 없애고, 상대를 존중하면서 괴롭힘 없는 환경을 만들 책임이 자신들에게 있다는 것을 인식하는 것이 중요하다. 한 사람이라도 일어나서 큰소리로 말할 수 있는 도덕적 힘과 용기를 가지고 있다면 폭력의 악순환을 중단시킬 수 있으며, 배려의 순환 고리를 더 크고 강하게 키울 수 있다. 모든 지역사회가 가해자의 폭력에 대해 "멈춰! 그만두지 못해?"라고 한다면 폭력의 악순환은 해체될 것이다. 학교폭력을 감소시킬 수 있는 큰 역할을 할 수 있는 것은 방관 학생이라 하겠다.

05 CHAPTER 언어폭력

1 언어폭력의 개념 및 유형

1) 언어폭력의 개념

학교폭력과 가장 밀접한 관계에 있는 폭력이 언어폭력이다. 일반적으로 학교폭력이라면 폭행과 같은 물리적·신체적 측면의 폭력을 가장 먼저 떠올리기 쉽지만 학교폭력 실태조사에 따르면 학교폭력 유형 중 가장 많은 비율을 차지하고 있는 것이 언어폭력이기 때문이다. 교육부에서 실시한 2014년 제1차 학교폭력 실태조사에서도 언어폭력이 전체 학교폭력의 34.6%를 차지하였다.

언어폭력의 사전적 정의는 '말로써 온갖 음담패설을 늘어놓거나 욕설, 협박 따위를 하는 일'(국립국어원 표준국어대사전, 2009)이다. 김선영(2003)은 언어폭력을 상대방을 놀리거나 비꼬는 행위, 욕설을 하거나 단점을 말하는 행위 등을 통하여 괴롭히는 폭력으로 정의하였고, 김준호 외(2000)는 언어폭력은 물리적인 힘을 직접 행사하는 것이 아니라, 정서나 감정 등에 부정적인 반응을 불러

일으키는 언어의 사용에 중점을 두는 것으로 보았다. 「학교폭력 예방법」에서는 명예훼손·모욕, 협박 등을 언어폭력으로 보고 있다. 언어적 폭력에 해당하는 구체적 내용으로는 말로 위협하거나 협박하는 행위, 말을 걸어도 무시하고 면박을 주는 행위, 욕설을 하는 행위, 험담을 하는 행위, 조롱하거나 비웃는 행위, 모욕을 주는 행위(다른 사람이 누군가를 모욕하도록 설득하는 행위 포함), 약점을 들춰서 괴롭히는 행위, 타인이 싫어하는 행동을 사진이나 동영상으로 찍어 수치심을 주는 행위, 부당한 일을 강요하는 행위 등을 들 수 있다(조주영, 2014). 이러한 언어형 폭력은 놀리거나 거친 말로 상대방을 해하거나 고통을 주려는 의도가 있고 1회의 언어적 모욕이나 협박에 그치지 않고 습관적으로 영향력이 지속되는 것을 말한다. 이러한 폭력은 자신의 욕구불만을 해소하는 행위로 이해된다(곽영길, 2007).

언어폭력 자체로만 그 유형을 살펴보면 욕설, 비속어, 모욕, 비방, 허위정보, 음란대화 등으로 유형화할 수 있다. 그중 가장 빈도가 높은 것은 욕설이다. 박영자(2003)의 연구에 의하면 언어폭력 중 욕설 사용의 심각성이 가장 높다는 결과가 나타났으며 이수영 등(2010)의 연구에서도 욕설 영역이 가장 높게 나타났다. 사실 언어폭력은 욕설, 비방 등 상스러운 말이나 거친 언어 사용만으로 국한되지 않는다. 내용적인 측면에서 거짓소문이나 험담, 외모나 능력을 무시하기, 약점 가지고 놀리기, 욕설이나 폭언 등을 언어폭력이라고 볼 수 있다. 언어폭력은 장소나 상황에 따라 다르게 나타나기도 하는데 학교와는 달리 직장에서 자주 이루어지는 언어폭력은 인격모독 발언, 호통치기 및 반말 비하적 발언, 협박 및 욕설, 거짓된 소문 퍼뜨리기 등이다.

인판테와 위글리(Infante & Wigley, 1986)는 언어폭력을 크게 내용적 측면과 방법적 측면으로 나누었으며 방법적 측면으로는 욕설, 조롱, 희롱, 협박, 저주로 유형화하였다. 사이버 공간에서 나타나는 언어폭력은 인신공격, 욕설, 비방, 명예 훼손으로 나누어진다. 김평원(2014)은 언어폭력을 단순히 사전적인 의미, 즉 '말로써 온갖 음담패설을 늘어놓거나 욕설, 협박 따위를 하는 일'로 정의하기에는 그 도를 넘어서고 있다고 강조하였다. 그는 언어를 통해 상대방에게 심리적인 압박과 정신적인 피해를 줄 수 있다고 말한다. 이러한 주장은 언어폭력이 그 자체로도 상대방을 괴롭히는 폭력이 되지만 이와 다른 폭력들, 즉 폭행, 강제 추행, 사이버 괴롭힘 등의 원인이 되거나 이러한 괴롭힘의 필수적 도구가 된다는 것이다. 또한, 공격 의도를 가지고 한 욕설은 폭행과 유사하며, 무심코 내뱉은 욕설에 상대방이 혐오감을 느꼈다면 이는 추행과 같다고 보았다.

이러한 주장은 이성식(2005)에 의해서도 제기되었다. 언어폭력은 다른 폭력과 동시에 수반되는 가장 기본적인 폭력이며 최근에는 인터넷을 통한 사이버폭력이 증가함에 따라 언어폭력이 더 큰 문제로 대두되고 있다고 보았다. 사이버폭력이 기본적으로 문자로 이루어지기 때문에 사이버 언어폭력이 심각한 수준이며 이에 대한 대처가 시급하다고 주장하였다.

김평원(2014)은 언어폭력의 대표적 유형인 '욕설'(자극)이 인체에 피해를 줄 수 있음을 보여 주는 실험연구를 수행하였다. 그는 욕설 자극에 따른 피부 전기자극 반응 실험을 통해 언어폭력도 폭행과 마찬가지로 신체적 피해를 줄 수 있음을 뒷받침하는 구체적인 근거를 제시하였다. 평소에 학생이 자주 사용하는 욕설을 조사하여 대표적인 욕설을 듣게 하고, 피험자인 학생이 욕설 자극을 언어폭력으로 인지했을 때 스트레스를 유발하는 호르몬을 분비하는 것을 이용하였다. 분비된 호르몬은 자율신경계에 영향을 끼쳐 피부 전기신호를 발생시키는데, 발생된 전기신호를 계량화하는 실험을 실시한 것이다.

그 결과 일반적으로 'ㅆ계열'의 욕설이 가장 큰 피부 전기반응을 보였으며 '꺼져', '닥쳐' 등은 비교적 낮은 전기반응을 보인 것으로 나타났다. 개인에 따라 욕설 어휘별로 다양한 반응을 보였지만 이는 동일한 측정 조건 속에서 다수의 피험자를 통한 실험을 통해 욕설이 신체적 피해를 줄 수 있음을 보여 주고 있다. 김평원은 아홉 가지 특성으로 욕설을 분류하고 집단별로 어느 욕설에 가장 자극반응을 강하게 보이는지에 대해서 연구하였다. 그가 분류한 욕설 자극을 보면 다음 〈표 5-1〉과 같다.

〈표 5-1〉 **욕설의 특성과 대표적 어휘**

특성	자극 욕설 어휘	특성	자극 욕설 어휘
'ㅆ' 유형	씨발놈	생명협박 유형	죽을래?
	씨발년		뒤질래?
	씨발 새끼		나가 뒤져
	쌍놈	상기 유형	존나
	쌍년		씹새끼
개 유형	개새끼		좆
	개 같은 년	부모비하 유형	엄창
	개놈		니미
여성비하 유형	걸레		호로
	갈보	장애 유형	바보
행위명령 유형	꺼져		병신
	닥쳐		또라이
성별 유형	년		지랄
	놈		미친놈
	새끼		미친년
			미친 새끼

2) 언어폭력의 유형

언어폭력은 일반적으로 언어폭력의 내용과 방법에 따라 구분할 수 있다. 인판테 외(Infante, 1992)는 언어폭력을 성격공격, 능력공격, 배경공격, 외모공격, 저주, 희롱, 조롱, 협박, 욕설의 아홉 가지로 구분하였다. 성격공격, 능력공격, 배경공격, 외모공격은 언어폭력의 내용적 요소에 의한 분류이고, 저주, 희롱, 조롱, 협박, 욕설은 방법적 요소에 의한 분류이다. 또한, 저주는 상대방에게 재앙이나 불행이 일어나기를 바라는 것, 희롱은 상대방이 화가 나도록 약을 올리거나 비아냥거리는 것, 협박은 상대방을 벌하겠다고 위협하는 것, 욕설은 욕을 함으로써 상대방의 자존감에 영향을 주는 것이라고 할 수 있다(현유정·황매향, 2013). Baumgarten et al(1992)가 제시한 언어 폭력의 아홉 가지 유형은 〈표 5-2〉와 같다.

〈표 5-2〉 언어폭력의 유형

관점	유형	의미
언어폭력의 내용	성격 공격	누군가의 성격을 부정적으로 말하는 것
	능력 공격	누군가의 능력을 부정적으로 말하는 것
	배경 공격	누군가의 배경을 공격하는 것
	생김새 공격	누군가의 생긴 모습이나 육체적 매력 혹은 외양이나 옷 입는 모습 등을 부정적으로 표현한 것
언어폭력의 방법	저주	어떤 나쁜 일이 누군가에게 일어나기를 바라는 것
	희롱	누군가를 화가 나도록 약올리거나 놀리는 것
	조롱	누군가의 단점이나 약점을 농담 삼아 비아냥거리면서 이야기하는 것
	협박	누군가를 처벌할 것이라고 위협하는 것
	욕설	욕설

출처: Baumgarten et al(1992).

최은숙(2000)은 놀림, 조롱, 욕설, 협박의 네 가지 유형으로 구분하며, 박민정(2006)은 자신의 부정적 감정을 전달하는 말과 상대방의 의견이나 외모, 능력 등을 표현하는 무시하는 말, 강한 공격적 어조의 상대방을 위협하는 말, 비속어로 분류하였다. 언어폭력의 유형에 대해 엄격히 구분하여 사용하기에는 어려움이 있으나 언어폭력의 유형 대부분이 상대방에게 정신적·심리적 부담 및 스트레스를 유발하는 공통점이 있다(현유정, 2013).

2 언어폭력 실태

교육부(2014)의 학교폭력 유형 분석 중 신체적·물리적 폭행과 언어폭력의 유형인 모욕에 대한 2012년부터 2014년까지의 변화는 [그림 5-1]과 같다. 폭행의 경우 2012년에 38.3%에서 2013년에 29.9%로 감소하였지만 2014년 31.4%로 증가한 것으로 나타났다. 반면 언어폭력인 모욕은 2012년 16.7%에서 2013년 23.4%로 증가하였고, 2014년에는 26.2% 지속적인 증가 패턴을 보이고 있다.

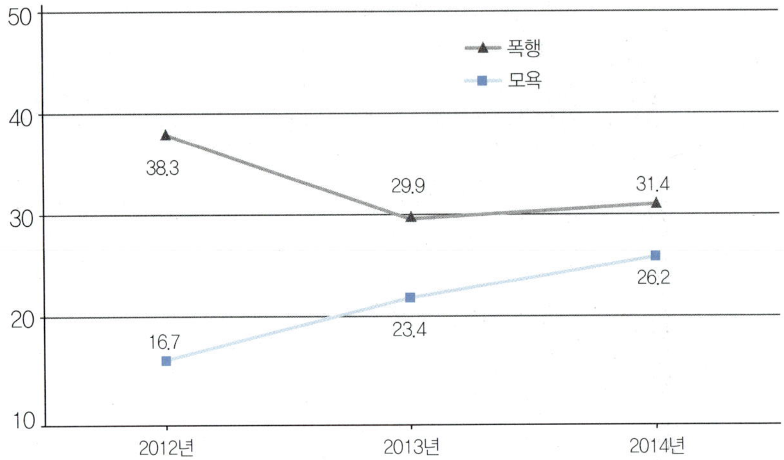

[그림 5-1] **학교폭력 유형 추세: 폭행과 모욕**

출처: 교육부(2014).

한국교육개발원(2014)의 298만 명을 대상으로 한 전국 단위 학교폭력 실태 분석에 의하면 언어폭력이 전체 학교폭력의 34.6%로 나타났으며, 폭행은 11.6%를 차지하며 점점 감소하고 있는 것으로 나타났다[그림 5-2]. 또한, 폭행의 경우 여학생 5.3%에 비해 남학생이 15.3%로 3배 정도 높으며, 집단 따돌림과 사이버 괴롭힘의 유형에서는 여학생이 비율이 2배에서 3배 정도 높은 것으로 나타났다.

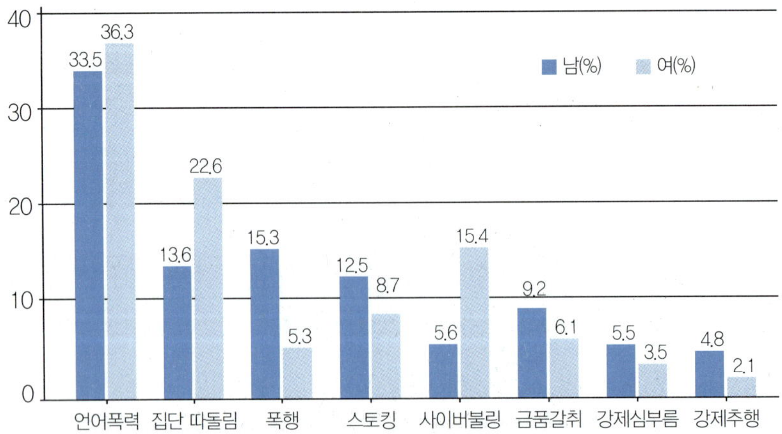

[그림 5-2] **학교폭력 유형**

출처: 한국교육개발원(2014).

언어폭력은 언어적 괴롭힘으로, 학생 사이에서 가장 많이 발생하는 폭력유형이며 증거가 남지 않아 발뺌하기도 가장 좋은 괴롭힘이다. "난 그냥 좀 놀렸을 뿐이야." 또는 "농담이었어.", "장난도 좀 못 치니?"라는 말로 자신의 행동이 괴롭힘이 아니 것으로 넘어가려 한다. 이는 피해자로 하여금 농담이나 장난도 받아들이지 못하는 못난 사람으로 만드는 이중의 피해를 준다.

학생 중에는 자신의 말이 상대방에게 괴롭힘이 된다는 사실을 깨닫지 못하는 가운데 언어폭력을 하게 되는 경우도 다수 있다. 이들은 처음엔 "듣는 사람도 같이 재미있어했다."거나 "다른 애들은 이런 말에 웃고 넘어가는데 왜 그러냐."며 상처받았다고 하는 아이를 오히려 이상하게 생각하기도 한다.

교사는 아이들 사이에서 일어나는 놀림이나 장난이 인간관계의 정상적인 부분임을 알고 있다. 그러나 상대방에게 놀림이나 장난이 정도에 상관없이 상처를 줄 수 있다는 것도 인지하고 있어야 한다. 그러므로 학생에게 두 가지 상황, 즉 정상적인 부분일 수도 있고 상처를 줄 수도 있는 상황을 다 이야기해 줄 수 있어야 할 것이다. 그럴 때, 놀림과 조롱을 차별하여 이야기해 준다면 도움이 될 수 있다.

놀림은 친구나 가까운 사람들과 하는 재미있는 놀이에 해당하는 반면, 조롱은 경멸하는 누군가를 괴롭히기 위한 수단이다. 조롱은 비웃거나 깔보면서 놀리는 경우로서 이는 괴롭힘으로 규정된다. 교사가 취해야 할 조치는 가해자와 잔인한 게임에 참여할 마음이 있는 모든 방관자에게 조롱의 심각성과 비열함을 알리는 것이 우선이라 하겠다. 놀림(reasing)과 조롱(raunting)의 특성을 각각 비교하여 인식하게 할 필요가 있다.

놀림의 특성은 다음과 같다.

- 가해자와 피해자가 쉽게 역할을 바꿀 수 있다.
- 타인에게 피해를 입힐 의도가 없다.
- 참여하는 모든 사람의 기본적인 위엄을 유지한다.

- 명랑하고 재치 있으며 관대한 방식으로 웃음을 유발한다.
- 양쪽을 모두 웃기려고 한다.
- 공통점을 가진 아이들이 참여하는 활동 중 아주 작은 부분이다.
- 동기가 순수하다.
- 피해자가 화를 내거나 놀리는 것에 거부감을 드러낼 때는 중단한다.

아이들이 서로 놀릴 때는 조롱에서 찾아볼 수 없는 긍정적 에너지와 명랑함을 발견할 수 있다. 놀리는 아이와 놀림을 당하는 아이는 똑같이 농담을 주고받는다. 선량한 놀림은 두 사람의 관계가 가깝다는 것을 나타낸다. 선량한 놀림이라 하더라도 놀리지 말아야 할 예민한 영역은 인종, 신체적 특성, 정신적 특성, 젠더, 종교이다(Coloroso, 2008).

조롱의 특성은 다음과 같다.

- 힘의 불균형에 기초하여 일방적이다. 가해자가 조롱하면 피해자는 조롱을 당하는 것이다.
- 해를 입힐 의도가 있다.
- 모욕적이고 잔인하며 비열하고 얄팍한 농담을 가장한 편협한 말이다.
- 상대방과 함께 웃는 것이 아닌, 상대방을 비웃는 것이 목적이다.
- 대상의 자존심을 깎아내리려 한다.
- 추가적인 조롱이나 신체적인 괴롭힘의 가능성을 내비치며 공포를 야기한다.
- 동기가 불순하다.
- 상대가 괴로워할 때 더 강하게 지속되는 경향이 있다.

〈표 5-3〉 **놀림과 조롱의 비교**

놀림(teasing)	조롱(taunting)
• 가해자와 피해자가 쉽게 역할을 바꿀 수 있다. • 타인에게 피해를 입힐 의도가 없다. • 참여하는 모든 사람의 기본적인 위엄을 유지한다. • 명랑하고 재치 있으며 관대한 방식으로 웃음을 유발한다. • 양쪽을 모두 웃기려고 한다. • 공통점을 가진 아이들이 참여하는 활동 중 아주 작은 부분이다. • 동기가 순수하다 • 피해자가 화를 내거나 놀리는 것에 거부감을 드러낼 때는 중단한다.	• 힘의 불균형에 기초하여 일방적이다. 가해자가 조롱하면 피해자는 조롱을 당하는 것이다. • 해를 입힐 의도가 있다. • 모욕적이고 잔인하며 비열하고 얄팍한 농담을 가장한 편협한 일이다. • 상대방과 함께 웃는 것이 아닌, 상대방을 비웃는 것이 목적이다. • 대상의 자존심을 깎아내리려 한다. • 추가적인 조롱이나 신체적인 괴롭힘의 가능성을 내비치며 공포를 야기한다. • 동기가 불순하다. • 상대가 괴로워할 때 더 강하게 지속되는 경향이 있다.

놀림이든 조롱이든 놀림의 대상으로 삼지 말아야 할 것은 피해자 자신이 저지른 일이 아닌 것, 피해자 자신이 원해서 그렇게 된 것이 아닌 것들이다. 즉, 어쩔 수 없이 그렇게 되어 있는 상태, 피해자의 자의나 선택권이 있었던 것이 아닌 상황이나 형편을 놀리는 것은 비열한 짓이란 것을 알게 해야 한다. 가정환경, 즉 가족의 구성(편·부모, 조·손), 가정의 사회경제적 배경, 형제자매와 같은 것에 대하여 놀리는 것은 저급한 것이라는 것을 교사는 교육할 필요가 있다. 다시 말하면 본인의 잘못으로 그렇게 된 것이 아닌 것은 절대 놀려서는 안 된다. 부모의 이혼, 편부모, 조손부모의 경우, 외국인 부모, 신체적 장애가 있는 경우, 집안이 가난한 경우 등이 대표적인 예라 하겠다.

현실세계에서 청소년의 언어사용에 대한 실태를 조사한 연구(김태경 외, 2012)에서는 초등학생과 중·고등학생의 언어폭력 사용 동기가 다르다고 주장하였다. 초등학생은 자신을 비난하거나 해를 끼치는 사람에게 폭력적으로 대응하기 위해서 그리고 다른 학생들에게 강하게 보이기 위하여 욕설을 사용한 반면 중고등학생은 습관적으로 욕설을 사용하고 있었다.

또 다른 연구는 언어폭력에 대한 선행연구들을 분석한 결과를 통해 언어폭력

의 원인을 다음의 다섯 가지로 제시하였다(이수영·유형근·권순영, 2010)

첫째, 집단 속에서 재미를 추구하기 위해서 사용하는 경우로서(조향, 2013) 이는 타인에 대한 배려심의 부족에서 그 원인을 찾을 수 있다.

둘째, 고의로 다른 사람의 자아 개념을 손상시킴으로써 자신의 우월감을 확인하고자 하는 경우이다(박민정, 2006).

셋째, 상대방이 자신에게 욕을 했을 때 그에 도전하여 저항을 하기 위해 사용하는 것이다(박정현, 2001).

넷째, 집단 내에서 친구들과 동질감, 연대감을 확인하고자 사용하는 경우이다(이순례, 2007).

다섯째, 자신이 사용하는 말을 크게 의식하지 않고 습관적으로 사용하는 경우로서 자신이 사용하는 언어가 폭력에 해당하는지조차도 인식을 하지 못하며 사용하는 경우이다(박민정, 2006).

3 언어폭력의 영향

앞 절에서 보았듯이 언어폭력의 사용 동기를 살펴보면 폭력상황뿐 아니라 일상에서도 많이 사용한다는 것을 알 수 있다. 폭력사건이라 말할 수 있는 상황에서의 언어폭력도 문제이지만 넓게 보았을 때, 학생이 평소에 사용하는 일반적인 상황에서 언어폭력 수준의 언어를 많이 사용한다는 것은 사회적인 차원에서도 큰 문제가 아닐 수 없다.

〈언어의 힘〉이라는 다큐 프로그램에서 밝혔듯이, 그리고 많은 언어학자와 심리학자들이 주장하였듯이 나쁜 언어는 학생의 바른 성장을 저해하는 요인이 될 것임이 틀림없다. 나쁜 언어는 학생 간의 문제만은 아니다. 실제로 아이들의 언어폭력은 가정과 매스미디어, 그리고 학교를 통해 학습하는 것으로 분석되고 있다. 아이들이 언어폭력 수준의 언어를 사용한다는 것은 누군가를 통해 언어폭력을 배우고 익히고 있다는 것이다. 아이들에게 언어폭력을 가르쳐 주는 사람이나 상황이 무엇인가를 생각해 보지 않을 수 없다.

학생들은 같은 반 친구 등 누군가가 욕설을 할 때 그 욕설로 인하여 인기를 끄는 것을 본 적이 있거나 욕설로 인하여 다른 아이들로부터 폭행을 당하지 않을 정도로 강인해 보이는 경우를 경험한다. 또한, 교사로부터의 욕설, 부모로부터의 욕설을 통해 언어폭력에 접할 때가 많다. 심지어 인기를 끌었던 텔레비전 프로그램, 예를 들어 〈응답하라 1994〉 등을 보면 보호자가 일반인들은 감히 할 수도 없는 강한 욕설을 자주 한다. 극 중에서 이러한 욕설은 '정' 또는 '애정표현'으로까지 비쳐지기도 한다.

강한 욕설이 오가는 상황에서 자녀가 문제없이 잘 크고 가족 간에도 애정이 돈독하며 화목한 가정이 있을 것이다. 이러한 가정은 욕설에 버금가는 다른 어떠한 기제(mechanism)에 의하여 욕설이 애정으로 승화할 수 있었으리라 생각된다. 텔레비전에서는 이러한 가정을 드라마화(dramatization)하여 보여 주는 것이므로 표현에 한계가 있으며 시청자 측면서도 전체 프로그램이 아니라 단편적인 상황만 보는 경우에는 더욱더 잘못 인식할 수 있다. 더구나 자극적인 욕설 부분만 따온 동영상만을 보게 되는 경우라면 학생에게 영향력 있게 전파되는 부분은 자극적인 욕설일 것이다.

주변에서 욕설이 자주 오가는 상황이라면 어린아이들은 당연히 욕설을 쉽게 익히게 된다. 문제가 되는 언어폭력은 욕설, 비방, 조롱뿐이 아니다. 더 심각한 언어폭력은 사실 어른들이 일상적으로 사용하는 '폭력 같지 않은 언어'들이 언어폭력이 되는 경우라 하겠다. 부모는 자신이 자녀에게 하는 말이 자녀를 힘들게 하고 자녀에게 깊은 상처를 주는지 모르고 하는 경우가 많다. '공부하라' 등 성적을 강요하는 언어, '다른 애들은 ……'로 시작하는 남과 비교하는 말, 자신의 자녀라 마음 편하게 자녀를 비하하는 한마디 한마디에 자녀는 사지에 내몰리는 기분을 느끼게 된다. 교사도 마찬가지이다. 학생에게 함부로 내뱉듯 던지는 욕설이 학생에게 크나큰 영향을 주고 있다.

학생이 사용하는 언어폭력이 문제가 심각한 것은 친구들 간의 욕설이 일상화되어 욕설 등 강한 자극에 대하여 무감각화되고 있다는 것이다. 엄소용 세브란스 어린이병원 의사는 욕설의 일상화로 인하여 학생의 "공감능력이 떨어지고 있다."고 주장하고 있다. 또한, 존중능력 역시 떨어지고 있다고 하였다. 그는 "언어폭력은 시공간을 초월해 지속되고 강도도 더 높다."면서 "피해자에게 끼치는 폐해는 신체폭력보다 더 지독할 수 있다."고 지적했으며 김붕년 서울대병원 소아청소년정신과 교수 역시 "신체폭력보다 언어폭력을 더 주의해야 한다."고 지적했다. 그는 학생이 중학교 때 욕을 들을수록 어른이 되어서 우울증을 비롯한 정신건강에 치명적일 수 있다고 주장하였다.

언어폭력은 가해자가 증거를 남기지 않고 오랫동안 지속적으로 피해자를 괴롭힐 수 있다는 측면에서 주먹폭력보다 더 가공할 위력을 발휘한다. 학교폭력 유형의 많은 부분을 차지하는 언어폭력의 피해 양상은 피해 학생으로 하여금 분노와 슬픔을 느끼게 하고 자아존중감에 상처를 입히고 불안감과 적대감을 느끼게 한다(Gartrell, Herman, Olarte, Feldstein & Localio, 1987). 농담으로 한 말이라도 상대방의 마음에 상처를 주며(Ketteman 2000). 대인관계의 문제가 발생할 가능성이 높아지기도 한다(Straus & Kantor, 1994). 초등학생 시기에 겪은 언어폭력은 자아존중감과 대인관계의 문제를 유발함으로써 학생이 건강한 사회 구성원으로 성장하는 데 어려움을 겪게 한다. 말의 힘은 이렇게 강하다. "말이 입힌 상처는 칼이 입힌 상처보다 깊다."는 모로코 속담을 다시 한 번 생각하지 않을 수 없다. 어린 나무에 낸 상처는 나무가 자라면 상처자국이 더욱 벌어지고 커진다. 심리분석가들은 사람의 상처도 마찬가지라고 하였다. 어린 시절에 입은 상처는 나이가 들수록 상처가 벌어지고 커진다. 어린 시절부터 좋은 말을 사용하는 습관을 들여 주고 언어폭력을 줄이도록 하는 노력이 절실히 요구되고 있다.

4 사이버 언어폭력

오늘날 인터넷, 스마트폰, SNS 등 의사소통 도구는 좋아졌지만 의사소통 예절은 떨어지고 있다. 청소년의 언어는 욕설, 비속어, 은어가 대화의 절반 이상을 차지하고 있다. 인터넷, 스마트폰, SNS 등을 디지털 의사소통 도구라 총칭할 수 있는데 이러한 디지털 의사소통 도구를 사용하는 사이버 언어폭력은 심각한 수준이다. 사이버 언어폭력은 크게 두 가지로 유형화할 수 있다. 하나는 불특정 다수를 겨냥한 사이버 언어폭력이고 다른 하나는 관계망 내에 있는 특정인을 대상으로 한 사이버 언어폭력이다.

전자는 인터넷사이트를 기반으로 진행되는 악성댓글 형태의 사이버 언어폭력이라 할 수 있다. 빠른 전파력으로 여론 형성이 급속히 진행될 수 있으며 이에 따라 확산이 증폭될 수 있으므로 사회적으로 우려되는 영역이다(이주형·안순철, 2013; 조아라·이정윤, 2010). 실제로 악성댓글로 인하여 연예인들이 피해를 입는 경우가 많고 자살에 이르기까지 하였다.

악성댓글로 대표되는 이러한 사이버 언어폭력이 이루어지는 원인을 많은 학자들이 익명성에서 찾고 있다. 가상공간에서는 개인이 드러나지 않기 때문에 자기 통제력이 낮아짐에 따라 다른 사람에 대한 배려 없이 자신이 원하는 대로 행동을 마구 할 수 있기 때문에 사이버 언어폭력이 일어난다고 보는 것이다(Nelson, 2003). 익명성은 몰개성화를 불러일으킨다고 한다(Zimbardo, 1969). 몰개성화는 개인이 집단 속에서 개인의 고유 정체성을 상실하고 집단 정체성으로 몰입되는 현상을 의미하는데, 이 상황에서 집단 내 개인의 익명성이 보장될수록 자신의 행위로 인한 책임감이 집단에 분산된다고 보는 것이다. 개인의 책임감이 집단에 가려져 희미해지므로 자신의 숨겨진 본능을 더욱 표출할 수 있는 기회가 되며 낮은 자아통제를 유발하여 부정적 의견, 공격성, 분노 등도 표출하게 되는 것이다(이성식, 2006). 실제로 다양한 연구결과에서 익명성은 개인이 사이버 공간 내에서 무분별하고 공격적인 행동을 할 수 있는 잠재적 장으로 만들어 주고 있다고 나타났다(Ybarra & Mitchell, 2004).

악성댓글 또는 허위사실을 유포하는 것 이외에 이런 사항에 대하여 사실 여부와 관계없이 부화뇌동(附和雷同)식으로 동조의견이 많이 달리고 이로써 여론이 급속히 몰리는 것에 대해서도 주의를 기울여야 한다. 레이처와 그의 동료들(Reicher et al., 1995)은 이를 사회정체성 모델로 설명하였다. 익명성이 개인의 정체성 인지를 상실시키고 그룹 정체성을 자신의 정체성으로 대체하게 하는 요인이 된다는 주장이다. 사람들은 자기 자신의 가치가 아닌 커뮤니티 사이트를 통한 집단의 가치에 따라 자신의 행동을 선택하고 있다고 공유하고 서로 지지받을 때, 개인은 자기 자신이 다수로부터 사회적 지지를 받는다고 느끼고 개인의 자존감이 상승된다고 믿는다(박유진·김재휘, 2005).

오늘의 유머, 일간베스트 저장소와 같은 인터넷사이트에서 나타나는 무분별한 집단행위는 이러한 이론에 근거하여 설명될 수 있다. 이러한 무분별한 집단행위는 명예훼손, 비방, 욕설, 성추행 등과 같은 각종 사건에 연루되어 끊임없이 나타나고 있으며 이들의 결속력도 상당하여 사회적 문제가 되고 있다. 또 다른 유형으로는 주로 SNS(Social Networking Service)를 활용하여 이루어지는 사이버폭력으로서 대부분 자신의 관계망 안에 있는 특정한 누군가를 대상으로 사이버 언어폭력을 행사하는 것이다. SNS는 자신의 인맥을 효율적으로 관리할 수 있을 뿐 아니라 시간과 공간에 구애받지 않고 인간관계를 맺을 수 있는 대표적인 소통도구이다.

인맥을 구성하여 자신을 나타낼 수 있는 공간에서 누군가가 언어폭력을 통해 자신을 욕하거나 비방하면 자신이 맺어놓은 인맥들에게 한꺼번에 그 내용이 전파됨으로써 자신의 명예나 위신이 실추될 수 있다. 이러한 사건은 금방 개인의 정체성을 흔들어 놓게 된다. SNS의 유형이나 종류에 따라 다소 차이는 있을 수 있지만 자신의 인맥뿐 아니라 그 외의 누군가가 볼 수 있게 된다면 그 피해는 더욱 증폭된다.

최근에는 스마트폰을 기반으로 한 SNS에서의 사이버 언어폭력이 실제 학교폭력과 밀접하게 관련이 있는 것으로 나타나고 있다(Kwan & Skoric, 2012; Li, 2006). 실제 학교폭력과 밀접하게 관련이 있다는 것은 피해 학생이 이제는 사이버 공간의 특성인 '언제, 어디서나' 폭력을 당하게 되었다는 말로 그 심각성을 나타낼 수 있다. 과거에는 가해 학생과 같은 공간에 있을 때만 폭력을 당했다면 이제는 학교를 벗어나 같은 공간에 있지 않아도, 심지어 집에 있을 때에도 폭력을 당하게 되었다. 가해자들은 직접 마주하여 행사하는 언어폭력에 비해 사이버 공간에서 행사하는 언어폭력은 폭력의 강도에 따른 실재감이 낮기 때문에 더욱 가혹하고 난폭한 용어를 사용하게 된다. 사이버 언어폭력은 사이버불링과도 혼재하여 연구되고 있는데, 6장 사이버불링에서 좀 더 깊이 있게 다루고자 한다.

06 CHAPTER 사이버불링

학교폭력은 21세기에 들어 새롭고, 은밀한 형태로 나타나고 있다. 새로운 인터넷 및 통신 과학의 발달은 가해 학생이 보다 쉽게 피해 학생에게 접근할 수 있도록 하고 있다. 과거에는 학교폭력 가해자들이 저차원 기술(low-tech)을 통해 언어적·신체적·관계적 괴롭힘을 자행했다. 그러나 현대의 학교폭력은 고차원 기술(high-tech)을 이용하여 피해 학생을 위협, 협박, 스토킹, 비아냥거리기, 경멸, 조롱 및 루머를 통해 나타나고 있다.

오늘날 10대는 보통 깨어 있는 시간 동안 몇 분에 한 번씩 메시지를 주고받는다. 정신과 의사인 마이클 하우소어(Mickael Hausauer)가 언급했듯 10대를 포함해 청년들은 동료들의 삶에 일어나고 있는 일들에 대해 매우 많은 관심을 가지고 있고, 동시에 무리에서 낙오되는 것에 대한 극도의 불안감을 가지고 있다(Hafner, 2009). 그들이 메시지 보내기를 멈춘다면 유령 인물로 전락할 위험을 감수하게 되는 것이다(Nicholas, 2011).

인터넷의 양방향성은 기기를 통해 전달되는 상징과 자극이라는 정보를 처리하면서 종종 우리 주변에서 일어나는 사건들(events)을 명확히 인식하는 데 어려움을 초래하기도 한다. 우리는 컴퓨터 및 모바일 기기를 사용하여 개인의 프로필, 블로그 내용을 업데이트하고 친구나 동료와 대화 등의 사회적 관계를 유지하고 있다. 그러나 빈번한 인터넷 네트워크의 사용은 개인의 사회적 관계를 유지시킨다는 장점이 있는 반면 자신의 사생활 정보가 노출될 수 있다는 위험 역시 가지고 있다.

이러한 사이버 세상을 중심으로 나타나는 다양한 문제 중 사이버불링은 실제 세상에서 발생되는 피해보다 더욱 심각한 피해로 나타난다. 낸시 윌라드(Nancy Willard)는 사이버불링과 사이버 위협에 대한 교육자 가이드(An educator's guide to cyberbullying and cybertreats)에서 사이버불링의 심각성을 다음과 같이 제시하였다(www.cyberbully.org).

① 인터넷 네트워크상의 의사소통은 실제 세상에서보다 더욱 잔인하고 악랄하게 나타날 수 있다.
② 사이버불링의 피해자는 잠시도 폭력에서 벗어날 수 없다. 사이버불링은 주 7일, 하루 24시간 계속된다.
③ 사이버불링의 자료, 즉 인터넷을 통해 올린 자료는 전 세계적으로 배포될 수 있으며, 돌이킬 수 없는 경우도 자주 발생한다.
④ 사이버불링의 가해자들은 익명이며 또 다른 무명의 동료들을 끌어들일 수 있다.

1 사이버불링의 정의와 특성

1) 사이버불링의 정의

사이버불링이란 네트워크상 또는 가상이라는 의미를 갖고 있는 사이버(cyber)

와 괴롭힘으로 번역되고 있는 불링(bullying)의 합성어이다. 국내에서는 이를 번역하여 사이버폭력, 사이버 언어폭력, 사이버 비행, 사이버 집단 괴롭힘, 인터넷 일탈 행동 등 다양하게 혼용되고 있으며 사이버 왕따라는 표현이 사용되기도 하였다. 외국에서 cyber bullying 이외에 electronic bullying(전자장비와 관련된 괴롭힘), internet harassment(인터넷 괴롭힘), online harassment(온라인 괴롭힘), cyber threat(사이버 위협) 등의 용어와 혼용되었으며 최근에 이르러 사이버불링(cyber bullying)으로 통용되고 있는 추세이다.

불링은 대부분의 논문과 법률에서 '특정인을 해할 목적으로 개인이나 집단이 의도적이고 지속적으로 행하는 괴롭힘 행위'라고 규정되어 왔다(임상수, 2013). 괴롭힘이라는 용어가 폭력이나 따돌림보다는 의미가 약하게 인식되기 때문에 일부 학자들은 사이버폭력, 사이버 따돌림이라는 용어로 번역하여 사용하기도 한다. 그러나 폭력이라는 용어는 직접적인 물리적·신체적 가해의 의미가 강하며 따돌림이란 한 사람을 소외시킨다는 의미가 부각되므로 이 교재에서는 사이버불링이라는 용어를 그대로 사용한다.

사이버불링에 대한 외국 학자들의 정의를 살펴보면, 이바라와 미첼(Ybarra & Mitchell, 2004)은 '온라인상에서 다른 사람을 공격하기 위한 명시적이고 고의적인 행동'이라고 기술하고 있으며, 윌라드(Willard, 2007)는 '인터넷 또는 기타 디지털 통신 장비를 사용하여 유해하고 잔인한 글 또는 그림을 보내는 것'이라고 정의하고 있다. 바우만(Bauman, 2014)은 '다른 사람을 해하려는 의도를 가진 개인이나 집단이 이메일, 휴대폰, 메신저, 비방 목적의 웹사이트, 비방 목적의 여론조사 사이트를 사용하여 고의적이고 반복적으로 하는 행동'이라 하였고 패친과 힌두자(Patchin & Hinduja, 2006)는 컴퓨터나 휴대폰과 같은 정보통신 기기를 사용해서 특정인에게 피해를 입히는 고의적이고 반복적인 행동이라고 기술하였다.

호주 교육부(2007)에서는 사이버불링을 '이메일, 채팅, 토론그룹, 메신저, 웹페이지와 같은 인터넷 서비스 및 휴대폰을 통해서 발생하는 괴롭힘의 형태'라고 하였다. 주보넨과 그로스(Juvonen & Gross, 2008)는 인터넷 또는 다른 디지털 통신 장비를 사용하여 누군가를 모욕하거나 위협하는 것이라 기술하였고, 스와츠(Swatz, 2009)는 핸드폰이나 디지털 기기, 컴퓨터를 사용해서 사진, 이메일, 문자메시지, 동영상을 보내서 동료를 위협하거나 무시하고 배제시키는 행동이라고 정의하고 있다. 정완(2005)은 사이버폭력이라는 용어를 사용하였는데 '정보통신망을 통해 부호, 문언, 음향, 화상 등을 이용하여 타인의 명예 또는 권익을 침해하는 행위다.'라고 정의하였다. 성동규 등(2008)의 연구에서는 '컴퓨터를 매개로 한 정보통신망을 통해 타인의 명예 혹은 권익을 침해하여 신체적·정신적 피해를 주는 행위다.'라고 정의하였다.

우리나라 「학교폭력 예방법」(개정 2013)에서는 사이버불링을 사이버 따돌림으로 규정하고 학교폭력의 하위 유형으로 보고 있다. 학교폭력에 대한 정의를 "학교 내·외에서 학생을 대상으로 발생한 상해, 폭행, 감금, 협박, 약취·유인, 명예훼손·모욕, 공갈, 강요·강제적인 심부름 및 성폭력, 따돌림, 사이버 따돌림, 정보통신망을 이용한 음란·폭력 정보 등에 의하여 신체·정신 또는 재산상의 피해를 수반하는 행위."라고 규정하고 있다. 사이버 따돌림은 '인터넷, 휴대전화 등 정보통신 기기를 이용하여 학생이 특정 학생을 대상으로 지속적·반복적으로 심리적 공격을 가하거나 특정 학생과 관련된 개인정보 또는 허위사실을 유포하여 상대방이 고통을 느끼도록 하는 일체의 행위.'라고 정의하고 있다. 학자들의 이러한 정의를 종합·분석하면 매체, 피해의도, 고의성과 반복성 여부, 구체적 행위로 나누어 볼 수 있다.

〈표 6-1〉 사이버불링에 대한 학자들의 정의 분석

학자	매체/사이버	피해의도	고의성/반복성	행위
Ybarra & Mitchell (2004)	온라인	다른 사람을 공격하기 위한	명시적이고 고의적인	행동
Patchin & Hinduja (2006)	컴퓨터나 휴대폰과 같은 정보통신 기기	특정인에게 피해를 입히는	고의적이고 반복적인	행동
Willard (2007)	인터넷, 디지털 통신 장비			유해하고 잔인한 글 또는 그림을 보내는 것
호주 교육부 (2007)	이메일, 채팅, 토론 그룹, 메신저, 인터넷서비스 및 휴대폰			발생하는 괴롭힘의 형태
Juvonen & Gross (2008)	인터넷, 디지털 통신 장비	누군가를 모욕하거나 위협		하는 것
Swatz (2009)	핸드폰이나 디지털 기기, 컴퓨터	동료를 위협하거나 무시하고 배제시키는		사진, 이메일, 문자 메시지, 동영상을 보내는 행동
Belsey (2014)	이메일, 휴대폰, 메신저, 웹사이트	다른 사람을 해하려는 의도	고의적이고 반복적으로 하는	행동
정완 (2005)	정보통신망	타인의 명예, 권익을 침해하는		부호, 문언, 음향, 화상 행위
성동규 등 (2008)	정보통신망	타인의 명예, 권익을 침해하여		정신적·신체적 피해를 주는 행위
「학교폭력 예방법」	정보통신 기기 이용	특정 학생 대상 고통을 느끼도록	지속적·반복적	심리적 공격, 허위사실 유포 행위

2) 사이버불링의 특성

사이버불링의 정의를 통해서 알 수 있듯이 컴퓨터나 핸드폰 등의 기기를 활용하여 채팅, 이메일, 통화 등을 통해 피해자 개인에게 직접 문자나 동영상, 그림, 음성 등으로 괴롭히거나 다수가 참여하는 채팅, 다수가 볼 수 있는 사이트에 특정인에 대한 비방, 모욕, 명예훼손, 폄하, 위협 등의 목적으로 글, 사진, 동영상 등을 제시하는 것을 사이버불링이라고 한다. 이러한 사이버불링의 특성을 요약하면 다음과 같다.

첫째, 시간과 공간의 제약이 없다(최성태, 2013). 그러므로 과거의 폭력이나 괴롭힘이 같은 공간에 같이 있을 때에 이루어지고 집으로 돌아오면 비교적 안전한 공간과 시간을 가질 수 있었던 것에 반해 사이버불링은 어디에서나 시시때때로 이루어질 수 있다는 특성이 있다.

둘째, 익명으로 가해를 할 수도 있다. 사이버 수사대를 통해 가해를 한 사람을 찾을 수도 있으나 이러한 전문적이고 복잡한 기술에 의존하지 않는 한 익명의 가해자를 찾기 힘들다. 그러므로 사람들이 비교적 쉽게 자신의 이름을 감추고 가해를 할 수 있으며 피해자를 직접 대하지 않고 가해를 할 수 있으므로 잔혹성이 더 심해질 수 있다.

셋째, 가해를 목적으로 한 문자나 동영상, 사진 등 디지털정보로 올린 내용이 무한으로 퍼져나갈 수 있다(Li, 2007). 가해목적의 내용이 가해자한테만 전달되는 것이 아니라 가해 내용을 인터넷을 통해 공개하는 경우, 가해가 이루어진 지역 이외에 다른 시·도 등 전국으로 퍼져나갈 수 있으며 심지어 다른 나라에까지 내용이 전달될 수 있다.

넷째, 가해자가 가해 사실을 모르고 가해를 할 수도 있으며 가해자가 무한히 늘어날 수도 있다. 피해자를 전혀 모르는 사람들도 글이나 사진을 복사해서 다른 사람들에게 전달하거나 자신의 사이트에 담아놓기도 하며 가해의 목적으로 우스꽝스럽게 만든 내용을 동영상 사이트에 링크하여 이러한 내용을 더 많은 다른 사람들이 볼 수 있도록 함으로써 자신도 모르는 사이에 가해자가 되는 것이다.

다섯째, 디지털 기기에 대한 이해가 적은 상태이므로 피해가 확산되기 쉽다(Patchin & Hinduja, 2006). 선생님과 부모님들은 디지털 기기에 익숙하지 않기 때문에 가해 사실이나 피해 사실을 파악하지 못하는 경우가 많다. 이러한 상태에서 이에 대하여 중재하기가 어렵다. 설령 가해 사실을 파악한다고 해도 자신들이 어떻게 대처해야 하는지는 더욱 모르기 때문이다.

3) 사이버불링의 유형

윌라드(Willard, 2004)는 사이버불링의 유형을 사이버 비방, 사이버 괴롭힘, 사이버 스토킹, 사이버 명예훼손, 허위사실유포, 속임수 및 배제로 분류하였고, 정완(2005)은 인터넷상에서 특정인에 대하여 모욕적인 언사나 욕설 등을 행하는 '사이버 모욕', 특정인에 대한 허위의 글이나 명예에 관한 사실을 인터넷에 게시하여 불특정 다수인에게 공개하는 '사이버 명예훼손', 인터넷상에서 음란한 대화를 강요하거나 성적 수치심을 주는 대화로 상대방에게 정신적 피해를 주는 '사이버 성희롱', 정보통신망을 이용하여 특정인에게 원하지 않는 접근을 지속적으로 시도하거나 사적 괴롭힘을 행사하는 '사이버 스토킹', 몰래카메라 촬영물 등 음란물을 유통시키는 '사이버 음란물'을 사이버불링의 유형으로 제시하였다.

성동규 외(2006)는 정완(2005)이 제시한 유형을 재구조화하여 사이버 성희롱과 사이버 음란물을 통합하여 사이버 성폭력으로 제시하면서 이에 '프라이버시 침해 및 신상정보 유포'를 포함시켰다. 신동준 외(2006)는 사이버폭력을 사이버 범죄 중에서도 주로 인격권 침해행위에 해당하는 행위로 간주하였다. 또한, 육체적 폭력이 아닌 주로 정신적인 피해를 입히는 행위로 보고 언어폭력에 비중을 두었으며 사이버폭력의 유형을 '사이버 성희롱 및 성폭행', '사이버 스토킹', '인신공격, 언어폭력, 협박', '허위사실 유포'로 분류하였다.

사이버불링에 대한 초기 연구에서는 휴대폰, 컴퓨터, 인터넷, 이메일, 문자 등 다양한 기기와 정보유형을 나열하였으나 기술의 발달로 인해 휴대폰과 컴퓨터의 경계가 모호하게 되었다. 전자기기가 디지털화되어 감에 따라 '디지털 기기'라는 용어가 이러한 매체를 포괄하고 있다. 또한, 사이버폭력에서는 특정 내용이 유포되는 중에 가해 의도가 전혀 없이 자신도 모르는 사이에 가해에 가담하게 될 수 있으며, 사이버불링의 유형 분류에서도 알 수 있듯이 심각한 피해를 불러오는 다양한 폭력이 디지털 기기를 통해 확산되고 있다. 그러므로 디지털 기기를 사용하는 사람들이 내용을 게시하고 전파하는 데 섬세한 주의가 필요할 뿐만 아니라 성희롱과 마찬가지로 피해자를 보호하는 관점이 필요하다. 위 내용을 종합하면 사이버불링은 '디지털 기기를 활용하여 정신적·신체적 피해를 주는 일체의 행위.'라고 정의할 수 있다.

4) 휴대전화에 의한 폭력

최근의 휴대전화는 인터넷과 결합되어 다음과 같은 방식으로 타인을 괴롭히는 데 사용되고 있다.

- 욕설, 조롱, 경멸, 위협하는 음성메시지
- 욕설, 조롱, 경멸, 위협하는 문자메시지
- 전화를 걸어 상대방이 받으면 말을 하지 않음
- 개인 신상정보 훔치기: 이름, 전화번호를 인터넷상에 퍼뜨려 대상을 곤경에 빠뜨리기
- 피해 학생에게 엄청난 전화요금이 부과되도록 휴대전화에 수없이 많은 파일 내용을 전송하기
- 원하지 않는 사진이나 영상을 피해자와 많은 다른 사람들에게 보내기
- 원하지 않는 사진이나 동영상을 공개 사이트에 올려놓아 누구나 다운로드할 수 있게 하기

휴대전화에 의한 폭력을 예방하기 위해서는 아이들에게 휴대전화 사용에 대한 기본 예의를 가르치는 것뿐만 아니라 학부모와 교사도 휴대폰이 괴롭힘 도구로 사용될 수 있다는 것을 인식하여야 한다. 또한, 휴대전화를 사용하면서 뒤따르게 되는 혜택과 책임을 알려 주어야 할 필요성이 있다.

5) 인터넷 게임

가해자들은 피해자를 조롱하고 위협하며 게임을 못하게 하거나, 피해자의 계정을 해킹하거나, 피해자로 하여금 자기의 게임머니를 충전하게 하거나, 자기 대신 게임을 해서 점수를 올려놓는 등 다양한 방법으로 괴롭히고 있다. 폭력적인 게임은 가해자, 피해자, 방관자 등 모든 학생에게 큰 충격을 준다. 폭력적 게임은 폭력을 정당화하고 일상적인 것으로 만들 뿐 아니라 타인을 적, 먹잇감, 표적으로 설정하게 하고 폭력을 공포, 슬픔, 동감보다는 쾌락과 보상을 불러오는 수단으로 생각하게 만든다. 또한, 위협감, 불신, 소외, 우울감을 키울 수도 있다.

특히 'Bully'라는 용어가 제목으로 사용되는 컴퓨터 게임들에 대하여 일부 학자들은 폭력적 게임을 '폭력의 가상현실 연습장'이라고 성명하기도 한다. 이 게임들은 대부분 가상의 학교에서 복수를 실행하는 내용이다. 그는 자신을 괴롭혔던 학생들과 교사들을 야구 방망이로 치고, 새총으로 쏘고, 주먹으로 때리거나 발로 차며, 그들의 머리를 변기에 집어넣은 뒤 물을 내리거나 그들을 들어 바닥에 메어꽂는다. 괴롭힘을 당한 학생이 괴롭히는 학생을 대상으로 분풀이를 하는 내용이지만 이 또한, 폭력적으로 표출되고 있다.

2 학부모와 사이버불링 예방대책

가정과 학교폭력에 대한 연구를 살펴보면 부모가 학교폭력 예방을 위해 어떠한 노력을 해야 하는지 가늠할 수 있다. 일단 학생이 가정에서 폭력을 경험하지 않도록 해야 하며 부모가 자녀의 공격적·폭력적 행동에 제한을 해야 하고 자녀의 삶에 긴밀하게 개입하고 온정적·긍정적으로 개입하여 의사소통이 잘 이루어지도록 노력해야 한다.

힌두자와 팻친(2006)은 사이버폭력과 관련하여 부모의 역할의 중요성을 강조하였다. 부모는 자녀와 관련된 이슈에 대해 대화할 수 있고, 자녀와 함께 사이버 공간을 이용하고, 공식 또는 비공식적으로 자녀가 사용하는 디지털 전자기기를 모니터링할 수 있는 것이 중요하다고 기술하고 있다. 이러한 부모의 노력이 점진적으로 증명될 것이며 청소년의 안전을 보호할 수 있는 것이라 주장하였다. 그들은 어렸을 때부터 안전한 인터넷 활용 습관을 익히는 것이 중요하며 부모가 자녀에게 전자기기의 책임 있는 사용 방법에 대해 교육할 것을 강조하였다.

정종진(2012)도 초등학교 때부터 자녀의 폭력 가해 및 피해 상황에 조기 개입하여 제대로 지도하고 처방하지 않으면 나중에 더 심한 고립과 낙오를 자초하게 되며, 사회 안전을 위협할 수 있는 성인 범죄자를 양산할 수 있다고 하면서 부모님들이 자녀를 잘 살필 필요가 있음을 역설하였다. 그는 가정에서 발견할 수 있는 가해 학생의 징후를 '밤늦도록 잠을 자지 않는다', '돈 씀씀이가 커진다', '비밀이 많고 부모와 대화하지 않는다', '외출이 잦고 친구들의 전화에 신경을 많이 쓴다' 등 열다섯 가지로 제시하였다. 또한, 피해 학생의 징후 역시 '학교성적이 급격히 떨어진다', '갑자기 학교에 가기 싫어하고 학교를 그만두거나 전학을 가고 싶어 한다', '다른 아이들의 괴롭힘 때문에 입은 피해에 대해 자주 말한다', '친구의 전화를 받고 갑자기 외출하는 경우가 많다', '전화벨이 울리면 불안해하며 전화를 받지 말라고 한다' 등 다수의 징후를 제시하였다.

힌두자와 팻친(2006)은 학교폭력 발생 시, 피해 학생이 느끼는 가장 큰 감정은 두려움과 분노라고 말한다. 피해 학생은 자신이 다시 폭력을 당하는 것은 아닐까, 자신이 도움을 받을 곳이 있는가, 부모에게 말하면 혼나지 않을까, 부모님이 실망하지 않을까 하는 두려움을 갖는다고 한다. 또한, 부모가 디지털 기기나 사이버폭력에 대한 이해가 없기 때문에 청소년이 부모에게 사이버불링 피해 경험을 털어놓지 못하는 것이라고 덧붙였다. 부모는 신체적 가해가 있는 것도 아니고 가해 학생과 같이 있는 것도 아닌데 컴퓨터나 휴대폰에 접속하지 않으면 그만 아니냐고 말하기 쉽다. 그러나 디지털 시대인 지금, 이와 같은 말은 학교폭력이 있으니 '학교에 가지 말라'고 하는 것과 같은 말이다. 디지털에 대한 이해와 경험이 부족한 학부모 때문에 피해 학생은 그들이 비난을 받거나 컴퓨터, 핸드폰, 인터넷 사용 특권을 잃을 수 있다고 생각하므로 부모에게 이야기를 더 못하게 되는 것이다.

현대는 디지털 사회이므로 디지털 테크놀로지가 우리의 기저 환경이 되었으며 청소년의 대화와 사고, 생활을 이해하기 위해서는 학부모도 디지털 테크놀로지에 대한 기본 이해가 있어야 한다. 정종진(2012)은 근본적으로 온라인 활동에 대해 무엇이 적절한지, 무엇을 배려하고 배려하지 말아야 하는지에 대한 명백한 이해가 있어야 한다고 주장하였다.

부모가 인터넷 활용 등 디지털 기기에 익숙하지 않으므로 자녀와 인터넷을 함께 이용하며 자녀의 도움을 받고 자연스럽게 대화를 나누는 계기를 마련하는 것은 매우 바람직하다. 부모는 자녀에게 어디에서 온라인 활동을 하고 왜 그들이 특정한 웹 환경을 좋아하는지, 특정한 활동을 하는 것을 왜 좋아하는지를 실제로 보면서 물어봐야 한다. 일부 청소년은 저항할 수도 있고 시간이 걸릴지도 모른다. 그러나 부모는 인내심을 가지고 천천히 자녀의 온라인 생활 속에 들어가야 하고 열린 마음을 가지고 자녀에게 인내심을 보여야 하며, 반사적으로 비난하거나 비판하는 것을 지양해야 한다는 점을 기억해야 한다. 즉 비난이나 비판 없이 자녀의 사이버 공간 경험에 관심을 표명해야 한다(Patchin & Hinduja, 2006).

몇몇 학자들은 인터넷의 바른 사용 습관을 만들기 위해 각 가정에서 '인터넷 사용 계약'을 만들라고 권하고 있다(The Ophelia Project, 2014). 이것은 자녀의 디지털 기기 사용을 통제하려는 목적이 아니라 바른 사용 습관과 안전한 사용, 개인정보보호 및 저작권 보호 개념을 확립하게 하며 사이버불링 관련 대처 방법 등을 익히게 하는 목적으로 계약서를 작성하라는 것이다(〈표 6-2〉 참조).

인터넷 사용 계약서에 포함된 것처럼 렌하트, 매든과 히틀린(Lenhart, Madden & Hitlin, 2005)은 가정에서 부모가 청소년의 온라인 활동에 대해 평상시에 감독을 해야 한다고 주장하고 있다. 그들은 자녀가 침실과 같은 사적인 공간에서 인터넷 접속이 가능하도록 컴퓨터를 두는 것은 나쁜 생각이라고 하였다. 그러나 인터넷이 되는 휴대폰, 아이패드와 같은 전자기기의 초소형화 추세는 이에 대한 통제를 매우 어렵게 하고 있다.

〈표 6-2〉 **인터넷 사용 계약의 예**

나는 우리 가족의 구성원으로서 인터넷을 사용할 때 다음과 같은 지침을 따를 것을 동의합니다.

1. 컴퓨터를 사용하는 것은 나에게 주어진 혜택이며 권리가 아닌 것을 알고 있습니다. 그러므로 나의 컴퓨터 사용은 정당한 이유로 언제든지 규제받을 수 있거나 제한적일 수 있습니다. 그러나 부모님들은 내가 컴퓨터를 사용하는 것이 학교생활을 위해서나 어른들 생활에 있어서 필수적인 기술을 발전시키는 데 중요하다는 것을 알고 계시고, 그러므로 절대적인 필요가 있지 않은 한 사용을 제한하거나 규제하지는 않을 것입니다.
2. 나는 내 주소, 전화번호 또는 당시의 내 위치에 대하여 누구한테도 정보를 제공하지 않을 것입니다. 이러한 정보를 주는 것은 내게 위험을 초래할 수 있다는 것을 잘 알고 있습니다.
3. 온라인으로 만났던 사람을 실제로 만나는 것에 결코 동의하지 않겠습니다. 역시 이것 또한 위험을 초래할 수 있다는 것을 알고 있습니다.
4. 나는 부모님이 필요하다고 느끼신다면 온라인 소셜 네트워킹 프로파일에 접근하여 보고, 검열하고, 삭제하는 것을 인정합니다(provide access). 동시에 내 부모님은 내 사생활을 존중할 것이고 내 온라인 상호작용을 전화나 실제 대화와 마찬가지로 존중해 줄 것입니다.
5. 나는 부모님의 허락 없이 컴퓨터 발자취나 캐시(cache)를 지우지 않을 것입니다.
6. 인터넷 토론을 위한 지침을 없애지 않을 것입니다.
7. 나는 사이버불링을 하지 않을 것이며 컴퓨터로 내가 아는 사람이나 모르는 사람 모두를 포함하여 다른 누군가를 해치거나 공격하거나 모함하지 않을 것입니다.
8. 내가 사이버불링을 당하거나 다른 사람이 사이버불링을 당하는 것을 목격하면 나는 이를 스크린 샷으로 찍어 저장하고, 이를 즉시 신뢰할 만한 어른에게 알리겠습니다.

우리 모두는 위에서 기술한 내용에 동의하며, 컴퓨터의 안전하고 건전한 사용을 확실히 하기 위해 이 규칙이 중요함을 알고 있습니다. 이 규약에 적힌 용어들은 아래 서명한 사람들 모두로부터 동의를 받아 수정할 수도 있습니다.

자녀: ____________

부 : ____________

모 : ____________

날짜: ____________

출처 : The Ophelia Project(http://www.opheliaproject.org).

가정에서 청소년의 온라인 행동에 대해 적절한 모니터링을 하는 것은 부모가 전적으로 결정할 수 있어야 하나 만약 부모가 자녀의 동의 없이 모니터링을 한다면 자녀와 긍정적인 관계가 손상되는 큰 위험이 있다. 이 시점부터 자녀는 부모를 전적으로 신뢰하지 않고 온라인이나 오프라인에서 그들이 가지고 있는 문제에 대해 털어놓지 않을 것이라는 것을 의미한다. 그러므로 이러한 계약서를 준비하고 자녀의 동의하에 모니터링을 하는 것이 바람직하며, 자녀는 부모님이 실제 자신들의 디지털 활동을 모니터링하지 않더라도 언제든지 모니터링할 수 있다는 사실만으로도 주의하여 사용할 수 있게 된다.

이와 같이 학자들의 주장을 요약하면 사이버폭력을 예방하기 위하여 가정에서 학부모가 할 수 있는 보편적이고 일반적일 수 있지만 매우 중요한 활동을 열거하면 다음과 같다.

첫째, 열린 마음으로 아이들과 대화를 할 수 있어야 한다. 청소년이 부모와 이야기를 하지 않는다는 것은 부모와 이야기하는 데에 있어서 의미 전달이 어려울 뿐 아니라 자기네들의 활동이나 행동에 비판적인 이야기를 자꾸 하고자 하며 자기네들의 문화에 대한 이해를 하지 못하고 이해하려고 하지도 않는다고 생각하기 때문이다. 부모는 무엇이든 충고를 해 주어야 하고 교훈적인 말을 해 주는 것이 어른들의 도리라고 생각한다. 그러나 충고나 도움말은 이를 듣는 사람이 원할 때 효과가 있는 것이지 그렇지 않으면 잔소리가 되며 부모 자식 간에 넘기 힘든 벽을 쌓는 것이 된다.

둘째, 자녀의 학교에서 사이버불링이나 학교폭력의 현황이나 실태를 파악해 보는 노력이 필요하다. 비록 학교 선생님이라 해도 학교폭력, 특히 컴퓨터나 휴대폰을 통해 이루어지는 폭력에 대하여 정확하게 알고 있기는 어렵지만 부모가 알고자 하는 관심과 노력 자체가 폭력 및 사이버불링을 줄어들게 하는 데 커다란 기여를 하기 때문이다.

셋째, 부모도 디지털 기기 사용과 인터넷 활용, 테크놀로지 발전에 대하여 관심을 갖고 활용하도록 노력해야 한다. 때때로 자녀와 함께 컴퓨터 게임을 하거나 디지털 기기를 활용한 활동을 같이 하는 것이 좋다. 이는 자녀의 대화를 쉽게 이끌 수 있을 뿐 아니라 궁극적으로는 디지털 사회에서 누릴 수 있는 기능과 이점을 제대로 활용할 수 있게 되고 디지털 사회에 적응하는 효과까지 가져올 수 있다. 부모의 이러한 활동은 자녀의 문화를 이해하기 위한 노력으로 자녀에게 인식된다.

넷째, 자녀의 행동과 활동에 관심을 갖고 잘 살펴보아야 한다. 학교폭력 피해나 가해 특성을 보인다면 초기에 발견하여 대처할 수 있도록 해야 한다. 그렇게 하기 위해서 부모는 가해 학생이 보이는 행동 특성과 피해 학생이 보이는 행동 특성에 대하여 인지해 둘 필요가 있다.

다섯째, 부모는 자녀와 디지털 기기, 즉 핸드폰과 컴퓨터 사용 계약을 세우고 바른 활용에 대한 지도를 할 필요가 있다. 사용 계약은 부모의 일방적인 제안으로는 지켜질 수 없으므로 자녀와의 충분한 합의가 필요하다. 사용 계약이 제대로 지켜지기 위해서는 자녀가 어렸을 때부터 시작하는 것이 좋으며 아이들의 삶에서 조기에 안전한 인터넷 습관을 익히고 컴퓨터와 인터넷을 익숙하게 하는 습관들을 내면화하는 것은 필수적이다(Patchin & Hinduja, 2006). 한 번 맺은 계약이라도 테크놀로지 변화가 있을 때 그 특성에 맞추어 계약을 수정하도록 하는 것이 필요하다.

여섯째, 부모가 자녀가 사용하는 핸드폰이나 컴퓨터를 때때로 모니터링해 보는 것이 필요하다. 모니터링을 통해 자녀가 어떠한 소프트웨어를 사용하며 누구와 상호작용을 하는지, 디지털 기기를 통해서 어떠한 활동을 하는지 파악하여야 한다는 것이다. 모니터링이 제대로 이루어지려면 자녀의 동의가 필수적이며 자녀와 사용 계약을 맺을 때 부모님이 모니터링을 할 수 있다는 항목도 포함시키는 것이 필요하다. 실제로 모니터링을 자주 하지 않더라도 모니터링을 할 수 있다는 사실 때문에 컴퓨터를 통한 자녀의 일탈을 방지할 수도 있기 때문이다.

3 사이버불링과 법률

1) 학교폭력 예방법

「학교폭력 예방법」 제2조의 정의규정에서는 구체적으로 학교폭력을 정의하면서 그 범주 안에 상해, 폭행, 협박, 약취·유인, 명예훼손·모욕, 공갈, 강요·강제적 심부름 등과 '따돌림'과 '사이버 따돌림'도 포함하는 것으로 규정하고 있다. 이처럼 사이버 따돌림은 「학교폭력 예방법」에서 학교폭력의 한 유형으로 간주되면서도 별도로 독립된 정의 규정을 둠으로써 최근 심각해진 학생들에 대한 '사이버불링'의 강력한 대응의지를 엿볼 수 있다.

「학교폭력 예방법」에서 적용되는 사이버불링의 구성요건은 ① 인터넷이나 휴대전화 등의 정보통신 기기를 이용할 것, ② 학생들이 특정 학생을 대상으로 할 것, ③ 지속적이고 반복적인 심리적 공격을 가하거나, ④ 개인정보를 유포하거나, ⑤ 허위사실을 유포함으로써, ⑥ 상대방이 고통을 느껴야 한다.

사이버불링 관련 주요 규정은 다음과 같다.

(1) 사이버 명예훼손

사이버불링의 한 유형이 되는 사이버 따돌림에 대해서도 「학교폭력 예방법」 제2조 제1호의 3에서 "허위사실을 유포하여 상대방이 고통을 느끼도록 ……." 이라고 정의하고 있는 바와 같이 대부분의 사이버불링은 사이버 명예훼손을 수반하고 있다고 해도 과언이 아닐 정도이다. 우리 법률은 일반명예훼손죄를 형법 제307조에서 규정하고 있으나 '사이버 '라고 하는 강한 전파성 수단을 이용하여 명예훼손을 할 경우에는 형법 외에 별도로 「정보통신망 이용촉진 및 정보보호 등에 관한 법률」(이하 「정보통신망법」이라 칭함) 제70조에서 규정하고 있는 '사이버 명예훼손죄'를 적용하도록 하고 있다. 즉 정보통신망을 이용하여 비방할 목적으로 타인의 명예를 침해하는 경우, 3년 이하의 징역이나 금고 또는 2천만 원 이하의 벌금에 처하고 허위의 사실을 적시함으로써 타인의 명예를 침해하는 경우에는 7년 이하의 징역, 10년 이하의 자격정지 또는 5천만 원 이하의 벌금에까지 처하게 된다.

이러한 사이버 명예훼손죄는 사이버불링에서도 발생할 수 있는데, 인터넷이라는 가상공간을 이용하여 특정 학생을 비방하고자 하는 목적을 가지고, 상대학생의 명예를 침해하는 결과를 초래하게 되면 사이버 명예훼손죄의 책임을 물을 수 있다. 한편 동죄는 반의사불벌죄이다. 따라서 피해 학생이 가해 학생의 처벌을 원하지 않는다고 표시하게 되면 공소제기를 할 수 없도록 하고 있다(제70조 제3항). 이러한 반의사불벌죄는 구체적인 사이버불링 관련 분쟁 시 '분쟁조정 제도'와 매우 긴밀한 관련을 맺는다.

(2) 사이버 비밀침해죄

사이버불링에 해당하는 행위 시, 많은 경우에는 피해 학생의 개인정보가 인터넷을 통해 유통되기도 한다. 유사한 행위인 사이버 따돌림에 대해 「학교폭력 예방법」 제2조 제1호의 3에서도 "특정 학생과 관련된 개인정보를 유포하여 ……." 라고 규정함으로써 이러한 사이버 개인정보침해는 사이버불링의 전형적인 행위 유형이라고 할 수 있다. 이러한 경우 「정보통신망법」 위반인 '사이버 비밀침해죄'가 고려될 수 있다. 해당 법률을 살펴보면, '정보통신망'에 의하여 처리·보관·전송되는 타인의 정보를 훼손하거나 타인의 비밀을 침해·도용·누설하는 경우(제49조)가 성립하며 5년 이하의 징역, 또는 5천만 원의 벌금에 처하도록 규정하고 있다(제71조). 따라서 특정 학생의 개인정보 등을 사이버 공간에서 누설함으로써 사이버불링을 하게 되면 본 조의 적용을 받게 된다.

(3) 사이버 스토킹

사이버불링의 경우, 사이버 스토킹과 매우 유사한 형태를 보인다. 또한, 「학교폭력 예방법」에서도 "지속적이거나 반복적으로 심리적 공격을" 가함으로써 피해 학생에게 고통을 느끼도록 하는 경우, 사이버 따돌림의 범주에 포함하고 있다(제2조 제1호의3). 따라서 사이버불링과 사이버 스토킹은 매우 밀접한 불가분의 관계를 맺는다고 볼 수 있다. 사이버 스토킹이란 '특정한 사람을 그 의사에 반하여 반복적으로 미행함으로써 특정한 사람 또는 그 가족에게 심각한 공포심이나 불안감을 유발하는 행위를 정보통신망을 이용하여 행하는 것'을 말한다. 즉, 과거 물리적 공간에서 발생하던 일반 폭력이 이제는 일상생활에서 떼려야 뗄 수 없는 가상공간에서 전자메일, 인터넷 채팅, 인터넷 게시판, 문자메시지 등을 통하여 글이나 음향, 부호 등을 반복하여 보냄으로써 상대방에게 공포심이나 불안감을 주는 행위로 변화된 것이다.

학생 사이에서 사이버불링은 휴대폰문자 등을 통해서 매우 손쉽게 공포심이나 불안감을 유발하는 내용을 반복적으로 보내게 되는데, 많은 경우 '장난삼아' 한다고 함으로써 실제로 이러한 피해 학생의 심리적·정신적 충격에 도의감이나 죄책감 없이 이루어지는 경우가 많다. 사이버 스토킹과 유사한 이러한 사이버불링에 대해서 「정보통신망법」 제44조의 7 제1항 제3호는 다음과 같이 규정하고 있는데, "공포심이나 불안감을 유발하는 부호, 문언, 음향, 화상 또는 영상을 반복적으로 상대방에게 전하는 경우"에 성립하며, 제73조에 의해서 2년 이하의 징역 또는 1천만 원 이하의 벌금에 처하도록 하고 있다. 한편 이러한 사이버 스토킹은 반의사불벌죄이다(제74조 제2항).

2) 정보통신서비스 제공자에게 적용 가능한 사이버불링 관련 규정

정보통신서비스 제공자란 「전기통신사업법」 제2조 제8호에 따른 전기통신사업자와 영리를 목적으로 전기통신사업자의 전기통신업무를 이용하여 정보를 제공하거나 정보의 제공을 매개한 자를 말한다(「정보통신망법」 제2조 제1항 제3호). 정보통신서비스 제공자는 자신이 운영·관리하는 정보통신망에 "사생활침해 또는 명예훼손 등의 타인의 권리를 침해하는 정보가 유통되지 않도록 노력하여야 한다(「정보통신망법」 제44조 제2항)."고 규정되어 있다. 그러나 이러한 규정은 권고규정일 뿐 이러한 권리보호 위반 시 특별한 법적 제재는 마련되어 있지 않다.

다만 자신이 운영하는 정보통신서비스를 통해 '사생활 침해나 명예훼손 등 타인의 권리가 침해된 경우'를 알게 된 경우, 지체 없이 이러한 정보를 삭제하거나 임시조치를 취하도록 규정하고 있다(「정보통신망법」 제44조의 2 제1항). 이러한 내용을 알게 되는 대표적인 경우로는 피해자가 자신이 입은 피해에 대해 관련 사실들을 소명하여 정보통신서비스 제공자에게 직접 삭제 등의 요청을 하는 경우를 들 수 있다.

따라서 특정 정보통신서비스의 게시판에 자신에 대한 명예훼손의 글이나 사생활을 침해하는 정보가 게재됨으로써 사이버불링이 이루어지게 되면 피해 학생은「학교폭력 예방법」에 따라 학교의 관련 자치위원회나 전문상담교사 및 전담기구에 상담하고 보고를 할 수 있다. 또한, 동시에 해당 글이 게재된 관련 사이트에 이러한 내용의 정보를 삭제하거나 임시조치해달라고 요청할 수 있다. 이러한 삭제 및 임시조치 요청을 받으면 정보통신서비스 제공자는 자신의 정보통신서비스에 게재된 정보가 사생활침해나 명예훼손 등의 권리침해가 있는지를 자체 판단한 후 관련 조치를 취하도록 하고 있다(「정보통신망법」 제44조의 2, 제44조의 3).

그러나 문제는 '사생활침해'와 '명예훼손'은 최종 판단기구인 법원 그리고 학계에서조차 이견이 매우 심한 행위로서 정보통신서비스 제공자가 그러한 판단의 부담을 떠맡는 것은 현실적으로 매우 어렵다. 따라서 해당정보의 권리침해 여부를 판단하기 어렵거나 이해당사자 간 다툼이 예상되는 경우에 정보통신서비스 제공자는 30일 이내에 한해 임의의 임시조치를 할 수 있도록 규정하고 있다(제44조의 2 제4항).

또한, 정보통신서비스 제공자에 대한 해당 권리침해정보의 삭제 및 임시조치 의무 위반 시 형사처벌 및 과태료 부과대상이 되지 않기 때문에 이러한 규정은 권고규정 이상의 의미를 갖지는 못한다. 사이버불링과 관련해서「정보통신망법」을 볼 때, 일부 행위유형이 적용될 수 있음에도 불구하고 실제로 동법을 인식하고 있기는 쉽지 않다. 특히 동법의 구성요건에 해당할 경우 형사처벌까지 가능하다는 점에서 형사미성년자의 연령이 14세이므로(「형법」 제9조), 일부 중학생과 그리고 고등학생은 형사책임을 물을 수 있다. 따라서「정보통신망법」 위반이 되는 사이버불링의 유형을 인지하고 있어야만 예방의 효과를 거둘 수 있다. 그러나 동법과 사이버불링의 주요 법률이 되는「학교폭력 예방법」이 서로 연관되지 않음으로써 동법의 인식 가능성을 낮게 하고 있다.

3) 사이버불링과 형법

「정보통신망법」은 사이버 공간을 이용한다는 점에서 많은 부분「형법」상의 구성요건과 중첩하지만 가중 처벌되는 구조를 띠기도 한다. 그러나 경우에 따라서는 비슷한 유형이지만「정보통신망법」상의 구성요건을 일부 충족하지 못함으로써「형법」적용을 받는 행위 유형들이 있다. 대표적인 경우가 명예훼손죄, 모욕죄, 협박죄 그리고 강요죄 등이다.

(1) 명예훼손죄

일정 사이버불링 행위가 사이버 명예훼손죄로 처벌되기 위해서는 무엇보다 상대학생을 '비방한 목적'을 가져야 한다. 그런데 사이버불링에서 학생 간에 이루어지는 대부분의 명예훼손은 '비방할 목적성'을 가진다고 보기는 어렵다. 따라서 학생 간에 발생하는 사이버불링의 경우, 실제로는「정보통신망법」상의 사이버 명예훼손죄는「형법」상의 명예훼손죄가 성립할 여지가 더 크다.

명예훼손죄는 공연히 사실이나 허위의 사실을 적시하여 타인의 명예를 훼손한 때에 성립한다(「형법」 제307조). 따라서 사이버불링 시, 가해 학생이 비방목적 없이 가상공간에 사실이나 허위의 사실을 적시하여 피해 학생의 명예를 훼손시켰을 때 적용될 수 있다. 사실의 적시로 명예훼손을 한 경우에는 2년 이하의 징역이나 금고 또는 500만 원 이하의 벌금에 처해지게 된다(「형법」 제307조 제1항).

이때 성립요건을 살펴보면 명예훼손죄가 성립하기 위해서는 '공연성' 즉 '불특정 또는 다수인이 인식할 수 있는 상태'가 인정되어야 한다. 또한, 사람의 지위나 가치를 훼손할 수 있는 사실이 적시되어야 한다. 따라서 일반적으로는 개인의 가치판단과 구분되어야 하는데, 가치판단의 경우 증명이 가능하지 않지만 사실의 경우 증명 가능하다는 점에서 두 개념의 구분이 요청되고 있다.

사이버불링과 관련해서 보면, 인터넷 공간이나 문자메시지로 특정 학생에 대한 허위사실 등을 적시하여 전송함으로써 성립된다. 이때 인터넷 공간은 대표적으로 공연성이 인정되나 문자메시지의 경우 만일 피해 학생에게만 문자를 보내는 경우에는 자신의 명예를 훼손할 여지가 있는 문자를 자기 스스로 타인에게 전달할 가능성은 없으므로 이때에는 공연성이 부정되어 명예훼손죄는 성립하지 않는다. 일반명예훼손죄도 반의사불벌죄이다(제312조).

(2) 모욕죄

사이버 모욕죄는 아직 별도의 규정이 없는 실정이다. 아직 어느 나라에서도 사이버 모욕죄라는 별도의 규정을 마련하여 처벌하는 입법례는 없다. 따라서 모욕을 함으로써 사이버불링이 이루어지는 경우는 「형법」상 일반모욕죄(제311조)가 적용될 수 있다.

공연히 사람을 모욕함으로써 성립하며 1년 이하의 징역이나 금고 또는 200만 원 이하의 벌금에 처해진다. 먼저 '모욕행위'란 사실에 대한 적시 없이 공연히 경멸 등의 부정적인 가치판단으로 타인의 명예를 손상시키는 것을 말한다. 경멸의 의사표시로는 '도둑놈', '죽일 놈', '애꾸', '병신' 등의 욕설을 하는 경우를 들 수 있다. 모욕죄가 성립하기 위해서는 공연성이 인정되어야 한다.

모욕죄는 친고죄로서 고소가 있어야 공소제기가 가능하다(「형법」 제312조 제1항). 따라서 가해 학생과 피해 학생 간 합의를 통해 피해자가 고소하지 않으면

처벌할 수 없다. 학생 간의 분쟁발생 시 가급적 당사자 간 원만한 해결을 바라는 것이 바람직하므로 분쟁조정에서 유용한 소송조건으로 이해되기도 한다.

(3) 협박죄

사이버불링에서는 문자메시지, 이메일 등을 통해서 상대학생을 협박하는 경우도 있다. 이러한 경우 협박죄(「형법」 제283조)가 성립할 수 있다. 협박죄에서 규정하는 '협박'은 상대방에게 해악을 고지하여 공포심을 갖게 하는 것을 말한다. 이때 고지 내용은 일일이 구체성을 띨 필요는 없으나 다만 해악의 발생이 가능한 것으로 생각될 수 있는 정도의 구체성을 띠어야 한다.

침해되는 법익은 생명, 신체, 자유뿐만 아니라 명예, 비밀 등도 포함한다. 하지만 '두고 보자.', '입을 찢어버리겠다.' 등의 단순히 해악을 고지하는 위협적인 언사를 사용하는 경우, 이는 폭언일 뿐 협박죄의 해악고지는 아니다. 침해되는 법익의 주체는 협박받은 당사자 본인뿐만 아니라 본인과 밀접한 관계에 있는 제3자, 즉 가족도 해당한다. 가해 학생이 이러한 협박행위에 의한 사이버불링으로 피해 학생을 괴롭히는 경우, 이러한 협박죄에 해당할 수 있으며 3년 이하의 징역 또는 500만 원 이하의 벌금, 구류 또는 과료에 처해질 수 있다. 협박죄는 반의사불벌죄로서 피해 학생이 처벌을 원하지 않을 때는 공소제기되지 않는다(「형법」 제283조 제3항). 협박행위가 단순히 일회성에 그치지 않고 상습적으로 일어날 경우 상습협박죄(「형법」 제285조)를 규정함으로써 가중해서 처벌하고 있다.

(4) 강요죄

사이버불링은 문자메시지 등을 이용해 협박하여 피해 학생의 권리행사를 방해하거나 의무가 아닌 일을 시킬 수도 있다. 이러한 경우 「형법」 제324조의 강요죄가 성립할 수 있다. 강요죄란 '폭행 또는 협박으로 사람의 권리행사를 방해하거나 의무 없는 일을 하게 한 경우' 성립하며 5년 이하의 징역에 처한다.

사이버불링에서는 주로 협박을 통해 강요가 이루어지는 경우, 이때 협박은 협박죄에서 살펴본 것과 같은 정도를 의미하며, 구체적으로는 피해 학생에게 공포심을 주어 의사결정과 활동에 영향을 미칠 정도에 이르는 것을 말한다. 이로부터 당연히 누려야 할 권리를 누리지 못하게 하거나(부작위) 또는 의무 없는 일을 하게 함(작위)으로써 본 죄가 성립한다. 강요죄 역시 미수범을 처벌함으로써 폭행·협박은 하였으나 권리행사를 방해하지 못하였다거나 의무 없는 일을 하게 하지 못한 경우 이러한 미수죄가 성립한다(「형법」 제324조의 5).

4) 사이버 성폭력

사이버 성폭력은 사이버 공간에서 문자나 사진, 동영상 등을 통해 상대방에게 성적 수치심 또는 불쾌감이나 혐오감을 유발하는 행위를 말한다. 특정인을 대상으로 성적인 묘사나 성적 비하 또는 성차별적인 발언 등을 포함한 내용을 인터넷이나 SNS상에 올린다거나 유포하는 행위를 말하는데, 예를 들어 성적인 내용의 문자, 이미지, 동영상 등을 사이버상에서 상대방의 의사와 관계없이 보내거나 음란한 내용의 동영상을 만들어 유포하는 행위, 사이버 공간에서 음란한 내용의 문자, 이미지, 영상 등을 판매하며, 공연히 전시하는 행위 또한, 사이버 성폭력에 포함된다.

만일 사이버 성폭력에 해당되어 처벌이 되는 건이면 「성폭력범죄의 처벌 등에 관한 특례법」(이하 「성폭력처벌법」이라 칭함) 제13조(통신매체를 이용한 음란행위)에 따라 처벌을 받을 수 있다. 또한, 학교폭력으로 징계대상이 될 수 있다. 학교마다 조금씩 방침이 다를 수 있겠지만 사건이 경미하거나 학교폭력위원회까지 소집할 징계 내용이 아니더라도 학교폭력위원회가 아닌 교내 선도위원회나 생활규정에 의한 자체협의회에서 일정 수준 이상의 징계를 받을 경우 생활기록부(이하 생기부라 칭함)에 기재되며(교육부 지침), 자체 선도위원회 징계를 받을 경우 학교 자체적으로 일정 수준 이상의 징계는 생기부에 기재한다는 지침이 없으면 기재되지는 않는다. 생기부에 기재 여부를 떠나 학폭위나 선도위원회에서 징계를 내리는 이유는 어떠한 폭력도 학교에서 일어나지 않도록 하기 위함이다. 따라서 학교에서는 사이버불링을 예방하도록 학생들을 지도·교육하여야 한다. 미국의 경우는 다음의 SCBT(Stop, Copy, Block, Tell)교육을 강조하고 있다.

(1) 반응하지 마라(Stop)

사이버 가해자에게 반응하지 마라. 대상이 화를 못 참거나 혹은 너무 상처를 받은 나머지 대뜸 반응하는 것은 사이버불링을 부추기는 것이 된다. 또한, 서툰 반응은 사건을 조사하는 당국자들로 하여금 피해자가 먼저 도발했다고 생각하게 만들거나 심지어는 피해 학생이 하지도 않은 말을 했다고 의심하게 만들기도 하여 모든 잘못을 거꾸로 뒤집어쓰는 결과를 가져올 수도 있다.

(2) 복사하라(Copy)

폭력에 관련된 모든 메시지와 사진을 복사해 두고, 휴대전화 문자와 음성메시지를 저장하라. 이를 위해서 어른들도 전자기기 등 디지털 기기 활용법을 숙지해야 한다.

(3) 차단하라(Block)

문제가 되는 인스턴트 메시지나 이메일이 오는 주소를 막아 그들로부터 오는 공격을 차단하라.

(4) 말하라(Tell)

신뢰하는 어른에게 사정을 말하고 도움을 요청하라. 사이버불링이 지나치게 위협적이거나 잔인하다면 다음의 행동들을 할 필요가 있다.

- 이메일 주소, 계정, 아이디, 전화번호, 휴대전화의 경우 유심(USIM: 범용 가입자 인식 모듈) 칩을 바꿔라.
- 학교에 구체적인 불편사항을 알려라.
- 웹사이트나 인터넷 서비스 회사의 고객센터, 휴대전화 서비스센터에 불편

사항을 접수하라.

- 사이버불링이 범죄에 해당한다면 경찰에게 알려라.
- 변호사와 접촉하라.

사이버상에서도 방관자가 있을 수 있다. 방관자를 목격자로 전환하기 위해서도 일반 학생에게 다음과 같은 내용을 가르칠 필요가 있다.

- 대상을 폄하하거나 경멸하는 블로그나 게시물에 글을 남기지 마라. 대신 종료버튼을 눌러라.
- 타인의 명예를 훼손하고 타인에게 해를 끼치거나 상처를 주는 이메일, 문자 메시지, 사진을 다른 사이트에 전송하거나 복사하지 마라.
- 사이버불링의 증거들을 저장하고 복사하고 출력하여 대상에게 전달해 그가 무슨 일이 일어났는지를 알게 하라. 이런 식의 배려와 도움은 대상이 느끼는 고립감을 줄일 수 있다.
- 자신의 신원을 보호해 줄 수 있고, 대상이 된 아이를 도와줄 수 있으며 사이버 가해자에게 책임을 물을 수 있는 사려 깊은 어른에게 사실을 알려라.
- 사이버불링에 얽히는 것이 불편하다고 사이버 가해자에게 말하라.

인터넷은 우리 생활의 일부이며 아이들에게 인터넷을 최대한 유용하게 활용하는 방법과 안전하게 이용하는 방법을 가르치는 것은 타인과의 의사소통이나 관계를 맺는 과정을 가르치는 것과 다를 바 없다는 사실을 인식할 필요성이 있다.

5) 사이버폭력에 대한 학교 대처방안

학교는 청소년에게 가장 안전한 장소인 반면에 매우 위험하고 불편하고 폭력 사건이 많이 일어나는 장소이기도 하다. 교사는 공식적·비공식적인 처방 및 대처법을 밝히고 기술의 부적절한 사용을 규제하기 위한 창의적 방법과 그것의 적절한 사용법, 학생들이 신뢰하며 접근할 수 있는 사람이 되는 법, 사이버폭력 피해자들의 걱정에 대해 민감해지는 법, 처벌을 강화시키는 것이 정당화되는 법, 익명시스템을 만드는 것, 그리고 필요한 경우에 관련된 인터넷과 핸드폰 서비스 제공자와 접촉하는 법에 대해 알아야 한다.

학생이 사이버폭력 상황을 알린다면 학교는 개입해야 할 의무가 있다. 청소년이 부적절한 전자 행위에 관여되지 않도록 하기 위해 교사와 교직원들이 사이버 수사대와 같이 적극적인 행동까지 해야 할 필요는 없지만 사이버폭력 상황을 알게 된다면 학생을 보호할 수 있도록 행동해야만 한다. 사이버불링 사건을 발견했을 때 학교가 취해야 할 행동은 다음과 같다.

① 사건을 잘 파악해야 한다.
② 피해자의 안전을 확보한다.
③ 피해자의 마음을 잘 이해하고 있다는 것을 전하고 안정감을 갖도록 해 준다.
④ 필요할 경우에는 가해자를 분리시켜야 하며 추가 피해가 없도록 주의 깊게 관찰한다.
⑤ 증거를 확보한다.
⑥ 부모에게 연락을 취한다.
⑦ 인터넷 회사와 연락하여 협조를 구한다.
⑧ 만약 신체폭력을 당했을 경우 경찰과 연락한다.
⑨ 징계처분을 시행한다.

사이버불링은 복잡하고 민감한 문제이기 때문에 적절한 대처법을 찾는 것은 매우 어렵다. 따라서 학교 측에서는 처벌규정을 사이버폭력의 강도에 따라 알맞게 정해 놓고 있어야 한다. 대처방식은 사이버폭력의 강도와 심각성에 비례하여 이루어져야 한다.

가장 효율적인 대처 방법은 사이버불링 가해자가 자신이 잘못했다는 것을 알게 하고, 그것에 대해 책임을 지도록 하며 다시 그것이 반복될 경우 미래에 다시 처벌을 받을 것이라는 사실을 알게 하는 것이다. 만약 사이버불링 가해자를 처벌하지 않고 그냥 넘어갈 경우 학생의 태도는 대부분 더욱 심각해진다(Patchin & Hinduja, 2009). 학생들이 사이버불링을 선호하는 이유는 어른들이 이에 대해 잘 모르고 있기 때문일 수도 있다.

〈표 6-3〉 사이버불링 행동에 따른 대처 방법

행동	정도	대처 방법
놀리기 무시하기 이름을 부르며 놀리기 비웃기 기만하기	약한 편	부모와 면담하기 상담자와 면담하기 창의적으로 처벌하기(반사이버불링 포스터 그리기, 칭찬메일 보내기 등)
ID 도용하기 헛소문 퍼뜨리기 온라인상에 허락 없이 사진 게재하기 폭력적인 영상물 만들기	중 간	교장선생님과 면담하기 행동계획 세우기 시민의식 교육받기 정규교과 외의 활동 방과 후에 남기
신체적인 위협 가하기 스토킹하기 위협하기 죽인다고 협박하기	심한 편	법적인 형사상의 처벌 사회봉사 정학 퇴학

사이버불링 역시 다른 폭력사건처럼 학교 측에서 대처하는 것이 옳다. 일반적 폭력과 마찬가지로 사이버불링 역시 익명의 신고시스템을 만드는 것이 권장된다. 학생들은 사이버불링 경험에 대해 성인들과 이야기하고 싶어 하지 않는다. 그러므로 피해자가 익명으로 신고할 수 있는 시스템을 만들어야 한다. 힌두자와 팻친(2009)은 익명 시스템의 예시를 다음과 같이 제안하였다.

익명의 사이버불링 신고 시스템
사이버불링을 당하거나 목격했다면, 알려 주십시오. 가능한 한 다양한 정보를 포함하여 아래 칸에 기록해 주시기 바랍니다. 더 많은 정보를 주실수록 상황을 해결하는 데 도움이 됩니다.
학교
학년
본인의 경험인가요? 아니면 다른 사람의 경험인가요?
어디에서 일어났습니까?
다른 목격자가 있었나요? 누구인지 말해 줄 수 있나요?
될 수 있는 한 자세하게 사건을 기록해 주세요.
우리와 연락하고 싶다면, 이름과 연락처를 남겨주세요.
– 학교 보호에 시간을 내주셔서 감사합니다. –

[그림 6-1] 익명의 사이버불링 신고 시스템(Patchin & Hinduja, 2009)

또한, 학교에서는 사이버불링을 예방하기 위해서 다음과 같은 노력을 해야 한다.

(1) 현황파악

학교에서 사이버불링을 예방하기 위해서 노력해야 할 일로서 첫 번째로 꼽을 수 있는 것은 현황파악이다. 현재 사이버불링이 일어나고 있는지, 얼마나 심각한지, 피해자가 있는지 여부와 누구인지, 얼마나 많은 학생이 경험하고 있는지, 교사는 무엇을 하고 있는지 등의 현실을 직시해야 한다.

(2) 학생과 직원 교육

학교에서는 학생과 직원에게 사이버불링의 위험적 특성에 대한 교육을 해야 할 필요가 있다. 청소년 인터넷 안전과 관련해 전문가를 초빙해 강연을 듣고 논의하며, 최근의 사이버불링 경향을 파악해야 한다. 사례를 통해 사태의 심각성을 느껴 보아야 하며, 무엇을 사이버불링으로 규정할 수 있는지를 판단하는 것에 도움이 되도록 샘플을 접할 필요도 있다.

안전한 디지털 기기 사용에 대한 안내를 받고 네티켓과 책임 있는 인터넷 사용을 위한 규약에 대한 정보도 획득할 수 있어야 할 것이다. 관련법과 처벌, 학생 보호 방법 등에 대한 지식도 갖출 수 있어야 하며, 궁극적으로 교사와 학생들이 건전한 디지털 기기 활용이 무엇이며 어떻게 하는지 알 수 있어야 한다.

(3) 디지털 기기 이용 규칙 설정

각 학교에서는 교내 컴퓨터 시스템에서 접근을 금지하는 검색어(용어)와 사이트를 설정하여 성인사이트나 오락사이트 등 청소년에게 유해하다고 생각하는 사이트는 시스템 자체에서 차단시키고 접속을 금지하고 있다. 또한, 일부 학교에서는 소프트웨어도 학교 컴퓨터에는 설치하지 못하도록 하고 있다. 그렇지만 최근 초소형 노트북, 스마트폰 등을 통해서 학생들이 손 안에 작은 자신만의 컴퓨터를 사용하고 있기 때문에 학교 컴퓨터에 이러한 사이트를 차단시키고 소프트웨어를 저장하지 못하게 하더라도 학생들의 개인적 사용을 막을 방법이 없다. 그러므로 학생들이 스스로 정신적으로 성숙하게 판단할 수 있도록 하는 것이 무엇보다도 효과적이며 모든 개인의 휴대용 디지털 기기들에 대해 명확하게 합의된 규칙을 설정하고 이를 지킬 수 있도록 하는 것이 중요하다.

우리나라에서는 학생인권조례를 통해서 이러한 기기를 학교 당국에서 일방적으로 금지시키거나 빼앗는 일은 못하게 되어 있다고 할 수 있다. 그러므로 학교에서 학생들의 디지털 기기를 통제하기 위해서는 학생들과 함께 사용규칙을 설정하여 스스로 지키도록 하는 것이 필요하다.

다음은 미국의 한 학교에서 설정한 디지털 기기 사용에 관한 규칙이다.

〈학교에서 휴대용 전자기기 사용에 대한 규정 사례〉

휴대용 전자기기들은 노트북, 휴대용 전화기, 휴대용 정보 단말기, 휴대용 전자게임기, 디지털 오디오, 디지털 카메라, 손목시계를 포함한다.

1. 학생은 가지고 있는 모든 휴대용 전자기기를 수업 중에 꺼 놓아야 한다.
2. 수업 중에는 휴대용 전자기기가 보이면 안 된다.
3. 학생은 어느 때라도 학교의 승인 없이 학교 재산의 전자기기를 가지고 다른 사람을 촬영 또는 기록(녹음이나 영상)하는 것이 허락되지 않는다.
4. 휴대용 전자기기는 어떤 교실, 화장실, 또는 라커룸에서도 사용이 금지된다.
5. 승인되지 않은 휴대용 전자기기는 압수될 것이다. 학생의 부모 또는 보호자가 학교에 와서 학생의 휴대용 전자기기를 찾아가야 한다.
6. 압수된 휴대용 전자기기는 필요에 따라 부모나 법 집행관들에 의해 조사될 수 있다.
7. 이 정책을 위반한 학생은 학생편람에 언급된 바에 따라 처벌받을 수 있다.

〈교실에서의 컴퓨터 사용 규칙〉

학교에서 컴퓨터 사용은 특권이기 때문에 나는 아래의 규칙을 반드시 따르겠다.

1. 나는 오직 교육적인 목적으로 허락된 컴퓨터만 사용할 것이다.
2. 나는 선생님에게 허락받은 게임만 할 것이다.
3. 나는 컴퓨터 설정 또는 컴퓨터 기기를 변경하지 않을 것이다.
4. 나는 선생님이나 부모님이 원하지 않는 것을 온라인에 게시하거나 작성하지 않을 것이다.
5. 나는 나의 컴퓨터 사용으로 다른 사람을 해치지 않도록 할 것이다.
6. 나는 비속어 또는 다른 형태의 공격적 언어를 사용하지 않을 것이다.

7. 만약 내가 괴롭힘 메시지를 받거나, 공격적인 내용, 포르노 화면을 우연히 본다면 나는 즉시 선생님께 보고할 것이다.
8. 나는 학교 교과 과정과 관련된 분야에서만 인터넷 검색을 이용할 것이다.
9. 나는 소프트웨어, 공개 프로그램, 무료 프로그램 또는 다른 파일들을 선생님의 허락 없이 설치하지 않을 것이다.
10. 나는 나의 개인 폴더에 적절한 교육적 내용들만 저장할 것이다.
11. 나는 나의 파일과 기록들만 수정할 것이다.
12. 나는 인터넷 자료를 표절하지 않을 것이다.
13. 만약 내가 온라인에서 불쾌한 경험을 했다면 즉시 선생님께 말할 것이다. 나는 선생님이 기꺼이 나를 도와줄 것을 알고 있고, 규칙을 지키는 한 벌을 주지 않을 것이란 것을 알고 있다.
14. 나는 부모님의 허락 없이 온라인에서 만난 사람을 오프라인에서 실제로 만나지 않을 것이다. 누군가 나를 만나기 원한다면 이는 나를 기분 나쁘고 불편하게 할 것이므로 어른에게 이를 이야기할 것이다.
15. 나는 나의 비밀번호를 어떤 다른 누구와도 공유하지 않을 것이다(나의 학교 네트워크 계정, 나의 이메일 계정, 나의 소셜네트워크 사이트 계정 등).
16. 나는 학교 네트워크로부터 막혀 있는 웹사이트에 접근하기 위해 또는 다른 인터넷 콘텐츠 형태의 대화기술을 시도하기 위해 대리인을 이용하지 않을 것이다. 또한, 다른 아이들이 이용하는 대리인의 사례가 있다면 이를 알릴 것이다.
17. 나는 나의 활동들에 대해 책임감을 갖고 있으며, 만약 위에서 언급한 규칙을 위반한다면 컴퓨터를 사용할 수 있는 권리를 잃게 된다는 것을 알고 있다.

이러한 규칙들의 예를 통해서 알 수 있듯이 각 학교는 규칙을 위반했을 때 어떠한 벌칙과 징계가 뒤따르는지 등에 대한 정책 자료를 마련해야 한다. 이러한 정책 자료는 학생뿐 아니라 학부모에게도 그 내용이 전달되도록 해야 한다. 이를 위반 시에는 명확하게 예외 없이 정책에 따라 집행하도록 한다.

(4) 또래 멘토링 등 예방전략 수립

멘토링이란 다른 사람을 돕는 좋은 조언자, 상담자, 후원자를 의미하는 멘토(mentor)의 활동을 멘토링이라고 한다. 또래란 나이나 수준이 서로 비슷한 무리를 일컫는 말이므로 또래 멘토링은 일반적으로 나이가 비슷한 청소년이 조언하고 상담하는 것을 말한다.

또래 멘토링은 전통적인 폭력과 학교에서 개인 간의 갈등을 감소시키는 데 효과적인 것으로 볼 수 있다. 이는 나이가 어린 청소년 집단은 이미 사이버불링을 경험하여 그것을 효과적으로 다루는 방법을 이해하고 있을 수 있기 때문이다. 또한, 어른들이 이해하거나 헤아리지 못하는 또래의 마음과 또래만의 세계를 이해하기 때문에 훌륭한 또래 전략을 갖고 있다.

또래 멘토링의 기본 목적은 특정한 상황에서 발생하는 학대 또는 괴롭힘에 대한 어린 청소년의 생각을 나이가 든 청소년이 변화시키는 것이다. 멘토들은 어린 청소년이 인터넷, 핸드폰, 컴퓨터 사용과 관련된 위험과 책임을 인식하는 것 또한 도울 수 있다. 그러므로 상급생을 멘토로 훈련시킴으로써 후배들에게 긍정적인 사회개입 모델을 가르쳐 주고 개입에 대한 용기를 가지도록 힘을 실어 주는 것이 사이버불링을 예방하는 데 효과적일 수 있다.

(5) 안전하고 존중할 수 있는 학교문화(학교 풍토) 유지

학교문화란 학교 내에서의 가치, 문화, 안전한 실제, 조직적인 구조의 합을 의미한다. 긍정적인 교내 환경은 폭력과 괴롭힘을 포함한 학교에서의 많은 문제행동 빈도를 지속적으로 감소시켜 줄 것이다. 이러한 환경에서 교사는 감정적으로 지원하고, 온화하고 보호적인 환경을 제시하여 학습과 학업에 집중할 수 있도록 하고, 자존감을 고양시킬 수 있도록 해 주어야 한다.

학생 간 단결을 향상시키고자 하는 전략적인 노력들은 적절한 장소, 개인, 감정, 행동, 학업성취도 향상과 연관되어야 한다. 학교에서는 '배려정책' 또는 '명예 제도'라고 명명할 수 있는 것들을 지키려 노력한다. 학생들은 서로 배려하고 존중하는 모습을 배워야 한다. 학교를 통해, 즉 교사가 학생들을 배려하고 존중하는 모습을 통해 자연스럽게 이를 배울 수 있도록 해야 할 것이다. 이러한 태도와 개인 간의 상호작용 활동을 본다면 학생들이 서로 놀리거나 괴롭히는 행동이 줄어들 것이다. 긍정적이고 온정적인 학교문화를 구축하는 것이 근본적으로 예방이 된다.

(6) 모니터링과 필터링 프로그램의 설치

학생들에게 부적절한 콘텐츠로 여겨지는 내용들을 제한하는 필터링 프로그램을 설치하도록 한다. 사이트 차단 필터링은 학생으로 하여금 부적절한 것으로 지정된 웹사이트의 접근을 막는다. 콘텐츠 모니터링은 일반적으로 암호화된 접근으로서 이용자가 정의한 단어와 걸맞지 않은 문장 및 데이터가 저장소에서 분석된다. 소프트웨어는 인터넷 어플리케이션을 통해 상관없는 데이터를 차단한다. 대부분의 소프트웨어 프로그램은 이용자의 웹사이트 카테고리를 막아 특정한 웹사이트의 유형을 확인한다. 대부분의 학교에서 이용하는 하드웨어와 소프트웨어의 방화벽과 필터는 학교에서 제3자 이메일 서비스, P2P 파일공유 프로그램, 소셜네트워킹 웹사이트를 차단하기 위해 사용된다.

(7) 공식적인 반사이버불링 프로그램 실행

폭력에 반대하는 교육을 주기적으로 실시하여야 한다.

(8) 부모교육

학교는 부모와 파트너가 되어 학생을 지도하는 것이 바람직하다. 이를 위해서 부모교육을 통해 사이버불링을 인식하도록 교육하는 것이 꼭 필요하다. 부모는 디지털 기기에 대한 지식이 부족하므로 사이버불링에 대한 인식도 거의 없다. 따라서 자녀가 사이버불링으로 고통받고 있는 것을 헤아리거나 이해하기가 힘들고, 자녀가 혹시 이야기하고자 해도 부모의 무지 때문에 대화가 되지 않기도 한다.

부모에게 일정 기간에 한 번씩 보내는 소식지를 통해서도 부모교육을 할 수 있는데, 우리나라의 경우 1년에 2회 이상 폭력에 대한 교육을 학부모와 학생들에게 하도록 되어 있다. 강제성이 없기는 하지만 부모에게 사이버불링에 대한 개념과 정의, 사이버불링 예방을 위해 부모가 기울일 수 있는 노력 등을 중심으로 교육을 진행해야 한다. 이로써 학교와 가정이 파트너가 될 수 있다.

07 CHAPTER 성폭력

1 성폭력의 개념

1) 성폭력의 정의와 특성

성은 우리가 누구인가를 규정하는 근본적인 정체성과 관련되기 때문에 성적 괴롭힘은 우리 존재의 핵심에 상처를 입히고 치명적인 결과를 초래할 수 있다. 성에 대한 표현이나 감정 또는 가치판단 등은 한 개인 스스로를 표현하고 규정하는 수단이기 때문에 성행동에 관한 선택 및 원치 않는다면 거부할 수 있는 자율성, 그리고 원치 않는 성행동에 저항할 수 있는 권리를 가지고 있는 것은 바로 그 자신이다. 이러한 성에 대한 결정권을 성적 자기결정권이라고 하는데, 청소년의 경우에도 마찬가지로 성적 자기결정권의 주체로 인식되어야 하고 이러한 맥락에서 청소년에 대한 성폭력(sexual assault)은 청소년 개인의 성적 자기결정권 침해로 이해되어야 한다.

성폭력이란 어떤 형태든 피해자가 원하지 않은 성적 접촉이 강제로 행해지는 것을 말한다. 사전적인 의미로는 '성적인 행위로 남에게 육체적 손상 및 정신적·심리적 압박을 주는 물리적 강제력'이다. 시사상식사전(2010)에는 성희롱이나 성추행, 성폭행을 모두 포괄하는 개념으로 '성을 매개로 상대방의 의사에 반해 이루어지는 모든 가해 행위.'라고 정의되어 있다. 김의철(1997)은 성을 매개로 개인의 성적 자기결정권을 침해함으로써 개인 혹은 집단에 대해 신체적·심리적·사회적 고통을 야기하는 행위라고 정의한다. 법률적으로는 강간이라는 용어를 주로 사용하였다.

한국여성개발원(1992)에서는 성폭력의 개념을 '상대방의 동의 없이 강제적으로 성적 행위를 하거나 성적 행위를 하도록 강요, 위협하는 행위 및 성행위를 유발시키는 선정적 언어로 유인하는 행위.'라고 정의하고 있다. 이것은 단순히 타인의 의사에 반하여 성적 행위를 하거나 성적 행위를 하도록 강요하는 행위로서 강요된 키스나 신체 일부분의 애무부터 강간 미수와 강간까지 포함하는 광범위한 개념이다. 「성폭력특별법」(1994)에서는 기존의 「형법」 및 특별범죄가중처벌에 해당하는 강제추행, 강간, 장애인에 대한 준강간, 업무상 위력 등에 의한 추행, 버스나 지하철과 같이 공중 밀집장소에서의 신체적인 추행, 언어적인 추행, 음담패설이나 통신매체이용 음란의 죄 등이 성폭력에 해당한다고 규정하고 있다.

우리가 성폭력에서 주의해야 할 점은 성을 바탕으로 이루어지는 폭력으로서 성은 우리의 정체성을 나타내는 커다란 역할을 하므로 성을 바탕으로 폭력이 이루어졌다는 것은 우리의 정체성, 영혼을 침해당하는 것으로 주목해야 한다는 것이다. 성폭력도 폭력의 유형 중 하나이므로 앞장에서 언급한 폭력이 특성을 나타낸다.

첫째, 가해자와 피해자 사이의 힘의 불균형 요소를 바탕으로 살펴볼 수 있다. 그동안의 성폭력은 주로 남성이 여성에게 가해하는 것으로 나타났으며 최근 들어 반대의 경우도 사건화되어 보도되고 있다. 물리적·신체적으로 힘이 센 남성이 여성을 성폭행하였는데 보통은 여성의 저항을 물리치기 위하여 물리적·신체적 폭행을 수반하기도 한다. 이성 간 발생하는 것으로 생각하기 쉽지만 동성 사이에서도 발생할 수 있다. 동성 간 성폭행은 군대나 교도소에서 주로 발생하며 최근 군대 폭력 사건이 일어났을 때에도 성추행이나 성폭력에 대한 내용이 밝혀지고 있다. 물리적·신체적 힘의 차이가 있거나 상하관계 또는 권력을 이용하여 폭력을 행사하는 것이다.

둘째, 원하지 않는 행위의 요소이다. 원하지 않는 성에 관한 행위라고 할 수 있는데 피해자가 원하지 않는 모든 성적 행위를 말한다. 그러므로 키스나 음란한 농담이나 언사, 성적인 비유나 평가, 신체접촉도 성폭력 범주에 포함된다. 법률적으로는 이런 행위의 정도에 따라 성폭력이 될 수도 성추행이나 성희롱이 될 수도 있다.

셋째, 지속성의 요소이다. 지속성은 횟수를 거듭하는 행위일 뿐 아니라 폭력의 결과로 후유증이 오래 남을 수 있는 것도 포함한다. 비록 성폭력은 단 한 번 시도될 수 있으나 피해자는 정신적인 충격으로 오랜 기간 트라우마를 겪거나 평범한 일상생활이 불가능할 수도 있다.

마지막으로 성을 바탕으로 가해가 이루어진다는 것이다. 사회적인 성 차이를 말하는 젠더(gender)를 바탕으로 이루어지는 경우도 있으며 생물학적인 성(sex)을 바탕으로 발생하는 경우도 있다. 여성에게 모욕적인 언사를 하거나 성적 굴욕감을 느끼게 하는 것은 젠더를 바탕으로 이루어지는 것이라 한다면 성기 접촉 시도 등은 생물학적인 성을 바탕으로 이루어지는 것이라 분류할 수 있다.

2) 성폭력과 관련된 유사 용어

성폭력과 관련된 유사 용어로 성 학대, 성폭행, 성추행, 성희롱이 있다. 성 학대는 '학대'라는 용어가 말해 주듯이 힘의 불균형이 매우 크거나 괴롭힘 자체가 매우 심할 경우를 이야기한다. 그래서 아동이나 유아를 대상으로 한 경우에 주로 사용된다. 아동 성 학대는 법률적으로 12세 이하의 어린이에게 일어나는 성적 사건에 대해서는 아동의 동의와 상관없이 성 학대로 정의된다. 그러나 만 13~18세 사이의 청소년에 대해서는 논란이 되고 있다.

성폭행이란 '강간을 완곡하게 이르는 말'이라고 사전에 정의되어 있으며 시사상식사전에는 성폭력의 하나이며 강간과 강간미수를 의미한다고 명시되어 있다. 폭행의 사전적 의미가 '난폭한 행동'이므로 성적인 난폭한 행동을 말한다. 강간은 '폭행 또는 협박을 가해 부녀와 교접행위를 하는 것'을 말한다. 형법 제297조에 따라 강간을 행한 자는 3년 이상의 유기징역에 처한다.

성추행도 성폭력의 하나이며 강제추행을 의미한다. 강제추행이란 '폭행이나 협박'을 수단으로 '추행'하는 것으로서 성추행은 성욕의 자극, 흥분을 목적으로 성적 수치, 혐오의 감정을 느끼게 하는 일체의 행위이다. 강제추행은 이러한 행위 시 폭행 또는 협박과 같은 강제력이 사용되는 경우를 말한다. 성추행은 형법 제298조에 따라 강제추행한 자는 10년 이하의 징역 또는 1,500만 원 이하의 벌금에 처한다.

성희롱이란 성에 관계된 말과 행동으로 상대방에게 불쾌감, 굴욕감 등을 주거나 고용 상에서 불이익을 주는 등의 피해를 입히는 행위이다. 성희롱의 유형은 육체적·언어적·시각적 유형으로 분류해 볼 수 있다. 육체적 성희롱은 신체적 접촉, 특정 신체부위를 만지는 행위 등을 말한다. 언어적 성희롱이란 음란한 농담이나 음담패설, 외모에 대한 성적인 비유나 평가, 성적인 내용의 정보를 의도적으로 유포하는 행위, 성적 관계를 강요하거나 회유하는 행위, 음란한 내용의 전화통화 등이다. 그리고 시각적 성희롱이란 외설적인 사진·그림·낙서·음란 출판물 등을 제시하거나 보여 주는 행위, 직접 또는 컴퓨터 등을 통하여 음란한 편지·사진·그림을 보내는 행위, 성과 관련된 자신의 특정 신체부위를 고의적으로 노출하거나 만지는 행위 등을 말한다.

3) 성폭력 유형

성폭력의 유형 구분은 피해자의 특성에 따라 아동성폭력, 청소년 성폭력, 노인성폭력, 장애자성폭력 등으로 분류하기도 하고, 피해발생 지역에 따라 직장성폭력, 가정성폭력, 군대성폭력, 교도소성폭력 등으로 유형이 구분될 수 있다. 폭행의 정도에 따라 나눌 수도 있고 또한, 가해자의 숫자에 따라 나누기도 한다. 대표적인 성폭력 유형 분류는 콜로로소가 분류한 언어적 성폭력, 신체적 성폭력, 관계적 성폭력으로 분류하는 것과 가해자와 피해자가 서로 아는 사이인지 여부에 따라 친근 자 성폭력과 낯선 자 성폭력으로 분류할 수 있다.

(1) 콜로로소의 분류

① 언어적 성폭력

언어적 성폭력은 그 자체만으로도 폭력이 되지만, 신체적 성폭력과 관계적 성폭력을 향한 발판이 되기도 한다. 심지어 더 악랄하고 비열한 성폭력의 첫 단계가 될 수도 있다. 언어적 성폭력은 남자와 여자에 따라 나타나는 양상이 다른데, 남자를 괴롭히는 데 사용하는 말은 "넌 남자가 아니야."라는 경멸의 어투로 여성성이 있거나 여성을 나타내는 용어를 사용하여 괴롭힌다. 이와 더불어 게이, 호모 등 동성애에 대한 혐오를 드러내는 용어를 사용하기도 한다. 여학생을 괴롭힐 때는 돼지, 매춘부, 걸레 등 여자의 신체를 대상화하여 저속하게 낮추는 용어를 사용하며 성정체성을 비하하거나 어린아이 취급하는 용어를 사용한다. 성폭력을 암시하는 위협적 용어를 사용하거나 상대의 신체에 대한 언어적 평가, 성차별 또는 성적인 농담, 성적인 능력이나 무능력에 대한 경멸적인 발언을 포함한다.

가해 학생들은 언어에 의한 성폭력을 하고도 장난이라거나 재미로 했다는 이야기를 할 수 있다. 즉, 교제를 했다거나 성적인 관심을 유도하기 위한 표현이었다고 주장할 수 있다. 그러므로 언어적 성폭력의 특징에 대하여 살펴볼 필요가 있다. 언어적 성폭력의 특징은 다음과 같다.

- 힘의 불균형에 기초하며 일방적이다. 가해자는 피해자를 성적으로 조롱하고 경멸하며 비아냥거린다.

- 의도적으로 상대방에게 해를 입히고 자신의 즐거움을 위해 상대방을 이용하려 든다.
- 의도적으로 과도하게 간섭하면서 가해자의 지위를 공고히 하려 한다.
- 의도적으로 품격과 위신을 떨어뜨린다.
- 의도적으로 상대에 대한 자신의 통제와 지배를 표현하려 한다.
- 의도적으로 상대의 경계를 침범한다.
- 의도적으로 타인으로 하여금 그가 소외되었고 추악하며 품위 없고 무력하다는 생각을 갖게 만들려 한다.
- 상대가 곤란해하거나 성적 발언에 반발할 때도 지속된다.

② 신체적 성폭력

성적인 방식으로 만지거나 잡는 것, 찌르는 것, 브래지어 잡아채기, 바지 내리기 또는 치마 들치기, 성적인 신체 접촉을 하는 것 또는 성폭행 등이 포함될 수 있지만 반드시 이것들에 국한된다고는 할 수 없다. 성폭력은 범죄 행위에 해당될 수 있다는 사실 또한 중요하다. 이러한 행위를 통해서 알 수 있는 것이 초등학교 저학년 학생들이 했던 우리나라의 '아이스케키'가 일종의 신체적 성폭력이었던 사실을 주목할 필요가 있다. 과거에는 남학생들이 여학생들에 대한 관심 표명의 귀여운 행동으로 치부하기도 했다. 그러나 어른들은 이제 이러한 행동이 잘못된 것임을 깨닫고 아이들이 호감이 가는 이성에게 건전한 관심을 표현하는 방법을 지도할 필요가 있다.

③ 관계적 성폭력

관계적 성폭력은 피해 학생의 자존감을 조직적으로 깎아내리는 관계적 폭력에 성적인 의미를 더하는 것이다. 즉, 화장실 벽에 쓰인 소문이나 욕설, 성적 취향으로 인한 따돌림, 가슴 등의 일정 신체부위를 노골적으로 응시하기, 외설적인 몸짓 등이 이에 해당된다. 이러한 예시들은 실행하기는 쉽지만 탐지하거나 판단하기는 어려운 것이다. 이에 더하여 의도적으로 성적 수치심, 모멸감, 경멸감을 주는 물건들을 전시하는 것, 성적 경멸감을 주는 문구나 그림이 그려진 옷을 입거나 장식물을 착용하는 것 성적 모욕이 명백한 낙서도 관계적 성폭력에 포함시킬 수 있다. 이런 괴롭힘의 행위들은 캐나다 인권위원회와 미국민권법에서 각각 1991년과 1964년에 학생의 학습능력을 저해하는 적대적인 환경이라고 규정하였다.

아동 성 학대

〈개념〉

- Schechter & Roberge(1976): 발달 단계상 미성숙하고 의존적인 아동을 스스로 동의능력이 없어서 진정으로 이해하지 못하는 성적 활동이나 가족 간의 역할수행 면에서 금기시되어 온 성적 활동에 개입시키는 행위.
- Kempe(1978): 발달상 미성숙한 아동이나 청소년이 그들이 완전히 이해하지 못하고, 동의 받지 않은 상태에서 사회적 역할의 금기를 위반하는 성적 행동에 관련된 것.
- Sgroi(1982): 정서적 · 생리적 · 인지적 발달이 미흡한 아동에게 강요된 성적인 행위.
- Saphira(1987): 아동에게 동의 없이 성적 행위를 가하는 것. 몸의 일부를 만지는 것, 성기노출, 음란비디오 보여 주기, 나체가 되기를 강요하기, 어른의 만족을 위한 자위행위 시키기 등을 포함함.

〈아동 성 학대 개념을 정의할 때 중요한 세 가지 측면〉

① 무엇을 성적 행위로 보느냐
성인이 자신의 성적 만족을 위해 아동을 성적 대상으로 삼는 것

② 아동의 연령
아동은 성적 학대의 의미나 영향을 이해하지 못하기 때문에 그 행위에 대해 저항하지 않더라도 학대는 성립됨

③ 아동과 가해자의 권력, 지식, 만족의 차이 측면

〈피해실태〉

- 여아의 피해발생률이 남아에 비하여 훨씬 높음(미국의 경우 세 배)
- 우리나라 1991년 연구(한국성폭력상담소 상담의뢰자에 대한 조사)
  전체 상담건수 1,760건 중 28.5%인 502건이 아동의 성 학대 피해 상담, 청소년은 332명으로 19.5%에 달함. 이 중 가족 내 성 학대인 경우는 46.9%임
- 접촉성 아동 성 학대의 가해자는 생부와 계부, 삼촌 등 근친자가 가장 많았으며, 다음으로는 이웃과 청소년 또래집단이었음(박혜숙, 2012)

〈아동 성 학대의 유형〉

성관계장면 노출, 성놀이, 성추행, 성기삽입, 구강성교, 매춘, 포르노그래피 등

〈아동 성 학대 결과〉

- 신체적 결과: 신체통증, 구강상처, 항문상처, 성기상처, 성기이상, 성기질환, 처녀막 파열, 성병, 임신, 성기능, 장애, 불임 등
- 정신적 결과: 대인기피증, 우울증, 불안장애, 낮은 자존감, 성적 행동이상, 경계선 인격장애, 약물 남용, 자살행동, 다중인격장애, 성적 공격(아동 성적 학대) 가해자

(2) 면식 여부에 따른 분류

성폭력은 면식관계에 따라 분류하기도 하는데 피해자와 가해자가 서로 아는 경우는 친근 자 성폭력, 면식관계가 없는 경우는 낯선 자 성폭력으로 이분할 수 있다.

① 친근 자 성폭력

면식관계가 있는 경우는 피해자와 가해자가 사회생활 중에 최소한의 인간관계가 형성되어 있는 친근 자 성폭력이다. 친근 자 성폭력은 낯선 자 성폭력에 비하여 제대로 신고하지 못하고 있어서 큰 문제가 된다. 피해자 자신도 이를 신고하거나 다른 사람한테 이야기해도 아무도 믿어 주지 않을 것이라고 생각한다. 그래서 신고비율이 가장 낮고 심리적으로 가장 심한 상처를 입는다(윤가현, 2010). 피해자는 친근 자와 형성되었던 기존의 신뢰 관계에 대한 배반이나 수치감, 죄책감 등으로 인해 말을 못하고 있으며, 다른 가족 등의 관계에도 영향을 미칠까 언급하지 못하는 경우가 많다. 친근 자 성폭력일 경우 어린 여성을 대상으로 하는 경우가 많으므로 그들의 신체적 성숙 전에 무리한 일을 당하는 경우라 신체적으로 커다란 해를 초래한다. 또한, 심리적 상처는 쉽게 치유가 되지 못하며 전문가의 도움을 필요로 하는 경우가 대부분이다. 친근 자 성폭력은 처음에는 물리적 폭력이 아니라 설득에 의해 개시되거나 피해자가 의식하지 못할 때 발생하기도 한다. 신고된 전체의 강간 중 거의 과반수를 차지하고 있는 성폭력

으로 주의를 기울일 필요가 있다.

② 낯선 자 성폭력

면식관계가 없는 경우를 낯선 자 성폭력이라고 하는데(윤가현, 2010), 이 경우 공격자는 자신의 신분을 은폐하기 위하여 가면을 쓰거나 얼굴을 수건 등으로 가리기도 하는데 대개의 경우 물리적 폭력을 행사하여 성폭력을 시도한다.

2 성폭력 약사(略史)

성폭력은 1980년대 사회 전체적으로 국가 공권력에 의한 폭력이 만연하던 시기부터 가시화되었다. 1983년 '한국여성의 전화'가 개소하여 아내 구타, 강간 등 여성에 대한 폭력 문제를 사회적 이슈로 다루면서 '성의 폭력'이라는 개념으로 등장하기 시작했다. 초기에는 여성에 대한 차별이 폭력적으로 나타난 것을 파악하면서 성폭력을 여성에 대한 폭력으로 접근했다. 성폭력은 1980년대 이전까지 부녀자의 '정조(貞操)에 관한 죄'로 여성 개인보다 남편이나 가족의 명예를 실추시키는 사안으로 접근되었다. 실제로 1988년에 발생한 '강간범의 혀를 깨물어 과잉방어로 고소당한 박씨 사건'은 성폭력 사건의 처리 과정에서 나타나는 성차별을 여실히 드러낸 사건으로 유명하다. 그러나 여성운동 진영에서 이 개념을 적용함으로써 '정조'에 국한된 강간사안보다 그 범위를 확대하여 인신매매, 아내 구타도 포함하는 것으로 변화되었다. 동시에 혼인관계 내의 부녀자에 국한되는 문제가 아닌 점도 강조되어 전체 여성에 대한 전반적인 폭력으로 확대 해석되었다.

군사정권 시절의 노동운동에 대한 탄압의 분위기 속에 발생한 1986년 부천 성고문 사건과, 뒤이어 1987년 전남 고흥에서 경찰에 의한 임신여성 성폭행 사건을 비롯하여 일련의 성폭력 사건이 발생하면서 성폭력에 대한 사회적 관심이 증가했다. 1990년대를 지나면서 노동운동, 민주화운동과 연관되지 않는 성폭력이 발생하면서 성폭력은 '여성의 성(sexuality)에 대한 폭력'으로 인식되었다. 한국성폭력상담소와 함께 법 제정 논의가 시작되었고, 여성운동 진영에서 '성적 자기결정권'의 내용을 포함하고자 했으나 받아들여지지 않은 채, '성적인 합의를 갖는 폭력'을 주된 처벌대상으로 삼는 것으로 1994년 「성폭력범죄의 처벌 및 피해자보호 등에 관한 법률」(성폭력특별법)이 제정되었다.

1994년 법률제정 이후, 현실 개념이 법률 적용에서 구체화되지 못하는 한계가 나타나 지속적인 개정안을 통해 구체적 내용과 처벌 조항이 변화되고 있다. 현재는 성폭력을 단순히 폭력의 문제에 국한하거나 여성에 대한 문제로 국한하지 않고 인간 존재의 성적 권리를 침해하는 것으로 사회적 인식을 바꾸기 위한 노력이 지속되고 있다. 한 예로 여성의 피해자화를 강조하는 것을 넘어서기 위해 '생존자' 개념을 도입하기도 하는 등, 다양한 층위의 경험들을 성찰하여 여성을 비롯한 개인들이 성적 주체로 존중받지 못하는 것이 문제의 근원임을 사회가 인식할 수 있도록 하는 운동이 지속되고 있다. 법이나 사회의 인식이 아직은 개인의 성적 자기결정권의 개념을 온전히 받아들이는 수준에 미치지 못하고 있으나, 계속되는 법 개정을 통해 남성중심문화, 성차별화된 구조가 성폭력을 양산하는 기반이 되고 있음을 알리면서 사회의 인식 개선에 영향을 미치고 있다.

최근에는 성적인(sexual) 폭력이 젠더, 즉 여성에 대해서만 행해지는 폭력으로 국한되면서, 군대나 교도소에서 발생하는 남성들 간의 성폭력, 남자 유아에 대한 어른의 성폭력 등을 포괄하지 못하는 한계가 나타났다. 따라서 성폭력이 여성에게만 국한되어 가해지는 것이 아닌 측면을 포함하기 위해 남녀 간에 발생하는 성적인 폭력의 내용뿐 아니라 동성 간에 발생하는 내용까지 포함하여, 성추행, 강간, 강간미수, 조직문화의 위계조직 내에서 발생하는 성희롱, 어린이 성추행 등이 개념에 포함되는 것으로 변화되었다.

강간범의 혀를 깨물어 과잉방어로 고소당한 박씨 사건

피해자: 박은옥(가명)–주부
가해자: 청년 2명

〈사건개요〉

식당을 경영하는 박씨가 1988년 2월 26일 밤 1시경 귀갓길에 청년 2인에 의해 골목길로 끌려가 강간을 당할 위기에 직면하자 강제로 키스하려는 범인의 혀를 깨물어 위기상황을 모면했다. 그러나 화를 당한 범인들이 오히려 박씨를 폭행죄로 고소하는 것이 발단이 되어 박씨도 범인들을 강간치상으로 고소했다. 박씨는 피해자임에도 불구하고 가해남성의 혀를 손상시켰다는 이유로 구속, 기소되었고 '과잉방어'로 징역 1년이 구형되었다.

〈경과 및 인권운동 과정〉

이 사건은 개인 사이에 진행되고 있는 재판에 '한국여성의 전화'가 피해여성의 법적투쟁을 지원하게 된 사건이다. '한국여성의 전화'는 1988년 9월 10일 "폭행범의 혀 깨문 주부에 1년 구형(중앙일보)"이라는 제목의 기사를 보고 그 부당성을 인식, 피해여성을 위한 지원투쟁에 나서기로 결정했다. 9월 21일 선고공판에서 사법부는 '정당방위로 인정될 수 없는 지나친 행위'를 했다며 박씨에게 징역 6개월 집행유예 1년을 선고했다. 두 범인에게는 강간미수가 아닌 강제추행미수를 적용하여 그 형량이 훨씬 가벼워졌다. 판결에 접한 '한국여성의 전화'는 즉시 기자회견을 갖고 '강간범을 옹호하는 ○○지원 유죄판결에 항의하며'라는 성명을 발표하고 무죄판결이 날 때까지 계속 싸워나갈 것임을 천명하였다. 공동변호인단 구성, 범시민 가두서명 운동을 전개하는 등 적극적인 지원으로 말미암아 1989년 1월20일 항소심에서 재판부는 박씨에 대해 무죄판결을 내렸다. 여성계는 '여성의 성과 생명보다 남성의 혀를 더 중시하는 인권유린의 현실에 대항하여 수치심을 딛고 고통스러운 투쟁을 벌여왔다'며 박씨의 용감한 행위를 치하하고 이번 승소판례가 성폭력 추방을 위한 한 계기를 열었다는 의미를 부여하였다.

〈성과와 의미〉

이 사건은 성폭력의 위기에 처한 여성이 취할 수 있는 '정당'한 자기방어가 무엇인가에 대한 논쟁을 일으켰을 뿐 아니라 성폭력 사건의 처리 과정에서 나타는 성차별성을 여실히 드러냈다. 성폭력 가해자 측의 변호사가 박씨가 사건 당일 먹은 술의 양, 동서와의 불화 등을 계속 거론하면서 그를 부도덕한 여자로 몰아세웠고 검사는 피해자가 진술 과정에서 폭행당할 때 가해자의 손이 음부에 들어온 것과 무릎으로 옆구리를 구타당한 것 등 행위의 순서가 왜 진술 때마다 바뀌냐고 검사가 호통을 치는 등 '피해자가 죄인으로 취급되는' 성폭력 사건 재판 과정의 전형적인 모습을 보여 주었다. 재판 과정에서 가해자 측 변호사와 검사로부터 온갖 수모를 겪어야 했던 박씨는 재판장께 드리는 글에서 '차라리 제가 그 날 밤에 그놈들에게 당하고 죽었더라면 이렇게 고통스럽게 살아가지 않았을 텐데……'라며 괴로워하였다고 한다.

이 사건은 영화화(김유진 감독의 〈단지 그대가 여자라는 이유만으로〉)되었다. 이 영화는 우리나라 최초로 범죄로서의 성폭력을 다룬 영화로 기록되고 있다.

3 성폭력 피해자 실태

성폭력을 당한 사람들은 신고나 기소 비율이 가장 낮다. 2010년 여성부의 발표에 따르면 우리나라의 성범죄 신고율은 실제 일어난 사건의 10%밖에 되지 않는다고 한다. 성폭행 희생자는 성폭력이 발생한 순간부터 끊임없이 감당하기 힘든 여러 가지 불이익을 당한다. 성폭력상담소에 오래 일하던 상담자는 피해자라는 말 대신에 '생존자'라는 표현을 사용하여 성폭력 피해자들의 어려움을 부각시키고 있다.

성폭력 실태도 문제지만 성폭력을 줄이기 위해서 우리가 간과하지 않고 생각해 봐야 할 사안이 성폭력을 둘러싼 편견이다. 성폭력을 둘러싼 편견은 두 갈래로 나타난다(오승현, 2011). 하나는 피해자에 관한 것이고 다른 하나는 가해자에 관한 것인데, 피해자에 관한 것은 피해자에게 책임을 묻고 가해자에 관한 것은 가해자의 책임을 덜어 주는 것이다.

피해자에 대한 편견은 '행위자·관찰자 모델'로 설명할 수 있다. 행위자들은 자기 행위에 대한 원인을 외부 요인으로 돌리는 경향이 있는 반면, 관찰자들은 그 원인을 행위자의 개인적 성향으로 돌리려고 한다는 것이다. 이 모델에 따르면 성폭력 희생자는 행위자가 아니라 공격의 목표 대상이라는 점에서 그 위치가 아주 독특한데도, 관찰자들은 어떤 행위 결과의 책임감을 해석하면서 사건 발생의 맥락을 전혀 고려하지 않고 행위자의 개인적 특성 때문이라고 말한다. 즉, 성폭력 희생자에게 성폭력 발생의 책임을 내적으로 전가하려고 한다는 것이다. 예를 들어, 피해자의 야한 옷차림에 의하여 가해자가 억제할 수 없는 충동을 느껴 성폭력이 발생했다는 주장이다. 야한 옷차림 때문에 성폭력이 발생했다는 것은 피해자가 원인을 제공한 것이라는 논리이다.

피해자에 관한 편견은 '공평한 세상 이론'으로 설명할 수 있다. 공평한 세상 이론에 의하면, 모든 행위의 발생은 항상 공정하다고 믿는다(유가현, 2010), 그렇다면 노출이 심한 여름에 성폭력이 더 발생해야 하는데 성폭력은 계절에 관계없이 발생한다. 야한 옷차림이 성폭력의 원인이라는 통념은 '주먹을 부르는 얼굴'처럼 황당한 주장이다. 야한 옷차림을 보고 성욕을 느낄 수는 있겠지만 인간이라면 자신의 욕망, 본능에 의해서만 사는 동물이 아니다. 마음속 성욕이 밖으로 나와 함부로 성적 만족을 채우려 한다면 그것은 엄연히 범죄인 것이다. 진짜 문제는 야한 옷차림에 있는 것이 아니라 '야한 옷을 입은 여성은 함부로 해도 된다는 생각'이다.

가해자에 대한 편견은 '억제할 수 없는 충동 탓'이라는 주장이 있다. 하지만 대부분의 성폭력은 충동적이라기보다는 계획적으로 일어난다. 성폭력의 80%는 모르는 사이가 아니라 아는 사이에서, 즉 직장 상사나 동료, 애인이나 친인척, 학교 선후배, 아는 오빠, 이웃집 아저씨가 가해자이다. 이는 성폭력이 우발적이라기보다는 계획적인 범죄라는 것을 뒷받침한다.

어린이, 노약자, 장애인 등 대상을 가리지 않는 무차별적인 성폭력으로 미루어 볼 때 성폭력은 억제할 수 없는 성적 충동의 결과라기보다 약자에 대한 지배, 권력 욕구의 결과라고 하겠다. 실제 연구결과에 의하면 성폭력 범죄자의 성욕은 일반인과 다르지 않다고 한다. 즉, 공격성의 문제로서 일반인보다 공격성이 더 강하며 이를 억제하지 못하는 이유라고 분석하고 있다. 좀 더 손쉽게 제압할 수 있고, 범죄 사실이 탄로 나지 않을 것이라는 생각에서 약자를 성폭력의 대상으로 삼는 것이다.

성폭력은 가해자가 자신의 억눌린 분노나 열등감, 소외감, 박탈감을 사회적 약자인 여성이나 어린이에게 표출하는 것임이 여러 연구에서 밝혀지고 있다. 결국 성폭력 피해자는 이중의 폭력을 당한다고 볼 수 있다. 여성의 행실이 문제의 원인이므로 여성에게도 책임이 있다는 어이없는 결론으로 이어진다는 것은 성폭력 피해자들이 성폭력 당한 사건보다 더 큰 어려움을 겪으며 살아가게 방치하는 것이다.

사람들의 성정체성은 내가 누구인가를 결정하는 매우 중요한 부분이기 때문에 성적 괴롭힘은 우리가 가진 자의식의 핵심을 공격하여 치명적인 결과를 초래할 수 있는 행위이다. 오늘날 또래 간의 성폭력은 우리 아이들의 학교에서 가장 광범위하게 이루어지는 폭력의 유형 중 하나이다. 1993년 미국에서 한 협회(미국대학여성교육재단협회: American Association of University Women Educational Foundation)가 미국 전역에서 8~11학년(우리나라의 경우, 중학교 2학년부터 고등학교 2학년) 학생 1,632명을 대상으로 설문조사를 실시한 결과를 다음과 같이 발표하였다.

- 여학생의 85%와 남학생의 76%가 성희롱을 경험하였다.
- 여학생의 65%는 성적인 접촉을 경험했다.
- 여학생의 13%와 남학생의 9%는 키스 이외의 성적인 행위를 하도록 강요받았다.
- 여학생의 25%는 성희롱을 피해 학교에 가지 않고 집에 있거나 수업에 참석하지 않았다.
- 대상이 된 여학생의 80%는 또래로부터 성희롱을 당했다.
- 대상이 된 여학생의 25%는 학교 관계자로부터 성희롱을 당했다.
- 조사 대상 중 33% 정도의 학생이 6학년 또는 더 낮은 학년 때부터 성적 괴롭힘을 당했다.
- 여학생이 성희롱을 당한 장소는 복도(75%), 교실(65%), 학교 운동장(48%), 식당(34%) 순이었다.

4 사이버 성폭력

1) 사이버 성폭력의 정의와 실태

사이버 성폭력이란 인터넷, 문자서비스, 전화 등을 통하여 상대방이 원하지 않는 성적 언어, 외모나 성적 취향, 음담패설, 데이트나 성관계 요구, 개인 신상을 비롯한 사생활 공개를 하거나 성적 수치심을 유발하는 이미지, 동영상 등을 보내 상대방을 위협하거나 상대방에게 불쾌감 또는 위압감 등의 피해를 주는 행위를 말하며, 따라서 상대방으로 하여금 성폭력에 대한 막연한 불안감이나 공포감을 조성할 뿐만 아니라 그것으로 인한 행동제약을 유발시키는 것도 간접적인 사이버 성폭력이라고 할 수 있다(사이버 명예훼손·성폭력상담센터, 2006).

성폭력특별법에서는 컴퓨터를 통하여 성적 수치심이나 혐오감을 일으키는 말이나 음향, 글이나 도화, 영상 또는 물건을 상대방에게 도달하게 한 것을 성폭력의 범주에 포함시키고 있다. 즉, 컴퓨터 등 디지털 기기를 통해 음란 내용을 전하는 행위, 음란물 출연 또는 관여하는 행위, 음란물 제작 시 청소년을 이용하는 행위 등을 성폭력의 개념으로 볼 수 있다(김재엽·이서원, 1998).

우리나라는 여성을 남성보다 하위로 보는 사회구조와 분위기, 왜곡된 성문화, 여성의 거부표시를 '소극적 허락'으로 생각하는 남성의 의식구조, 제대로 된 성교육의 부재, 남성의 입장과 시선에서 다루어지는 사건조사 및 사법계의 성폭력에 대한 잘못된 통념 등을 비롯한 사법계의 인식부족 등으로 성폭력에 대한 정의는 물론 가해자에 대한 처벌 및 제재도 제대로 이루어지지 않고 있다. 이러한 상황 속에서 인터넷이 발달하고 익명성이라는 가면이 보장되면서 직접적으로 가하는 성폭력뿐만 아니라 사이버상에서 언어나 문자, 이미지 등을 통한 성폭력이 등장하였다. 사이버폭력의 경우 얼굴과 이름이 보이지 않기 때문에 잡기도 어렵고 그 처벌의 수위는 일반 성폭력 범죄보다 훨씬 낮아 사이버 성폭력 발생이 더욱 심화되고 높아졌다.

우리나라에서 성폭력이 어떻게 얼마만큼 발생하는지 정확히 파악하지 못하고 있다. 왜냐하면 대부분의 피해자들이 피해 사실을 드러내지 않고 있는 실정이며, 여기에 관한 본격적인 연구도 미흡하기 때문이다. 여성부가 사이버 성폭력 예방사업의 일환으로 한국사이버 감시단에 의뢰하여 실시한 가상공간에서의 성폭력 실태조사 결과를 보면 다음과 같다.

조사에 따르면, '채팅사이트에서 음란한 제목의 대화방을 보면 어떤 느낌이 드는가?'라는 물음에 ① 41%가 '호기심이 생긴다'고 답하였고, ② '불쾌하다'는 34%, ③ '직접 참여한다'가 9%로 나타났다. 채팅에서 '타인이 음란한 내용의 쪽지나 대화를 걸어올 경우'는 ① '무시한다'가 59%로 과반수를 차지하였으나, ② '같이 참여한다'도 22%에 달했다. '채팅사이트에서 음란대화방을 본적 있는가?'라는 질문에는 ① '자주 본다'가 36%, ② '가끔 본 적 있다'는 28%로 경험비율이 64%에 달한 것으로 집계됐다. '채팅 목적'은 '이성친구 사귀기'가 44%로 가장 많았다. 또 '사이버 성폭력에 대해 어떻게 생각하는가?'라는 질문에는 ① 42.7%가 '생각해 본 적이 없다'고 답했으며, ② '심각성을 느끼고 있다'는 대답도 26%에 달하였다.

한편 한국여성단체연합 대안사회정책연구소와 한국성폭력상담소가 2001년 1~2월까지 네티즌 8,339명을 대상으로 실시한 사이버 성폭력 실태에 관한 온라인 설문조사의 결과를 살펴보면, 일반 사이트에서 여성의 ① 41.6%가 '사이버 섹스 요구', ② 37.6%가 '성 관련 욕설', ③ 33.9%가 '성적 표현', ④ 21.4%가 '온라인 스토킹', ⑤ 20.8%가 '현실 성관계 요구'의 피해를 입은 것으로 나타났다. 그리고 남성은 ① 31.0%가 '성 관련 욕설' 피해를 입었고, ② 18.1%가 '사이버 섹스 요구', 그리고 ③ 15.6%가 '성적 표현'의 피해를 입은 것으로 나타났다. 이에 따른 사이버 성폭력에 대한 대응책으로 여성의 76.8% 그리고 남성의 58.5%가 대화방에서 나와버리거나 컴퓨터를 꺼버리는 등 소극적인 대응을 한다고 응답하여 남녀 모두 소극적 대응을 가장 많이 하는 것으로 나타났다. 그러나 가까운 친구에게 의논하거나 가해자에게 같은 방식으로 대응하는 등 개인적 대응을 하는 비율은 남성이 22.1%로 여성 13.3%보다 상당히 높게 나타났다. 한편 해당 사이트의 게시판에 피해 내용을 올리거나 신고센터에 신고하는 등 사회적·법률적 대응은 남성이 더 적극적임이 나타났다.

2) 사이버 성폭력의 유형

(1) 사이버 음란물 유통

사이버 음란물은 사이버 공간에 올려진 음란물을 말하며, 인터넷 통신이나 홈페이지 게시판, 대화방, 사설게시판, 전화, 문자서비스, 즉 디지털 기기 등을 이용하여 유통된다. 이러한 유통형태는 판매대상을 특별히 정하지 않고 성인뿐 아니라 청소년에게도 무차별적으로 판매한다. 이들 음란물의 제작 과정에서 개인의 사생활을 침해하는 내용의 음란물 유통도 증가하고 있다.

(2) 사이버 성희롱

사이버 공간상에서 음란한 대화를 요청하거나 채팅 중에 갑자기 음란한 말을 함으로써 상대방으로 하여금 불쾌감과 모욕감을 느끼게 하는 행위를 말하며, 사이버 성폭력 중 가장 발생빈도가 높다. 문자메시지나 채팅, 전자우편을 통해 원하지 않는 음란한 글을 보내거나 음란한 이미지, 동영상을 일방적으로 보내는 것을 말한다.

(3) 사이버 스토킹

사이버 스토킹은 사이버상에서 스토킹하는 것으로서 특정한 사람을 그 의사에 반하여 반복적으로 미행하거나 편지, 전화, 컴퓨터 통신 등을 통해 반복하여 말 또는 사진이나 그림을 전달함으로써 심각한 공포심이나 불안감을 유발하는 행위이다. 특정인의 개인정보를 빼내 온라인상에서 지속적으로 괴롭히는 것도 포함된다. 본래 의미는 성폭력을 의미하지 않으나 많은 경우 성폭력과 연관되어 발생하므로 사실상 성폭력과 구별이 어렵다. 또한, 사이버 스토킹은 현실 세계에서의 위해로 이어질 가능성이 많아 그 대책이 절실하다.

(4) 사이버 명예훼손

인터넷 홈페이지 게시판 등에 특정인의 사생활이나 허위사실을 올려 명예를 훼손하는 행위이며, 직접적인 성폭력이라고는 할 수 없지만 특정인의 신상이 공개되므로 그 피해가 매우 직접적이며 성과 관련된 내용을 게재하여 성적 불쾌감과 수치심을 유발하였다면 사이버 성희롱적 특성도 가지게 된다.

5 청소년 성폭력

청소년 성폭력은 최근에 가장 많이 부각되는 부분으로서 현존 사회의 심각한 사회 문제 중의 하나가 되고 있다. 앞서 보았듯이 성폭력이라 함은 강간, 추행, 성적 희롱, 성기노출 등 모든 신체적·언어적·정신적 폭력을 포괄하는 광범위한 개념이다. 기존의 통계자료에 의하면, 성폭력의 가해자는 주로 10대와 20대가 가장 많고, 성폭력의 피해자도 역시 10대와 20대가 가장 많은 것으로 나타났다(박용순, 2000). 성폭력의 주요 가해자와 피해자가 청소년임을 감안하면 성폭력의 문제를 청소년 문제의 핵심적인 한 부분으로 보는 시각이 필요하다.

폭력이 사회적 모방학습에 의해 더 많이 발생하고 있는 것과 마찬가지로 청소년 성폭력의 원인은 사회 구성원들이 성에 대한 비뚤어진 사회적 인식과 환경적 성문화에 영향을 받은 결과로 볼 수 있다. 특히 성폭력의 발생 요인은 우리의 가부장적 가족 제도 하에서 남성다움과 여성다움을 강조하여 이중적인 성 윤리의식과 여성을 하나의 성적인 대상물로 인식하는 여성차별주의에 기인하고 있다고 해도 과언이 아니다. 대개 사회적으로 성에 관한 것을 은폐하고 금기시해야 한다는 관념이 있지만, 현실적으로 향락적 퇴폐문화의 범람, 대중매체의 상업성과 음란물의 만연, 현대인의 스트레스 증가, 기성세대의 도덕적인 타락, 성교육의 부재, 정부의 미온적인 단속, 사회규범의 붕괴와 아노미 현상 등을 그 원인으로 제시할 수 있다. 학생들의 성 의식은 성장환경과 개인의 경험 등에 따라 다양하다.

2000년에 발표된 연구에 의하면 청소년 10명 중 4~5명이 미팅의 경험이 있고 그중 약 25%가 이성친구를 사귀고 있다고 했으며 이성친구를 사귀고 있지 않은 청소년 중 과반수 이상이 이성친구를 사귀고 싶다고 응답했다고 한다(장휘숙, 2000). 이러한 현상은 발달 단계상 자연스러운 일일 수 있다. 이성친구를 사귀고 싶거나 사귀는 것 자체가 문제가 되지는 않는다. 다만, 잘못된 이성교제일 경우가 문제가 되는 것이다. 최근에는 인터넷 채팅을 통해 이성 간의 감정을 교류하고 이를 통해 이성을 마음대로 고를 수 있고 이에 따른 격식과 절차를 밟을 필요가 없는 것으로 받아들이고 있다(박진규, 2000).

청소년이 나타내는 성 비행형 문제행동을 살펴보면 성매매, 강제적인 성관계, 버스 · 지하철에서의 고의적인 신체 접촉, 사창가 배회 등의 행동을 들 수 있다(박진규, 2010). 뉴스를 통해 초등학생이 학교에서 여학생을 단체로 성폭행하는 사건이 있었으며 가출한 여학생을 감금하여 강제로 성매매를 시키고 그 돈을 가로채어 유흥비로 사용하는 사건도 발생한 바 있다.

학교에서의 성폭력은 크게 아동성폭력, 청소년 성폭력으로 나눌 수 있다. 그러나 장난으로 하는 친구 '바지 내리기', '치마 올리기', '브래지어 잠금단추 풀기', '브래지어 낚아채기' 역시 성폭력에 해당한다는 것을 학생들에게 교육해야 할 것이다. 심한 경우 '성기노출', '유사 성행위 보게 하기', '성행위에 참여하도록 강요하기'도 있으며 실제로 학교 내 · 외에서 성폭력이 발생하기도 한다.

성폭력은 전통사회에서 우리의 생각을 지배해 왔던 성역할의 개념 때문에 발생 가능성이 높아진다. 즉, 남성은 지배적 · 공격적이어야 하고 여성은 수동적 · 순종적이어야 한다고 가르침을 받아왔기 때문이며 어떤 상황에서든지 남성이 성적으로 힘을 행사하는 것을 남성다움의 당연함으로 여겼다.

남성은 자신의 요구에 대한 여성의 거절을 수줍음 때문에 나타내는 표현으로 생각하고 거절하는 것을 긍정적인 대답으로 간주하기도 하며 때로는 유혹으로까지 생각하기도 했다. 이러한 사고는 소년들을 미래의 잠정적인 강간범 또는 소녀를 잠정적인 강간 희생자로 만드는 근거를 제공하는 것이다. 성폭력에 대한 잘못된 믿음은 학생들이 성에 대한 잘못된 정보를 갖고 있는 데에 기인한다. 학생들이 성에 대한 정보를 취할 수 있는 정보원은 인터넷이며 그중에서도 포르노그래피라고 할 수 있다.

청소년은 인터넷을 통해 범람하는 포르노그래피에 그대로 노출되어 있다. 포르노그래피는 남성의 시각에서 남성들이 만들어 낸 거짓으로 실제가 아니다. 그러나 청소년은 자기가 접한 포르노그래피를 사실로 믿고 이를 실행에 옮기려 한다. 자극적인 장면으로 채우려고 시도한 포르노그래피는 허구와 황당 그리고 비정상적 사실로 채워져 있지만 청소년은 알지 못한다. 처음엔 저항하던 여성이 성폭력을 당하는 중에 좋아하는 장면으로 구성된 포르노그래피를 반복적으로 보면서 그것이 사실이라고 믿게 되는 것이다.

대부분의 학생은 초등학교 5~6학년이나 중학교 1학년 정도에 비디오를 통해 포르노를 접하는 경우가 많았다(김귀옥·김순영·배은경, 2006). 급진적 페미니즘의 기저를 다진 페미니스트 법관 캐서린 매키논(Catherine MacKinnon, 1981)은 포르노그래피는 여성에 대한 폭력이며 전혀 에로틱하지 않다고 하였다.

성폭력의 피해실태를 살펴보면, 청소년 성폭력 피해자는 일반 성인들과는 달리 가장 감수성이 예민한 사춘기이므로 피해를 극복하지 못하고 정신질환 증세를 일으키거나 가출, 심지어는 자살까지 하는 사례가 증가하고 있다. 또한, 청소년 성폭력의 가해자들은 주로 청소년이 학교나 가정에서 정규적인 교육 없이 음성적으로 성인용 음란만화, 잡지, 사진, 포르노영화, 전자오락, 음란비디오, 컴퓨터 게임 등을 통해 성에 대한 정확한 사전지식이 없이 왜곡된 내용을 수용하여 성범죄 행위로까지 진전하고 있다. 그러므로 우리 사회의 왜곡된 대중적 성문화로 인한 잘못된 학습과 불확실한 성 지식, 피해자에 대한 그릇된 편견 등으로 인해 생긴 복합적인 문제라는 것을 감안할 때, 이에 대응할 수 있는 다각적인 연구가 시급하다.

6 성폭력과 법률

성폭력은 법률적인 용어로 그동안 강간이라 일컬어 왔다. 강간에 대한 가장 일반적인 고정관념은 인적이 드문 곳에서 낯선 사람이 갑자기 나타나 강제로 성행위를 하는 것이다. 그러나 이는 강간이 발생할 수 있는 한 상황일 뿐 실제로는 다양한 형태의 강간이 발생하고 있다. 우리나라에서는 강간이라는 단어를 너무 자극적으로 받아들이고 있어서 완곡한 표현을 사용하고 있는데 청소년성범죄 또는 가정파괴범이라는 용어가 그것이다.

강간의 법적 정의에는 성교 발생 및 동의 없는 강제성이 내포되어 있으나 법적으로 강간을 성립시키기 쉽지 않았다. 기본 이유는 강제성을 입증하기가 어려웠기 때문이다. 사람들은 피해자가 강하게 반항을 했다면 성교가 어려울 것이라 생각하였으며 공격자가 강간을 시도했던 여러 상황에서 실제로 성교가 성립되지 못했던 경우도 있다. 강간을 시도했지만 강간이 성공하지 못한 경우를 강간 미수라고 한다. 강간 미수는 여성이 목숨을 걸고 성공적으로 저항했다든지, 공격자가 남근의 발기상태를 유지하지 못했거나 또는 공격자가 성교를 시도하기 전에 피해자가 도망을 갈 수 있었을 경우이다. 이런 경우 역시 강간이 성립된 것과 마찬가지로 희생자에게 정신적인 상처를 주므로 심리학적으로는 강간에 포함되지만 법적으로는 성교가 성립되지 않아서 강간 미수에 해당된다. 강간사건은 성폭력이 신체적 위협을 느끼며 정신적 두려움에 휩싸여 발생하는 경우가 대부분이므로 실제 성교가 발생했는지의 여부만을 가지고 강간죄를 인정한다는 것은 매우 불합리한 판단이라 생각된다.

형법에도 성폭력에 관한 처벌기준이 존재하지만 정부는 성폭력범죄의 처벌 및 그 절차에 관한 특례를 규정함으로써 성폭력범죄피해자의 생명과 신체의 안전을 보장하고 건강한 사회질서 확립에 이바지하기 위하여 「성폭력처벌법」을 2010년 4월에 제정하였다. 「성폭력처벌법」은 형법에서 관장하는 성폭력 처벌에 관한 세부 내용을 주관하는 것으로서 피해자가 미성년자이거나 장애인, 친족 간의 강간일 경우 「성폭력처벌법」을 통해 사건을 처분하게 된다. 다음과 같은 경우 「성폭력처벌법」에서 처벌한다.

〈「성폭력특례법」에 의해 처벌되는 범죄〉

- 13세 미만의 미성년자에 대한 강간, 강제추행 등
- 특수강도강간
- 특수강간
- 친족관계에 의한 강간
- 장애인에 대한 강간, 강제추행 등
- 강간 등 상해 치상
- 업무상 위력 등에 위한 추행
- 공중 밀집 장소에서의 추행
- 성적 목적을 위한 공공장소 침입행위
- 통신 매체를 이용한 음란행위
- 카메라 등을 이용한 촬영
- 미수범

이상의 죄를 저지른 자에 한하여 「성폭력처벌법」에 의해 처벌되며 벌금형 이상의 처분을 받게 될 경우, 신상정보등록처분이 내려지게 된다.

성범죄자들의 신상정보를 등록하는 성범죄자 신상정보등록 제도는 성범죄자 취업제한 제도로서 아동 및 청소년 대상 또는 성인 대상 성범죄로 형 또는 치료감호를 선고받아 확정된 자는 형집행을 종료하거나 집행이 유예, 변제된 날로부터 10년간 아동 및 청소년 관련기관 등을 운영하거나 취업을 할 수 없도록 하는 제도이다. 취업제한 대상 기관은 다음과 같다.

- 학교, 유치원, 학원, 교습소, 개인과외 교습자
- 어린이집, 아동복지시설, 체육시설
- 청소년보호·재활센터, 청소년활동시설, 공동주택관리사무소(경비업무종사자만 해당)
- 의료기관(의료인), 가정방문학습지 교사
- 경비업법인(경비업무종사자), 인터넷컴퓨터게임시설 제공업소(일반 PC방), 복합유통게임 제공업소(멀티방), 청소년게임 제공업소(일반오락실), 청소년실을 갖춘 노래방업소, 청소년활동기획업소, 대중문화예술기획업소

아동과 청소년을 대상으로 한 성범죄가 많아지면서 아동 및 청소년 대상 성범죄 처벌과 절차에 대한 특례를 규정하고 피해 아동과 청소년을 위한 구제 및 지원절차를 마련하며 아동·청소년 대상 성범죄자를 체계적으로 관리함으로써 아동 및 청소년을 성범죄로부터 보호하고자 「아동·청소년의 성보호에 관한 법률」(이하 「청소년성보호법」이라 칭함)이 제정되었다.

〈「청소년성보호법」에 의한 성폭력 범죄에 해당되는 행위〉

- 아동 및 청소년에 대한 강간 및 강제추행
- 특수강도·강간, 특수 강간, 친족관계에 의한 강간
- 아동·청소년 중 장애인에 대한 강간 및 강제추행
- 아동·청소년 중 13세 미만의 미성년자에 대한 강간 및 강제추행
- 강간 등 상해·치상, 강간 등 살인·치사
- 공중 밀집 장소에서의 추행, 통신매체를 이용한 음란행위
- 카메라 등을 이용한 촬영
- 아동에게 음행을 시키거나 음행을 매개하는 행위
- 아동의 신체에 손상을 주는 학대행위
- 아동에게 성적 수치심을 주는 성희롱, 성폭력 등의 학대행위

'공중 밀집 장소에서의 추행 및 통신매체를 이용한 음란행위'를 제외한 나머지 행위의 그 미수까지를 포함함

아동의 성폭력 범죄 처벌 규정을 간단히 살펴보면 다음과 같다.

〈표 7-1〉 아동 및 청소년 성폭력 관련 법조항

관련법	범죄행위	처벌규정
「형법」 제302조	미성년자 등에 대한 간음	20세 미만 미성년자나 장애 등으로 인한 심신미약자를 속이거나 위협해서 성관계를 가질 경우 5년 이하의 징역형
「형법」 제305조	미성년자에 대한 간음·추행	13세 미만의 어린이와 성적인 접촉을 할 경우 어린이의 동의 여부와 관계없이 무조건 강간이나 강제추행으로 처벌
「성폭력처벌법」 제5조	친족관계에 의한 강간 등	① 강간의 죄를 범한 경우에는 7년 이상의 유기징역 ② 강제추행의 죄를 범한 경우에는 5년 이상의 유기징역 ③ 준강간, 준강제추행의 죄를 범한 경우에는 제1항 또는 제2항의 예에 따라 처벌
「성폭력처벌법」 제7조	13세 미만의 미성년자에 대한 강간, 강제추행 등	① 강간의 죄를 범한 사람은 10년 이상의 유기징역 ② 폭행이나 협박으로 다음 각호의 어느 하나에 해당하는 행위를 한 사람은 7년 이상의 유기징역 1. 구강, 항문 등 신체(성기는 제외한다)의 내부에 성기를 넣는 행위 2. 성기, 항문에 손가락 등 신체(성기는 제외한다)의 일부나 도구를 넣는 행위 ③ 강제추행의 죄를 범한 사람은 5년 이상의 유기징역 또는 3천만 원 이상 5천만 원 이하의 벌금 ④ 준강간, 준강제추행의 죄를 범한 사람은 제1항부터 제3항까지의 예에 따라 처벌 ⑤ 위계(爲計: 거짓으로 계책을 꾸밈 또는 그 계책) 또는 위력(威力: 상대를 압도할 만큼 강력함 또는 그런 힘)으로써 13세 미만의 여자를 간음하거나 13세 미만의 사람에 대하여 추행한 사람은 제1항부터 제3항까지의 예에 따라 처벌
「청소년성보호법」 제15조	아동·청소년의 성을 사는 행위	5년 이하의 징역 혹은 3,000만 원 이하의 벌금형
「청소년보호법」 제30조 및 제55~57조	청소년 유해행위의 금지 및 처벌	영리를 목적으로 청소년으로 하여금 성적 접대행위, 음란행위 혹은 유흥접객행위를 하게 하거나, 이성혼숙을 조장하거나 그 장소를 제공한 자는 10년 이하의 징역형

7 성폭력 예방교육 및 대처

1) 성폭력 예방교육

현행 교육기본법 제17조의 4는 학생들의 건전한 성 의식 함양을 위하여 국가와 지방자치단체가 학생들이 성에 대한 선량한 정서를 함양할 수 있도록 필요한 시책을 수립하여야 한다고 규정하고 있다. 이 시책은 학생 개인의 존엄과 인격이 존중될 수 있도록 교육적 방안과 남녀 학생들의 성 특성을 고려한 교육과 시설을 마련하는 방안이 포함되어야 한다고 정하고 있다. 또한,「성폭력방지 및 피해자보호 등에 관한 법률」제5조에서도 영유아보육시설 및 각급 학교에서 성폭력 예방교육을 실시하여야 함을 규정하고 있다.

교육과학기술부는 2008년 성폭력 예방 및 성교육 강화 지침인 '초·중·고 학생 관련 성폭력 근절을 위한 성폭력 예방 및 성교육 강화대책'을 수립하여 학년별 성폭력 예방교육 교육 시수를 10시간 이상씩 확보하여 운영하도록 하였다. 성폭력 예방교육의 구성도 중요한데 일반적으로 성폭력 예방교육은 성교육의 일부로 진행되고 있으며 성 지식, 양성평등교육 등과 함께 성폭력 및 성매매 예방교육, 아동 성 학대 예방교육 등이 포함되기도 한다. 성교육은 전문성이 요구되는 분야이므로 성교육 전문가를 초빙하여 자체 연수를 실시하는 것이 권장되며 연 1회 이상 학생, 교직원, 보호자를 대상으로 성교육 및 성폭력 예방교육을 실시함으로써 성교육 마인드를 제고하는 것이 바람직하다.

2) 성폭력의 발생과 대처

(1) 성폭력 발생 징후

성폭력을 당하고 나면 신체적·행동적 징후가 나타나게 된다. 성폭력은 신체적 폭행이 선행되기도 하므로 폭행으로 인한 상처와 고통이 수반되기도 하며 앉거나 걸어 다니는 것에 어려움을 보이기도 하고, 성병에 감염되거나 원치 않는 임신이 되는 등 신체적 징후가 나타난다. 행동적 징후로는 수면장애나 퇴행행동을 보이기도 하고, 자기 파괴적 행동을 나타내기도 하며 혼자 있기를 극도록 싫어하고 우울증을 앓거나 사회와 단절되기도 한다. 정신적으로도 깊은 상처를 입어 정상적인 인간관계, 특히 이성관계가 어려워지기도 한다.

〈표 7-2〉 **성폭력 발생 징후**

신체적 징후	행동적 징후
• 앉거나 걸어 다니기 힘들어함 • 성병 감염 • 임신 • 처녀막 손상, 질에 상처가 생김 • 항문 주변에 멍이나 찰과상이 생김 • 항문 내장이 짧아지고 뒤집힘 • 항문이 좁아지거나 괄약근이 손상됨	• 수면장애나 퇴행행동을 보임 • 자기 파괴적이거나 위험한 행동을 함 • 충동성, 산만함, 주의집중 장애 • 혼자 있기 싫어함 • 특정한 사람이나 성에 대한 두려움을 보임 • 방화를 저지르거나 동물에게 잔혹한 행동을 함 • 섭식장애가 있거나 비행, 가출, 범죄행위에 가담함 • 우울증을 앓거나 사회와 단절됨

(2) 성폭력 발생 시 학교 내 대응 절차

① 성폭력 발생 시 대처

아동성폭력 발생 시 학교와 교사의 역할은 매우 중요하다. 학교와 교사가 얼마나 신속하고 적절하게 대응했는지 여부에 따라 피해 아동의 회복, 피해확산 방지, 가해자에 대한 조치 정도가 달라진다. 특히 교장 등 학교 관리자는 평소 아동성폭력 예방 및 대응의 중요성과 바람직한 방안 등에 대한 교사연수를 정기적으로 실시해야 한다. 사건 발생 시 학교나 교사의 명예와 이익보다는 피해 아동의 입장에서 피해 아동의 보호자 혹은 지원자 역할을 해야 한다.

성폭력 사건 발생 시 학교 자체적으로 해결하려 하지 말고 피해 사실을 알거나 의심하게 된 즉시, 전문기관에 문의, 상담 혹은 신고하도록 한다. 자칫 숨기고 무마하는 것이 오히려 더 큰 문제를 야기할 수 있음을 잊지 않도록 한다.

성폭력 피해는 한 개인의 성적 자기결정권이 침해당하는 일이기 때문에 정신적 후유증이 심각하다. 따라서 성폭력 사건이 발생했을 때 학교에서는 최대한 신속하게 수사기관에 신고하거나 성폭력 전문 상담기관과 연계하여 사건을 해결하고자 하는 노력이 필요하다. 이때 교사는 피해 학생에 대해 세심한 주의를 기울이면서 개입하여야 할 것이다.

학교장이나 교사가 청소년 대상 성범죄의 발생 사실을 알게 된 때에는 아동·청소년 대상 성범죄 신고를 규정하고 있는 아동·청소년 대상 성폭력 사건의 발생 사실을 알면서도 신고하지 않거나 거짓으로 신고하게 되면, 「청소년성보호법」 제67조에 의하여 300만 원 이하의 과태료가 부과된다. 신고의무자(제34조 제2항)는 구체적으로 말하면 ① 유치원, 어린이집 등 각종 영유아 보육시설 종사자, ② 초·중·고등학교·특수학교 등의 교직원, ③ 의사 및 의료인, ④ 아동복지시설 종사자, ⑤ 장애인복지시설 종사자 및 장애아동 관련 업무를 담당하는 직원, ⑥ 아동복지 지도원 및 사회복지 전담 공무원, ⑦ 학원(교습소 포함) 강사, 원장을 포함한 종사자, ⑧ 성매매 피해 상담소 종사자, ⑨ 한부모 가족복지 상담소와 한부모 가족복지시설 종사자, ⑩ 가정폭력 관련 상담소와 가정 폭력 피해자 보호시설 종사자, ⑪ 성폭력 피해 상담소 등 성폭력 피해자 보호시설 종사자, ⑫ 각종 청소년지원 기관(청소년 활동시설, 청소년 쉼터, 청소년보호·재활센터 등) 종사자, ⑬ 소방 및 구급대원 등이다.

이들은 「청소년성보호법」 제18조(신고의무자의 성범죄에 대한 가중처벌) "제34조 제2항 각호의 기관·시설 또는 단체의 장과 그 종사자가 자기의 보호·감독 또는 진료를 받는 아동·청소년을 대상으로 성범죄를 범한 경우에는 그 죄에 정한 형의 2분의 1까지 가중처벌 한다."는 규정에도 저촉되는 사람으로서 이러한 법률 규정을 볼 때, 이들이 아동 및 청소년의 성보호에 앞장서야 하는 사람으로 설정되어 있음을 알 수 있다.

신고할 때 주의할 사항은 신고하기 전에 피해 학생에게 신고의 의미와 중요성을 이해시켜 충분히 마음의 준비가 가능하도록 한 후에 신고를 해야 한다는 것이다. 만약 피해 학생이 준비가 되지 않은 상태에서 신고하게 되면 해당 학생이 가출하거나 교사에 대한 불신을 드러낼 수 있기 때문이다. 그리고 반드시 피해 학생의 보호자에게도 성폭력 사건의 발생을 알려야 한다. 피해 학생이 이를 극구 반대한다면 학생을 설득하여야 하며 학생에게 이를 충분히 설명하고 피해 학생이 마음의 준비가 된 후에 부모에게 알리도록 한다. 이를 단계적으로 살펴보면 다음과 같다.

1단계: 피해 학생 보호조치

- 담임교사는 보건교사와 함께 피해 학생에 대한 응급조치를 실시한다.
- 상황이 심각하거나 처리가 용이하지 않은 경우에는 신속하게 인근 병원 등으로 이송하여야 한다. 성폭력 발생 시 조치 등을 숙지하지 못한 경우에 어설픈 조치를 하기보다는 전문가의 도움을 받아 관련기관으로 이송하여야 한다.

2단계: 교사의 신고 의무

- 성폭력 사건이 발생하였다는 것을 교사가 알게 되었다면 이러한 사실을 경찰서 등의 수사기관에 신고하여야 한다. 이는 법적으로 강제된 의미이다. 위반 시, 해당 교사에게 법적 책임을 묻게 될 수 있으므로 주의한다(「청소년성보호법」 제34조 제2항).

3단계: 학생 및 학부모와의 상담

- 경찰 등에서의 수사와는 별도로 교사는 학생 및 학부모와 상담을 통해 사안을 파악하여야 한다. 상담 내용은 수사기관에 전달하여 보다 빠른 시간 내에 사안이 해결될 수 있도록 지원하여야 한다.
- 상담을 통해 당황하고, 두려운 마음을 진정할 수 있도록 하고 앞으로 문제를 어떻게 해결해 나갈 것인지에 대해 진지하게 이야기할 수 있도록 한다.
- 학교에서 피해 학생이나 학부모에게 해 줄 수 있는 방안이 무엇이 있는지 설명해 주어야 하며, 학교가 어떠한 조치를 해 주기를 원하는지 등을 문의

한다. 이러한 협의를 통해 피해 학생의 심신을 위한 조치들을 학교와 학부모가 공동으로 추진할 수 있다.

4단계: 학생 신상 등에 대한 비밀 엄수

- 성폭력 사안의 경우 피해 학생의 신상 등이 무분별하게 공개되어 2차 피해를 입는 경우가 많이 있다. 교사의 경우, 사안을 알게 된 순간부터 사안과 관련된 내용이 누설되지 않도록 각별한 주의를 하여야 한다. 담임교사는 보건교사, 학교장 등 소수의 교사와 사안을 의논하는 것이 바람직하고 이를 다른 교사에게 이야기하는 것은 주의하여야 한다.

5단계: 외부기관과의 협조

- 성폭력 사안에 대해 주변에서 도움을 받을 수 있는 국방부 직할부대 및 기관들이 있다. ONE-STOP 지원센터 등의 역할과 신청 절차 등을 사전에 숙지하여 사안이 발생한 경우 신속하게 처리할 수 있도록 하여야 한다. 성폭력 사안에 있어서 해결의 열쇠는 신속하고 정확한 대응이므로 관련기관의 협조를 적극적으로 활용한다.

② 성폭력 피해 학생 응급조치 시 유의사항

성폭력 사건의 발생 후, 피해 학생의 신체에 남은 흔적들이 모두 증거가 될 수 있기 때문에 몸을 씻지 않은 상태로 가능한 한 빨리 성폭력 여부를 진단해 줄 수 있는 의료기관으로 학생을 데리고 간다. 병원에 가게 되면, 정액 채취, 성병 검사, 임신 여부 검사, B형 간염 검사, 파상풍 예방접종, 질 파열 검사 등을 받게 된다. 정액 채취는 사건 발생 48시간 이내에 해야 하므로 신속하게 진단을 할 수 있도록 해야 한다. 피해자는 끔찍한 사건의 피해를 지우고자 몸을 씻어버릴 수가 있으므로 씻지 않고 가야 증거를 보존할 수 있다는 사실을 인지시켜야 하며, 옷을 갈아입지 않도록 한다. 또한, 병원과 경찰수사 과정에서 앞으로 일어날 일들에 대하여 설명함으로써 수치심을 갖지 않도록 해야 한다.

이러한 과정에 대하여 성폭력 예방교육을 통해 인지할 수 있도록 해야 한다. 몸에 외상이 발견되는 대로 촬영을 통해 증거를 보존해야 하며 나중에 나타나는 외상도 주의 깊게 살피고 나타나는 경과에 따라서도 촬영을 통해 증거를 보존해야 한다.

③ 성폭력 전문상담기관과의 연계

신속하게 전문상담기관과 연계하여 전문적인 상담 및 조치를 받도록 하는 것도 중요하다. 성폭력 상담기관은 '여성긴급 상담전화, 117, ONE-STOP 지원센터, 해바라기 아동센터, 한국 여성상담센터' 등이 있다.

④ 피해 학생 상담 시 유의사항

피해 학생은 상당한 정신적 충격을 받은 상태이기 쉬우므로 상담 시 유의해야 할 사항은 상담 시작 전, 반드시 상담 내용에 대한 비밀이 보장된다는 점을 인지시키고 피해 학생이 안정감을 찾을 수 있도록 환경을 최적화하도록 노력해야 한다. 피해자로 하여금 피해자의 잘못으로 성폭력이 발생한 것이 아니라는 사실을 인식시키고 학생의 고통을 이해하고 지지해 주도록 해야 한다. 피해 학생은 상담이나 사건조사 과정 중 떠올리기 싫은 상황에 대하여 다시 이야기해야 하는 어려움을 겪고 있다는 것을 상담자가 인지하고 있어야 한다. 상담자가 보호자 모두 충분한 시간적 여유를 가지고 피해자가 안정을 찾을 수 있도록 해 주어야 한다. 피해 학생의 경우, 성에 대한 왜곡된 인식이 생기거나 자신에 대한 비하가 이어질 수 있으므로 적절한 교육과 정보를 제공하고, 여성긴급전화 및 긴급지원센터 등과 연계하여 개입 과정이나 주의사항, 긴급보호 등에 관한 정보를 얻는다. 피해 학생의 안전을 위해서 노력해야 하며, 추가적인 위험이 있다고 판단되는 경우에는 가해 학생과 즉시 분리하여 보호조치를 취하도록 한다.

〈「청소년성보호법」 제34조 제2항 〉

다음 각호의 어느 하나에 해당하는 기관·시설 또는 단체의 장과 그 종사자는 직무상 아동·청소년 대상 성범죄의 발생 사실을 알게 된 때에는 즉시 수사기관에 신고하여야 한다. 〈개정 2014. 1. 21〉

1. 「유아교육법」 제2조 제2호의 유치원
2. 「초 · 중등교육법」 제2조의 학교
3. 「의료법」 제3조의 의료기관
4. 「아동복지법」 제3조 제10호의 아동복지시설
5. 「장애인복지법」 제58조의 장애인복지시설
6. 「영유아보육법」 제2조 제3호의 어린이집
7. 「학원의 설립 · 운영 및 과외교습에 관한 법률」 제2조 제1호의 학원 및 같은 조 제2호의 교습소
8. 「성매매방지 및 피해자보호 등에 관한 법률」 제5조의 성매매 피해자 등을 위한 지원시설 및 같은 법 제10조의 성매매피해상담소
9. 「한부모가족지원법」 제19조에 따른 한부모가족복지시설
10. 「가정폭력방지 및 피해자보호 등에 관한 법률」 제5조의 가정폭력 관련 상담소 및 같은 법 제7조의 가정폭력 피해자 보호시설
11. 「성폭력방지 및 피해자보호 등에 관한 법률」 제10조의 성폭력피해상담소 및 같은 법 제12조의 성폭력 피해자 보호시설
12. 「청소년활동 진흥법」 제2조 제2호의 청소년활동시설
13. 「청소년복지 지원법」 제29조 제1항에 따른 청소년상담복지센터 및 같은 법 제31조 제1호에 따른 청소년쉼터
14. 「청소년보호법」 제35조의 청소년보호 · 재활센터

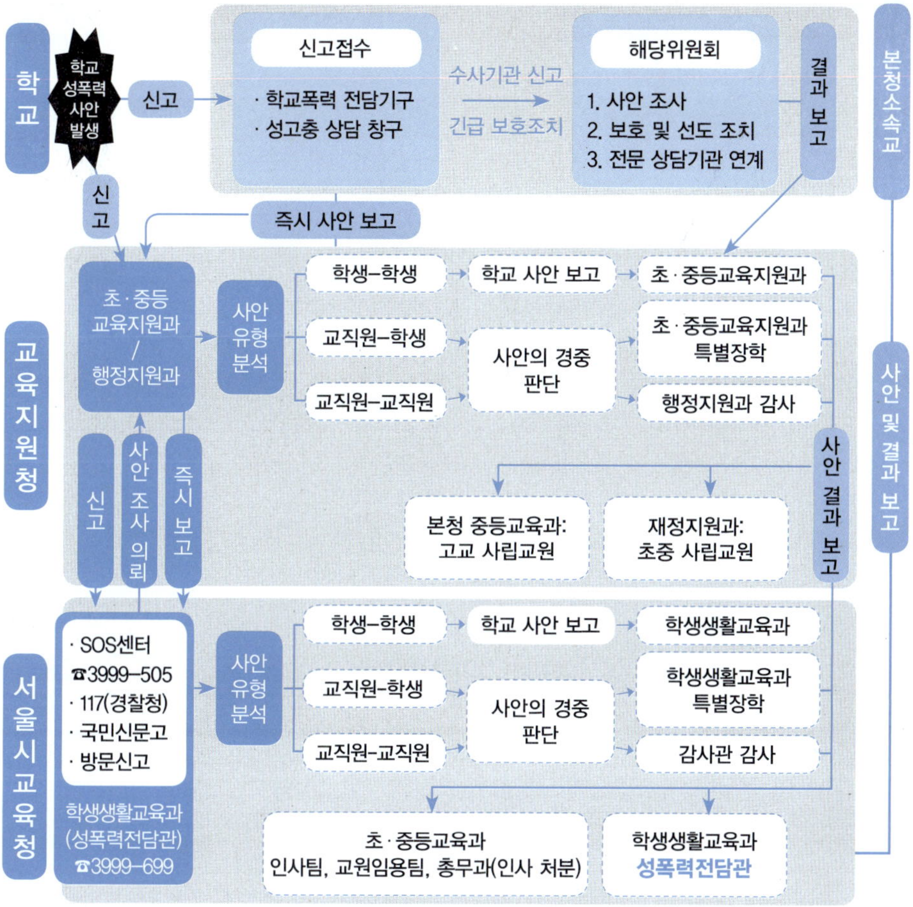

[그림 7-1] 학교성폭력 사안 처리 매뉴얼

- 성폭력의 범위: 「청소년성보호법」에 의한 성범죄(강제추행 등), 성매매, 성희롱(「국가인권위원회법」) 등을 포함
- 업무관할
  - 교육지원청 - 초·중학교, 일반고등학교(장학) 성폭력 사안 담당
  - 본청 학생생활교육과 - 본청소속학교 성폭력 사안 담당, 교육지원청 사안 중 본청 담당 부서와 지원이 필요한 사안
- 중대사안: 형법상 중범죄, 장기적·반복적 행위, 가피해자수 다수, 사회적 물의를 일으킬 가능성이 있는 사안인 경우 교직원의 징계처분이 예상되는 경우, 특별장학 결과 중대사안으로 판된되는 경우 등
- 학생이 피해자인 경우: 본청 민주시민교육과 학생인권교육센터에 학생인권 침해여부 조사 참여

출처: 서울특별시교육청(2016). 대상별 학교 성폭력 사안 처리 매뉴얼. pp, 10-11.

PART 03

학교폭력 예방과 개입 프로그램

08 CHAPTER 학교폭력의 예방 프로그램

학교폭력 예방에 대한 관심과 지원은 2004년「학교폭력 예방법」및 동시행령이 제정된 이후, 2005년「학교폭력 예방 및 대책 5개년 기본계획」수립, 2012년「학교폭력근절종합대책」발표에 이르기까지 지속적으로 이루어지고 있다. 그러나 학교 내·외부 요인에 의해 학생의 안전을 위협하는 사건이 지속적으로 발생하고 있으며, 학교폭력 양상은 점점 저연령화, 집단화, 조직화되고 학교폭력으로 인한 자살 문제 등 심각한 사회적 문제로 대두되고 있다.

학교폭력의 원인은 다양하지만, 학생의 인성 및 사회성 함양을 위한 교육적 실천이 미흡한 점이 주요한 원인이다. 높은 학업성취 수준에 비해 학생들이 타인과 관계를 원만히 맺고 협력하는 사회적 상호작용 능력이 부족하며, 학업 스트레스를 해소할 수 있는 정서교육 참여 기회가 부족한 실정이다. 따라서 학교구성원의 공감과 소통능력을 향상시키기 위한 학교폭력 예방교육 강화가 필요하다.

이에 교육부는 2012년 1학기에 학교구성원의 공감 및 소통능력 향상을 위한 '어울림 학교폭력 예방 프로그램'을 15개교를 대상으로 시범 운영하였으며, 2학기에는 43개교로 확대 운영하였다. 이를 통해 학교폭력 예방을 위한 공감 및 소통의 학교문화 조성 및 국가 수준의 표준프로그램 개발의 필요성을 확인하였다.

학교폭력과 관련된 프로그램을 통해 사전에 미리 폭력 발생을 예방하는 것이 무엇보다도 중요하지만 학교폭력이 발생한 후의 대처 또한 사전 예방 못지않게 중요하다. 따라서 학교폭력을 예방하고 대처할 수 있는 효과적인 프로그램 개발과 운영이 요구된다. 학교폭력 문제는 학생 개인의 문제가 아니라 가정, 학교, 사회가 공동으로 책임지고 해결해야 할 문제이므로 학교폭력과 관련된 프로그램도 다차원적으로 접근해야 한다. 또한, 학교폭력 프로그램은 예방 차원, 발생 후 대처 차원, 가해 학생용, 피해 학생용, 방관 학생용, 교사용, 학부모용 등과 같이 그 대상 및 초점을 어디에 두느냐에 따라 다양한 프로그램들의 개발이 요구된다 할 수 있다.

학교폭력 관련 프로그램들을 살펴보면, 국가적 차원에서 학교폭력 예방을 위해 대대적으로 운영되는 프로그램이 있는가 하면 가해 학생, 피해 학생, 방관 학생 등을 대상으로 운영되는 소규모 집단 상담, 심리치료 등이 있다. 학교폭력 프로그램들의 내용을 보면 정서교육(정서조절, 공감능력 증진 등), 분노조절, 우울증 중재, 자기표현 훈련, 인간관계 훈련, 자존감 향상, 위기상황대처, 문제 해결능력 향상, 비폭력 대화훈련 등이 있다.

이 장에서는 학교폭력 예방과 대책을 위해 우리나라에서 어떤 프로그램들이 마련되어 운영되고 있는지 소개하고, 노르웨이, 핀란드 등 국외에서는 어떤 학교폭력 예방 프로그램들이 학교현장에 적용되고 어떤 성과를 거두고 있는지 살펴볼 것이다.

1 국내 학교폭력 예방 프로그램

최근 우리나라에서도 학교폭력으로 인한 피해사례가 증가하는 등 학교폭력이 심각한 사회적 문제로 대두되기 시작하여 공론화되면서 학교폭력 예방을 위한 방안이 모색되고 있다. 이에 2004년에 「학교폭력 예방법」이 제정되면서 학교폭력을 예방하기 위한 지원정책에 대한 활발한 논의가 시작되었고, 2012년에는 「학교폭력근절종합대책」이 마련되면서 '학교폭력근절 7대 실천정책'을 통해 가정·학교·사회의 책임 있는 실천방안이 모색되었다. 7대 정책은 학교장과 교사의 역할과 책임을 강화하고, 학생들의 예방교육을 확대하며, 학부모 교육을 확대하는 등 학교폭력 예방 활동을 강화하는 내용을 담고 있다. 2013년의 「현장중심학교폭력대책」에서는 학교 현장의 다양한 자율적 예방활동의 지원을 강화하고, 가해 학생과 피해 학생의 선도를 강화하며, 지역별, 유형별, 학교급별로 맞춤형 대응책을 강화하는 등 체계적이고 현장 중심적인 학교폭력 지원체제를 마련하고 있다. 이처럼 학교폭력에 대한 대책은 점차 미시적 접근으로 변화하고 있으며 맞춤형 대응책이 마련되고 있을 뿐 아니라 대책이 체계적으로 정착되기 위해 다양한 노력이 이루어지고 있다.

학교폭력은 개인이나 몇몇 학교와 학부모의 단기적 노력으로 극복되기 어려운 사회적 문제이기 때문에 이를 효과적으로 예방하기 위해서는 정부차원에서 체계적 지원을 통해 단계적으로 접근할 필요가 있다. 국내에서는 2012년 7월 교육부 산하 '학교폭력예방연구·지원특임센터'에서 공감능력 향상을 기반으로 하는 국가 차원의 학교기반 학교폭력 예방 프로그램인 '어울림 프로그램'을 개발하여 단위학교에 운영·지원하고 있다. 또한, 2013년부터 각급 학교에서 운영하고 있는 학교폭력 예방을 위한 프로그램 중에서 우수한 사례를 선정하여 학교폭력 예방 연구지원센터(https://stopbullying.kedi.re.kr)에 게재하고 있다. 국내 학교폭력 예방 프로그램은 〈표 9-1〉과 같다.

〈표 8-1〉 국내 학교폭력 예방 프로그램

프로그램명	목적	특징 및 내용	대상	회기	개발기관 (개발연도)
학교폭력 예방 프로그램	· 사회적 기술 · 문제 해결력 · 학교폭력 예방 역량	· 동영상 활용 및 주제 관련 토론활동 · 학교폭력에 대한 이해 · 공감능력, 타인배려, 갈등해결력 증진	초등학생 중학생	4	한국교육개발원 (2007)
시우보우	· 인권교육 · 학교폭력 이해	· 동영상 활용 · 학교폭력에 대한 내용 및 학교폭력 유형에 대한 이해	초등학생 중학생 고등학생	10	서울대학교 발달연구실 (2005)
우리들의 행복한 교실	· 집단 따돌림 예방	· 학교폭력에 대한 이해 · 긍정적인 학급문화 형성	중학생	4	교육과학기술부 (2012)
무지개 프로그램	· 피해 학생의 심리적 치유 및 재활	· 자신의 긍정적 잠재성 발견 · 대인관계 기술 · 학교폭력 대처 능력	초등학생 중학생 고등학생	5	청소년폭력 예방재단 (2004)
자! 이제 시작이야	· 피해 학생의 심리적 치유	· 학교폭력에 대한 이해 · 학교폭력 예방을 위한 긍정적 역량 개발	중등학생	7	한국교육개발원 (2008)
초등학생용 학교폭력 가해 학생 교육·상담 프로그램	· 가해 학생의 심리적 치유	· 학교폭력에 대한 이해 · 학교폭력 예방을 위한 긍정적 역량 개발 - 피해 학생에 대한 공감, 욕구 이해 및 분노조절, 경청 및 대화기술 등	초등학생	9	한국교육개발원 (2008)
초등학생용 학교폭력 피해 학생 교육·상담 프로그램	· 피해 학생의 심리적 치유	· 학교폭력에 대한 이해 · 심리적 치유 및 학교폭력 대응 역량 개발 - 긍정적 자아형성, 부정적 정서 해소, 의사소통기술, 주장훈련	초등학생	9	한국교육개발원 (2008)
행복나무	· 방관자의 학교폭력 개입 능력 향상	· 학교폭력의 방관자가 또래 중재자 역할을 하도록 학교폭력 중재능력 향상 · 학교폭력에 대한 이해 및 빈번히 발생하는 중요 사안에 대한 역할극을 통해 개입 능력 향상	초등학생	10	법무부 (2012)

출처: 한국교육개발원(2014).

1) 우리들의 행복한 교실

(1) 배경 및 목적

'우리들의 행복한 교실 프로그램'은 교사의 프로그램 운영을 통해 학급문화를 개선하여 학교폭력 예방의 목적을 달성할 수 있도록 개발되었다. 또한, 학생들이 서로를 배려하고 존중하는 태도를 길러 약자를 보호하는 등 친사회적 태도와 행동을 양성하기 위한 인성교육의 목적을 담고 있다. 이 프로그램은 담임교사가 프로그램을 직접 운영함으로써 교사와 학생이 긍정적 관계를 형성하여 서로 간의 이해를 높여 학교폭력 문제의 발생 시 학생이 교사에게 쉽게 도움을 요청하여 문제를 해결할 수 있는 학급문화의 형성을 목표로 하고 있다.

(2) 대상

중학생을 대상으로 개발되었다.

(3) 프로그램 구성 및 내용

프로그램의 구성요소는 집단 따돌림에 대한 인식을 높이고, 가해자, 피해자, 방관자의 관점을 이해하며, 피해자에 대한 공감 능력을 향상시키기 위한 내용을 담고 있다. 또한, 학급에서 발생하는 갈등의 문제를 해결하고, 친구를 이해하고 존중하는 태도를 향상하기 위한 내용을 포함하고 있으며, 학교폭력 상황에서 행동할 수 있는 지침을 제공하고, 학교폭력을 예방하는 학급문화 형성을 위한 학급규칙 제정 및 실천방안 등을 포함하고 있다.

프로그램의 구성이 각 학급단위, 소그룹별 활동에 적합하도록 계획되었고, 프로그램에 사용된 예시가 다양하여 학생들에게 풍부한 학교폭력 상황을 경험하도록 설계되었다. 예를 들면, 나와 다른 타인에 대한 이해의 경우 다양한 예시(장애인, 다문화가족의 아이의 사례)를 포함하고 있어 차시에서 목적하는 타인에 대한 공감 및 배려에 대해 다양한 상황을 통해 연습할 수 있도록 구성되었다.

'우리들의 행복한 교실 프로그램' 구성 및 내용은 다음 〈표 9-2〉와 같다.

〈표 8-2〉 '우리들의 행복한 교실 프로그램' 구성 및 내용

구성	목표	내용
행복한 교실로의 첫걸음	· 학생들의 학교폭력 예방의 중요성 인식	· 교실에서 일어나는 학교폭력에 대한 따돌림 평가, 집단 따돌림, 배려, 상대방 이해, 선언 등 다양한 내용을 포함함
얼마나 알고 있을까?	· 학교폭력 개념 이해	· 퍼즐을 통한 학교폭력에 대한 개념 이해 · 사례를 통해 결과 예상 활동하기, 학교폭력의 심각성 인식하기
우리 반 홈페이지에 생긴일	· 뇌구조 채우기 및 댓글달기를 통해 반 친구들의 마음을 이해함	· 뇌구조 그림 채우기와 댓글 달아주기와 토론 및 발표로 구성
그랬구나, 이제야 알겠다	· 자신의 생각을 효과적으로 전달하고 타인에 대한 공감능력 향상	· '나 전달법' 및 역할극을 통해 집단 따돌림 피해 학생의 마음을 이해함 · 사례를 통한 마음 이해, 나 전달법 연습 · 역할극 시나리오
절친노트	· 타인을 인정하고 존중하는 마음을 향상	· 나와 다른 타인에 대한 이해와 공감능력을 향상시키기 위해 '다름'을 인정하고 존중함 · 친구 소개하기, 친구에 대한 편견 알기
모르는 척	· 방관자 역할 인식 및 긍정적 행동능력 향상	· 방관자가 학교폭력 상황에서 어떤 역할을 하는지를 이해하고 만화를 통해 긍정적인 행동을 이해함
다 같이 친한 우리반	· 집단 따돌림의 결과 인식, 학급회의를 통해서	· 학급회의를 통해 규칙정하기
우리들의 행복한 교실	· 각 활동에 대한 반성 및 느낌 토론	· 프로그램을 통해 느낀 점 및 반성 토론 · 다짐과 약속을 통해 실천적 행동능력 향상

출처: 한국교육개발원(2014).

2) 어울림 프로그램

(1) 프로그램 개요

학교폭력 없는 안전한 학교를 만들기 위해서는 무엇보다 학교폭력 예방교육이 중요하다. 기존의 학교폭력 예방교육은 주로 학생대상 프로그램으로 학교폭력에 대한 인식 및 학교폭력이 발생한 이후의 대처방안을 중심으로 이루어져 왔다. 그러나 학교폭력 예방을 위해서는 학생뿐만 아니라 교사 및 학부모 등 학교 구성원 모두를 대상으로 한 학교폭력 예방교육이 필요하며, 학교폭력에 대한 인

식 및 대처방안은 물론 공감과 의사소통, 갈등해결, 감정조절, 자기존중감 향상 등 학생의 심리적 특성을 변화시키기 위한 학교폭력 예방교육이 필요하다.

또한, 학생의 심리적 특성을 변화시키기 위한 교사와 학부모의 적극적인 개입 및 대처, 지원이 함께 이루어질 때 학교폭력 예방교육의 효과는 극대화된다.

이러한 학교폭력 예방교육의 효과는 단기적인 일회성 프로그램을 적용하여 이루어지는 것이 아니기 때문에 단위학교에서 지속적으로 프로그램을 적용할 수 있도록 학교폭력 예방 프로그램을 장기적인 관점으로 체계적으로 개발하여 보급할 필요가 있다.

「어울림 프로그램 추진 기본계획」의 주요 내용은 학교현장에서 내실 있는 학교폭력 예방교육이 이루어질 수 있도록 국가 수준의 '어울림 프로그램'을 개발하고 보급하는 것이다. '어울림 프로그램'은 학생, 교사, 학부모 등 학교구성원의 공감 및 소통능력을 향상시키고 단위학교에 학교폭력 예방문화를 조성하기 위한 학교기반 학교폭력 예방 프로그램이며, 학교별 특성 및 여건에 따라 선택적으로 활용할 수 있도록 모듈형 프로그램으로 개발하여 제공된다.

'어울림 프로그램' 개발은 학교폭력 예방을 위해 필요한 핵심구성요소 여섯 개를 모듈로 구성하고 각 모듈별로 수준 및 학교급을 고려하여 순차적으로 이루어진다. 여섯 개 모듈은 공감, 의사소통, 갈등해결, 자기존중감, 감정조절, 학교폭력 인식 및 대처이며, 학교급은 초등학교 저학년, 초등학교 고학년, 중학교, 고등학교 등 네 개로 구성된다. 수준별로는 일반학생을 대상으로 기본적인 심리적 역량을 향상시키기 위한 기본프로그램과 학교폭력 고위험군 학생을 대상으로 보다 심층적인 수준의 내용을 다루는 심화프로그램으로 구성된다.

'어울림 프로그램'은 학생과 교사, 학부모 등 학교구성원의 공감능력과 소통능력을 향상시켜 학교폭력을 효과적으로 예방하고 행복한 학교를 만들기 위한 맞춤형 학교폭력 예방교육 프로그램으로 2013년 7월 23일 발표된 '현장 중심의 학교폭력 대책'에서도 가장 우선적으로 언급되는 예방대책이다. '어울림 프로그램'은 한국교육개발원의 '학교폭력예방연구·지원특임센터"에서 전문 연구진과 교사가 학교에서 적용하는 데 목적을 두고 프로그램을 개발하고 있다. 즉, 학생의 자기 이해, 자존감 향상 등 내적 성장을 지원하는 맞춤형 프로그램으로 학교의 신청을 받아 교육부에서 지원하여 운영된다. '어울림 프로그램'은 교육부에서 위촉한 전문위원의 컨설팅을 통해 학교의 특성을 파악한 다음, 학교별로 단기간(2~5일)에 집중적으로 실시하거나 방과 후 활동으로 운영되며, 학생 대상 프로그램, 교사 대상 프로그램, 학부모 대상 프로그램으로 구성되어 있다. '어울림 프로그램'은 학교폭력 예방 연구지원센터(https://stopbullying.kedi.re.kr)의 자료실을 통해 제공받을 수 있으며, 교사용 지도안, 학생 학습활동지, 참고자료(문서자료와 동영상)를 포함하고 있다.

(2) 프로그램의 특징

- 학교 구성원의 공감능력 향상을 통해 학교폭력을 효과적으로 예방한다.
- 발달 단계상 청소년기에 취약한 공감능력의 효과적 발달을 지원하기 위한 집단 상담 프로그램이다.
- 단위 학교의 구성원인 학교장, 교사, 학생, 학부모 모두가 공감과 소통능력의 향상을 통해 학교폭력을 예방할 수 있다.
- 참여자 모두가 공감과 소통을 체험하고, 참여자 서로가 협력한다.
- 공감을 통해 서로를 이해할 수 있고 자신의 고민을 해결하는 데 도움이 된다.

(3) 프로그램 내용 및 구성

국내·외 학교폭력 예방 프로그램을 분석하고, 학생면담 및 전문가협의회를 통해 학교폭력 예방을 위한 여섯 개의 핵심구성요소가 추출되었다. 여섯 개의 핵심구성요소는 공감, 의사소통, 갈등해결, 자기존중감, 감정조절, 학교폭력 인식 및 대처이다. 학생용 프로그램은 각 모듈별 학생의 심리적인 역량을 강화하기 위한 프로그램으로 구성되며, 교사 및 학부모용 프로그램은 학생의 심리적인 특성을 변화시키기 위한 교사와 학부모의 개입 및 지원방안을 내용으로 한다.

〈표 8-3〉 '어울림 프로그램' 내용

달성목표	핵심구성요소(모듈)	내용: 학생	내용: 교사	내용: 학부모
사회성	공감	· 타인이해 및 공감 · 타인존중 및 수용 · 배려행동 증진	· 학생이해 및 공감 · 학부모이해 및 공감	· 자녀이해 및 공감 · 감정코칭
	의사소통	· 경청 및 자기주장 훈련 · 대화의 중요성 및 의사소통 기술 획득	· 학생과의 의사소통 · 학부모와의 의사소통	· 자녀와의 의사소통 · 교사와의 의사소통
	갈등해결	· 또래중재 기술과 행동 요령 · 또래관계에서의 갈등상황 대처 방법 · 또래관계 형성 및 유지 방법	· 학급 내 갈등해결 · 교사-학생 간 갈등해결	· 자녀의 또래갈등 이해 · 자녀의 또래갈등 개입 및 지도방안
정서	자기존중감	· 긍정적인 자기수용 및 미래상 형성 · 자기존중감 및 자기탄력성 형성	· 학생의 자기존중감 이해 및 중요성 인식 · 학생의 자기존중감 향상 방안	· 자녀의 자기존중감 이해 및 중요성 인식 · 자녀의 자기존중감 향상 방안
	감정조절	· 미해결된 부정적 감정인식 및 표현 · 공격성, 충동성, 분노조절 · 우울, 불안감, 무력감 조절	· 학생의 정서 이해 · 학생의 감정조절 지도	· 자녀의 정서 이해 · 자녀의 감정조절 지도
학교폭력 예방역량	학교폭력 인식 및 대처	· 학교폭력 행동유형 및 학교폭력에 대한 심성 인식 · 학교폭력 상황에서 가해자, 피해자, 방관자, 입장에 따른 적절한 대처 방법 탐색	· 학급 내 학교폭력 징후 파악 · 학교폭력 사례별 교사의 대처방안 · 학교폭력 대응 절차 이해	· 자녀의 학교폭력 징후 파악 · 학교폭력 사례별 학부모의 대처방안 · 학교폭력 대응 절차 이해

출처: 한국교육개발원(2014).

'어울림 프로그램'은 여섯 개 모듈별로 학생용, 교사용, 학부모용 3종이 1세트로 구성되며, 학교급에 따라 초등 저학년용, 초등 고학년용, 중학생용, 고등학생용으로 구성된다. 또한, 학생용은 기본프로그램과 심화프로그램으로 구성되는데, 기본프로그램은 일반학생을 대상으로 학교폭력 예방을 위해 필요한 핵심역량을 키워 주기 위한 기본적인 수준의 내용으로 구성되며, 심화프로그램은 학교폭력유형별 프로그램 또는 학교폭력 고위험군 학생을 대상으로 심화된 수준의 내용으로 구성된다. 교사 및 학부모용은 기본 프로그램으로만 구성된다.

학생용 프로그램은 기본프로그램 모듈당 4차시, 심화프로그램 모듈당 6차시로 구성되며, 교사용 및 학부모용 프로그램은 기본프로그램 모듈당 2차시로 구성된다. 차시별 시간은 학교급별 1교시 수업시간에 따라 초등학생용은 40분, 중학생은 45분, 고등학생은 50분을 1차시로 구성하고, 교사용 및 학부모용은 60분을 1차시로 구성한다.

(4) 중학생을 위한 공감 '어울림 프로그램' 구성체계

중학생은 제2차 성징기, 질풍노도의 시기라고도 불리는 시기를 거치며 삶의 주기 중 급격한 신체적, 정서적, 인지적 변화를 겪으면서 다시 태어난다고 해도 과언이 아닐 정도의 변화 과정을 겪게 된다. 이런 과정을 겪으면서 심리적으로 굉장히 불안정하게 되어 불안을 경험하고 자신의 정체성을 확립하기 위해 애쓰게 된다. 이 시기에는 가족이라는 틀 속에서 벗어나 친구들과 동료의식을 형성하게 되고 가족들보다 친구들의 생각과 의견에 예민하고 동료들의 인정에 열광하는 시기이다. 또한, 자신과 다른 관점을 이해하기 어렵고 자신과 다른 타인에게 배타적인 모습을 보이기 때문에 특히 공감 능력이 부족할 경우 심각한 학교폭력으로 이어질 수 있는 시기이다.

'공감'이란 인지적, 정서적인 영역을 포함하는 개념으로 타인의 정서를 이해하고 추측하여 효과적으로 반응하는 능력 및 타인이 표현하는 정서에 적절히 반응하는 능력을 의미한다. '정서적 공감'은 타인을 배려하고 약자에 대한 동정심을 가지는 능력이며, '인지적 공감'은 타인의 표정과 말투, 태도 등으로 타인의 생각을 이해하고 상황을 인식하는 능력으로, 이 능력이 결여되면 상황에 따라 적절한 태도를 취하지 못해 집단 따돌림의 표적이 되기 쉽다. 이 능력이 결여되면 타인을 지배하고 학대하는 모습을 보인다. 주로 가해 학생들에게 부족한 부분이다. 따라서 공감 능력을 향상시킬 수 있다면 학교폭력을 크게 예방할 수 있을 것으로 판단된다.

▧ 중학생의 공감 어울림 프로그램의 세부 프로그램명과 목표, 세부활동 ▧

〈표 8-4〉 공감 중학교 프로그램 구성 내용

차시	프로그램명	목표	세부활동(내용 및 방법)
1	나의 마음은 이런거야	자신의 정서를 인식하고 적절하게 표현하기	· 프로그램의 취지, 목표, 구성, 전개에 대해 설명 · 〈학교 2013〉의 등장인물을 보여 주고 등장인물의 정보를 물어보며 배경 지식을 활성화시킴 · 무조건적 수용 부탁 · 감정카드 - 감정카드로 감정 알아가기 - 최근 자기 감정과 유사한 감정카드를 다섯 개 고르고 그 이유를 활동지에 적어 보기 - 자기가 고른 카드의 감정은 언제 느끼는지 설명하기 · 〈학교 2013〉에 나온 상황 보고 토론하기 - 〈학교 2013〉에 나온 등장인물이 느꼈을 감정에 관해 감정카드로 이야기해 보기 · 앞으로 자신의 감정에 대해 솔직하게 이야기하겠다는 감정 표현 다짐서 작성하기
2	나는 이래서 그랬어	상황에 따른 자신의 감정을 인지하고 이에 따른 원하는 바를 표현할 수 있다.	· 미덕카드를 보고 자신을 칭찬하기 · 활동지 속 카카오톡 상황을 보고 등장인물의 감정 상태와 원하는 바 말하기 · 주어진 상황 카드를 보고 주어진 상황에 맞는 감정을 연기하고 원하는 바를 말하기 · 원하는 바에 대해 적고 공유하기
3	너도 그런 거구나	상대방의 상황에 대해 어떤 감정일지 추측하고 적절하게 공감한다.	· 동영상을 보여 주고 동영상 속 인물이 느꼈을 감정, 욕구에 대해서 이야기하기 · 학교생활에 대한 고민을 적고 타인의 고민을 나의 고민처럼 나누기 - 자신의 고민을 활동지에 적고 나누기 - 다 적은 활동지를 몇 번 접어서 상자 안에 넣고 무작위로 꺼내서 듣기 - 자신의 고민처럼 이야기하기 - 반 친구들은 그 친구에게 해 주고 싶은 말을 해 주기 - 다 들은 후 고민을 말한 사람은 자신이 느낀 점 이야기하기 · 칭찬샤워로 마치기

4	실제 상황에서 행동하기	실제 상황 속에서 상대방의 입장에 대해 충분히 공감을 표현한다.	· 3인의 법칙 동영상 보기 · 1차시에서 썼던 〈학교 2013〉 갈등 상황 동영상을 다시 보고 재연해 보기 · 동영상 상황에 이어서 연기하기 · 연기하면서 무엇을 느꼈는지 이야기하기 · 전체적으로 공감에 대해 마무리하고, 차시를 정리하고 공감 프로그램을 마무리하기

출처: 한국교육개발원(2014).

▧ 중학생의 공감 어울림 프로그램의 세부 프로그램명과 목표, 세부활동(교사용) ▧

〈표 8-5〉 **중학교 공감 프로그램 구성 내용**

차시	프로그램명	목표	세부활동(내용 및 방법)
1	좋은 교사의 첫걸음은 아이들의 감정 읽기부터!	자신과 학생의 감정을 파악하고 감정 읽기 실습을 통하여 공감 반응의 기초를 다진다.	· 학교폭력 가해자의 뇌구조 이해 - 동영상 시청 · 내 감정 표현하기 · 정서반응 감지 실습 - 눈, 코, 입 중심으로 표정 인식 · 정서인식 테스트 - 함께 학생의 감정 인식 연습 · 학생 감정이해 실습 - 2인 1조로 감정 읽기 활동 · 공감의 중요성 인식 - 〈내 머리 속의 거울〉 시청 · 과제 제시 및 다음 차시 안내
2	좋은 교사가 되는 비법은 공감의 실천!	공감의 5 수준을 이해하고, 학생들의 인격을 존중하는 공감적 표현을 익힌다.	· 지난주 과제 점검 · 교권 침해 동영상 시청 · 공감의 5 수준 이해 및 나의 수준 평가 · 공감적 표현 익힘 - 입장 바꿔 생각해봐! - 어떻게 공감해야 할까? · '교사와 학생이 함께 행복해질 수 있는 방법' 찾기 - 교사와 학생이 함께 행복해질 수 있는 방법 두 가지씩 찾기 · 들어주기의 다른 말은 사랑 - 동영상 시청 - 의견 나누기 및 피드백 나누기

출처: 한국교육개발원(2014)

▧ 중학생의 공감 '어울림 프로그램'의 세부 프로그램명과 목표, 세부활동(학부모용) ▧

〈표 8-6〉 중학교 공감 프로그램 구성 내용

차시	프로그램명	목표	세부활동(내용 및 방법)
1	마음의 문을 여는 성공 열쇠, 공감!	공감의 중요성 인식과 인간의 감정에 대한 이해를 돕는다.	· 자기소개 & 기대목표 설정 · 공감의 의미 이해 · 〈내 머리 속의 거울〉 시청 · 정서반응 감지 실습 · 감정단어퀴즈 - 감정단어 맞히기 활동 · 자녀 감정 이해 - 자녀의 감정 찾기 · 느낀 점 나누기 · (과제) 감정일지 쓰기 · 다음 차시 안내
2	행복한 관계 회복을 위한 새 출발, 공감!	공감이 필요한 때를 구분하고 구체적으로 자녀를 공감하는 방법을 익혀 자녀와의 관계 개선을 돕는다.	· 지난주 돌아보기 및 과제 점검 · 때를 구분하라 - 사춘기 자녀와의 대화 - 공감은 온전히 함께하는 것 · 공감 5 수준 이해 및 나의 수준 평가 · 공감적 표현 익힘 - 어떻게 공감해야 할까? · 역할극 - before & after · '내가 만약 다시 한다면……' - 자기점검 및 수정 · 완벽한 엄마 아닌 충분히 좋은 엄마 - 느낀 점 나누기 - 서로를 향한 응원

출처: 한국교육개발원(2014).

3) 블루밴드 캠페인

교육부에서 유관 기관과 연합하여 운영하는 학교폭력 예방 프로그램으로는 '아주 사소한 고백', '학교폭력 피해자가족 캠프', '블루밴드 캠페인' 등의 프로그램이 있다. '아주 사소한 고백'은 교육부가 현대해상, 청소년폭력 예방재단과 공동으로 주최하는 학교폭력 예방 프로젝트다. 학교폭력으로 어려움을 겪고 있는 청소년에게 자신의 고민을 드러낼 수 있는 기회를 제공함으로써 상호간에 소통과 공감의 장을 마련하는 데 그 목적이 있다.

'블루밴드 캠페인'은 학생과 학부모가 직접 참여하여 학교폭력 예방 실천을 서약하는 프로그램이다. 블루(청소년의 미래, 희망, 꿈)와 밴드(하나로 연결하기)의 의미로 '친구야 사랑해'가 프린트된 블루밴드 착용을 통해 학교폭력에 대한 인식을 제고하는데, 학교에서 단체로 참여할 수도 있다. 또한, 학교폭력 예방 실천 서약을 위한 온·오프라인 캠페인을 전개하는데, 유명한 연예인이 홍보 역할을 수행하기도 한다.

학교폭력 예방을 위한 7대 서약은 다음과 같다.

〈학교폭력 예방 7대 실천 서약〉

1. 나는 친구들을 괴롭히거나 때리지 않겠습니다.
2. 나는 장난으로라도 친구에게 욕을 하지 않겠습니다.
3. 나는 친구의 비밀을 퍼트려 창피하게 하지 않겠습니다.
4. 나는 괴롭힘을 당하는 친구들을 보면 바로 신고하겠습니다.
5. 나는 친구가 나에게 하고 싶지 않은 일을 시키면 싫다고 하겠습니다.
6. 나는 고민이 있으면 부모님, 선생님과 상의하겠습니다.
7. 나는 온라인상에서 친구들을 험담하지 않겠습니다.

2 국외 학교폭력 예방 프로그램

학교폭력과 관련하여 사회적 심각성이 드러난 스웨덴에서는 1980년대 이후 올베우스(1993)학교폭력 예방 프로그램을 개발하여 각 학교에 보급하는 등 학교폭력을 예방하고 근절하기 위한 다양한 활동을 펼치고 있다. 이후 오스트리아, 핀란드, 스위스, 미국, 캐나다 등에서도 학교폭력의 문제가 사회적 문제로 등장하기 시작하면서 학교폭력의 실태를 조사하고 발생원인을 파악하여 대응책을 논의하는 등 학교폭력을 예방하기 위해 적극적으로 노력하고 있다.

이처럼 학교폭력이 세계 여러 나라에서 공통적으로 겪고 있는 심각한 사회 문제로 대두되면서, 많은 나라에서 학교폭력에 대한 다양한 대책과 예방 프로그램이 개발·운영되고 있다. 이 절에서는 국외 학교폭력 예방 프로그램의 사례로 노르웨이, 핀란드, 싱가포르에서 시행되고 있는 학교폭력 예방 및 대처 프로그램을 중심으로 살펴보고자 한다. 노르웨이는 세계적으로 유명한 학교폭력 예방 대책 올베우스를 개발하여 많은 나라들에 보급하였으며, 학교폭력 예방을 위한 연구와 국제 협력에도 주도적인 역할을 하고 있다. 핀란드는 키바 코울루(KiVa Koulu)라는 학교폭력 프로그램을 운영하고 있다. 이 프로그램은 최근 우리나라에서 학교폭력을 예방하기 위해 교육부차원에서 시행하고 있는 '어울림 프로그램'의 기반이 되고 있다. 싱가포르는 인성·시민교육프로그램으로 CCE를 운영하고 있다.

국외 학교폭력 예방 프로그램은 다음의 〈표 9-7〉과 같다.

〈표 8-7〉 국외 학교폭력 예방 프로그램

<table>
<tr><th rowspan="2">프로그램명</th><th rowspan="2">핵심 내용</th><th rowspan="2">운영특징</th><th rowspan="2">대상</th><th colspan="2">회기</th><th rowspan="2">개발기관
(개발연도)</th></tr>
<tr><th>회기</th><th>실시
기간</th></tr>
<tr><td rowspan="2">KiVa</td><td rowspan="2">· 자아효능감
· 비폭력 태도
· 건전한 학교문화
· 학교폭력 대응전략 향상</td><td rowspan="2">· 이틀간 교사 전달연수 프로그램 운영
· 교사운영
· 학생은 입학 후, 4학년, 7학년의 총 3회 참여 의무화</td><td>초등 저학년
(1~3학년)
초등 고학년
(4~6학년)</td><td>10
–
20</td><td rowspan="2">학기
시작
후
1년</td><td rowspan="2">University of Turku
(핀란드)
2006</td></tr>
<tr><td>중학생
(7~9학년)</td><td>4</td></tr>
<tr><td>ViSC</td><td>· 유능감
· 책임감
· 주장기술</td><td>· ViSC 전문코치의 개별 학교 교사연수 및 관리(Top-down 전달 방식)
· 교사운영</td><td>중등
(secondary)
(5~8학년)</td><td>13</td><td>1학기</td><td>University of Vienna
(오스트리아)
2008~2011</td></tr>
<tr><td>Be-Prox</td><td>· 학교폭력 상황에 대한 민감성
· 학교폭력 대응전략 향상</td><td>· 교사 간의 학교폭력, 학급운영 및 주제 토론, 실습
· 전문가 운영</td><td>교사</td><td>6</td><td>4개월</td><td>University of Berne
(스위스)
1998</td></tr>
<tr><td>Olweus Bullying Prevention Program, (OBPP)</td><td>· 학교의 학교폭력 실태 파악
· 학교, 학습, 학생, 학부모, 지역사회의 협력 기반 수립
· 'hot spot' 운영을 통한 학교폭력 위험군에 대한 체계적 감독 강화</td><td>· 교사주도로 운영
- 담임교사와 한 명의 지원 교사(상담사, 전문 강사 등)와 협력적으로 운영</td><td>초등학생
중학생</td><td>–</td><td>장기간</td><td>교육부,
Olweus
(노르웨이)
1983</td></tr>
<tr><td>Second Step</td><td>· 공감
· 문제 해결력
· 분노조절
· 학부모 연계 프로그램 제공</td><td>· 교사 워크숍 운영
· 교사나 전문상담사 운영
· 학부모 연계 프로그램 운영</td><td>유치원
초등학교
중학교
고등 저학년</td><td>15
–
20</td><td>장기간</td><td>Committee for Children
(미국, 캐나다)</td></tr>
</table>

출처: 한국교육개발원(2014).

1) 노르웨이

노르웨이에서 학교폭력은 국가적 과제로 중요시되어 왔으며, 이에 학교폭력에 관한 체계적인 연구뿐만 아니라 예방과 대처를 위한 프로그램을 개발하여 인근지역의 국가들이 이를 활용하도록 도움을 주고 있다. 또한, 2004년에 OECD 제74차 교육위원회에서 '국제 학교 괴롭힘과 폭력 전문가 네트워크 조직'을 출범시키는 데 주도적인 역할을 하였다.

사회적 불평등과 양극화가 심하지 않고 사회복지정책을 적극적으로 시행하고 있었던 노르웨이 정부가 학교폭력을 국가적 과제로 중요시하게 된 것은 1982년 후반 10~14세 소년 세 명이 학교폭력을 견디다 못해 자살한 사건을 계기로, 학생들의 안전과 민주적 권리보장을 위해 정부가 범국가적 캠페인을 전개하고 학교폭력에 대한 연구와 대처방안 수립에 전폭적인 지원을 하게 되었다. 또한, 이를 기점으로 교육부 주도하에 모든 초등학교와 중학교를 대상으로 국가 차원의 학교폭력 실태조사가 이루어졌으며, 구체적인 학교폭력 예방 및 근절 프로그램이 개발·적용되기 시작하였다(박효정, 2013).

노르웨이 학교폭력 예방 프로그램인 올베우스는 베르겐 대학의 심리학 교수인 올베우스가 주도한 '학교폭력 예방 및 근절 프로그램(Bullying Preventing Program)'이다. 올베우스는 학교 중심의 실천 프로그램으로 학교의 일상생활 속에서 실천할 수 있는 활동들로 구성되어 있다. 또한, 프로그램을 담당하는 대학교와 그것을 실천하는 학교현장이 밀접하게 연계되어 있어 지속적으로 학교폭력 예방 및 대책에 관한 문제 해결을 위해 노력하고 있으며, 이를 통해 많은 성과를 거두고 있다.

(1) 올베우스 프로그램

올베우스 프로그램은 학교에서 폭력 학생과 피해 학생을 감소시키기 위해 학생 간의 사회적 관계를 개선하는 데 목표를 두고 있다. 이를 위해 직접적 폭력 및 간접적 폭력의 감소와 예방, 동급생들 사이의 관계개선, 학교 안과 밖에서 가해 학생과 피해 학생이 사이좋게 지내고 원만하게 기능하도록 만들어 주는 학교 환경을 조성한다. 피해 학생에게는 학교에서 안정감과 자신감을 증대시키고 가해 학생에게는 공격적 행동의 감소, 사회적으로 용납될 만한 방법으로 자기표현을 하도록 한다.

올베우스 프로그램은 3단계로 구성되어 있다. 1단계에서는 설문 조사를 통해 해당 학교에서 벌어지는 학교폭력의 방식을 구체적으로 파악한 뒤 '학교총회'를 통해 공론화하여 대책을 마련하여 시행한다. 2단계에서는 일반학생들에게 학교폭력으로 인한 신체 상해의 심각성 등을 가르치는 예방교육을 실시한다. 3단계에서는 학교폭력이 발생한 학급에서 '교실개입'을 한다. 이러한 '교실개입'을 통해 가해자–피해자의 관계가 아닌 학생들도 폭력을 방관한 잘못을 한 것으로 보고, 참여와 인권 준중에 대한 민주주의를 가르친다.

(2) 올베우스 프로그램의 구성 및 주요 내용

올베우스 프로그램은 가해 학생과 피해 학생, 그리고 이들의 학부모를 대상으로 학교폭력 상황에 대응하는 행동 전략, 피해자를 위한 지원 등 체계적인 프로그램을 제공하고, 방관자에게는 학교폭력 상황에서의 올바른 행동이 무엇인지를 훈련하는 내용으로 구성되었다.

프로그램의 내용에서는 학생 개인, 학급, 그리고 학교가 다음과 같은 활동과 역할을 담당하게 된다. 올베우스 프로그램은 18개월 이상 지속되는 장기 학교폭력 예방 프로그램이다. 프로그램의 초기 단계에서는 설문조사를 실시하여 학교의 학교폭력 상황을 파악하여 학교에 맞는 프로그램의 전략을 수립하고, 점심시간과 휴식시간에 학생관리 · 감독 시스템을 개선하기 위한 체계적인 정비가 진행되며, 학부모와 교직원을 포함하는 협의회 등을 지속적으로 개최하여 학교폭력을 예방하는 활동을 펼쳐나간다.

프로그램은 CD 제작 프로그램, 학교폭력 관련 동영상, 학교폭력 가해 · 피해 측정을 위한 설문, 그리고 'Bullying at school: What we know and what we can do(학교에서의 집단 따돌림: 우리가 알아야 할 것과 우리가 할 수 있는 것)'라는 제목의 책이 제공된다. 교사를 위해서는 학교폭력 예방 프로그램의 매뉴얼과 'Olweus' core program against bullying and antisocial behavior(집단 따돌림과 반사회적 행동 예방을 위한 올베우스의 핵심프로그램)'가 제공되며, 학부모와 가족을 위해서도 학교폭력을 예방하기 위한 각종 정보가 제공된다.

학교폭력 조정위원회가 구성되고, 가해 · 피해 학생과 학부모를 위한 상담, 교실협의회 및 교원협의회가 개최되는 등 교실차원과 학교차원에서 학교폭력 예방활동을 위한 다양한 논의와 문제를 해결하기 위한 전략이 실행된다.

〈표 8-8〉 **올베우스 프로그램의 활동 내용과 역할**

수준	프로그램 활동 내용과 역할
학교차원의 개입활동	· 학교폭력 예방 협력조직인 조정위원회 구성 · 조직위원회 및 학교관계자 교육 · 학교폭력 실태 파악을 위한 설문조사 실시 · 학교폭력에 대응하는 학교규칙 제정 · 교사협의회를 통해 학급의 또래관계 개선을 위한 방법을 논의 · 교사 학부모협의회를 통한 학교폭력 문제 논의 · 점심시간이나 쉬는 시간의 감독 강화를 위한 시스템 정비 · 학교폭력 감시를 위한 운동장 시설 강화 · 학부모 참여
학급차원의 개입활동	· 학생들에게 학교폭력 문제에 대한 정보를 제공 · 학교폭력에 대응하는 학급규칙 제정 · 역할극을 통해 학교폭력 발생 시 대응 전략 습득 · 학부모협의회
학생차원의 개입활동	· 가해자 및 학부모 상담과 비신체적 제제 시행 · 피해자 및 학부모 상담 및 주장적 행동, 학교폭력에 대응하는 기술 습득 · 방관자의 효과적인 학교폭력 개입 전략 습득 · 개별적 개입 계획 수립
지역사회 개입활동	· 지역사회 관계자의 학교폭력 예방 조정 위원회 참여 · 지역사회 관계자의 학교폭력 예방 프로그램 지원을 위한 협력체계 마련 · 지역사회에 학교폭력 예방 메시지와 최선의 실천적 원칙이 확산되도록 지원활동 강화

(3) 올베우스 프로그램의 운영

올베우스 프로그램의 운영 시스템은 매우 체계적이다. 우선, 학교폭력 조정위원회를 구성한 후, 이들을 대상으로 2일간 학교폭력과 프로그램에 관해 집중 훈련을 실시한다. 이들은 올베우스 전문 코치에게서 적+어도 1년 동안은 학교폭력 사안과 관련하여 개인적인 자문을 받을 수 있다. 교사를 대상으로는 프로그램 실시 전에 전일 학교폭력 예방 교육을 실시하여 학교폭력 상황에서 어떻게 개입하고, 학교폭력 발생을 어떻게 인식할 수 있는지에 대해 교육하며, 학생을 대상으로는 매년 올베우스 학교폭력 설문조사를 실시하여 학교폭력 관련 경험을 측정함으로써 학교폭력 발생 및 경험의 변화 상황을 점검한다. 또한, 올베우스 프로그램은 학교폭력 조정위원회를 주축으로 하여 교원협의회를 한 달에 한 번 개최하여 학교폭력 예방에 관한 노력과 프로그램 효과에 대해 점검하는 등 학교차원, 교실차원, 학생차원으로 다양한 학교폭력 예방 활동을 펼친다. 이 과정에서 담임교사나 교원이 직접 학교폭력 가해·피해 학생 및 학부모를 상담하는 등 면담활동을 통한 개별적인 활동도 진행한다.

올베우스 프로그램은 학교 수준, 학급 수준, 개인 수준에서 학교폭력을 예방하고 대처하도록 운영하고 있다. 학교 수준에서는 학교폭력 가해 학생과 피해 학생만을 대상으로 하지 않고 전체 학생을 대상으로 운영된다. 이는 학교폭력 예방은 학교 전체적으로 학생들의 태도와 환경 조성이 전제되어야 하기 때문이다. 학교 수준에서 이루어질 수 있는 예방활동과 대책은 다음과 같다(박효정, 2013, 재인용).

첫째, 학교폭력의 성격과 현황을 파악하기 위해 설문조사를 실시한다. 학교폭력 문제에 관한 무기명 설문조사를 실시하여 폭력에 개입된 학생 수와 문제 수준, 교사가 개입하고 상담한 빈도, 학부모가 자녀가 학교에서 어떤 행동을 하고 무엇을 경험하는지에 대해 알고 있는 내용 등 학교폭력 현황을 공개함으로써 교사와 학부모의 참여를 촉진시키고, 학교폭력 문제에 대한 관심과 인식을 고취

시켜, 교사와 부모가 열의를 가지고 학교폭력 문제 해결을 위해서 개입하도록 한다.

둘째, 학교폭력 대책을 논의하기 위해 학교협의회의 날(school conference day)을 정하고 운영한다. 학교협의회는 학교폭력 예방 프로그램을 제대로 수행할 수 있도록 장기 계획을 세운다. 이 협의회에는 교장, 교감, 교사, 교직원, 학교폭력 위원회, 학부모와 학생 등이 참석하여, 학교 수준의 총괄적 장기행동계획 작성, 학교가 선택해야 할 조치 등에 관한 사항들을 충분히 논의한 후 결정한다.

셋째, 학교폭력 예방위원회를 구성한다. 학교폭력 예방위원회는 학교폭력 예방과 관련된 모든 사항을 조정하는 역할을 담당한다. 위원회에는 학교 행정가, 학년별 교사 대표, 상담가, 학교 정신건강 전문가 또는 학교 심리학자, 부모 및 학생 대표 등이 참여한다.

넷째, 학교폭력이 자주 일어나는 장소에 대한 감독을 강화한다. 쉬는 시간이나 점심시간 등 학교폭력이 발생할 수 있는 시간대와 장소를 효과적으로 감독하고 지도하는 교사나 성인들을 충분히 확보한다. 이러한 감독의 확보를 통해 학교폭력 예방에 대한 조직과 체제를 구성한다.

다섯째, 학부모의 이해와 협조를 구한다. 학교폭력 문제의 예방을 위해서는 학부모와의 다양한 만남의 기회를 통한 협력이 중요하다. 이를 위해 학교에서는 교사와 부모가 전화 통화나 개별적인 면담을 하는 방법, 부모에게 학교폭력에 관한 정보를 우편으로 보내 주는 방법 등을 통해 학교가 학교폭력을 막기 위해 노력하고 있다는 것을 부모에게 알리고 이에 대한 이해와 협조를 얻는다.

학급 수준에서의 학교폭력 예방을 위한 구체적인 활동들을 살펴보면 다음과 같다(이혜미 · 김광수, 2013).

첫째, 학교폭력에 관한 학급의 규칙을 만들어 시행한다. 즐거운 교실 분위기를 만들기 위해서는 교사와 학생들이 토론을 통해 괴롭힘이나 왕따 등 학교폭력에 관한 규칙을 만들고 시행해 나가는 것이 중요하다. 이러한 과정을 통해 학생으로 하여금 규칙 준수에 대한 책임감을 느끼도록 하는 효과를 얻을 수 있다. 학교폭력에 관한 학급의 규칙 설정은 학급회의를 통해 교사와 학생들이 토론 과정을 거쳐 합의된 규칙으로 설정한다. 또한, 규칙의 내용은 가능한 한 구체적으로 설정하는 것이 좋다. 합의된 규칙은 학급게시판이나 눈에 잘 띄는 곳에 붙여 둔다.

〈학급 수준의 집단 괴롭힘 예방을 위한 규칙〉

1. 우리는 다른 학생들을 괴롭히지 않을 것이다.
2. 우리는 괴롭힘을 당하는 학생들을 도울 것이다.
3. 우리는 따돌림을 당하는 학생들이 소외되지 않도록 노력할 것이다.
4. 누군가 괴롭힘을 당하고 있을 때, 우리는 선생님이나 어른에게 그 사실을 말할 것이다. 이것은 '고자질하는 것'과는 다르다.

둘째, 정규적인 학급회의를 운영한다. 정규적인 학급회의를 통해 학생들이 친사회적인 행동에 대한 공감능력과 지식을 함양할 수 있다. 또한, 교사와 학생들은 괴롭힘과 같은 학교폭력에 대한 규칙을 분명히 하고 규칙을 위반했을 때 수반되는 부정적인 결과들에 대해 자연스럽게 이해할 수 있는 계기가 된다. 학급회의에서 학교폭력에 관한 비디오를 보거나 역할 놀이 등의 다양한 활동들을 통해 학교폭력에 관한 피해의 실상을 직·간접적으로 접하게 되는 계기가 되며, 학교폭력에 대처하는 방법에 대해 토론하는 기회를 갖는다.

셋째, 부모의 적극적인 참여를 유도하고 교사와의 관계를 긴밀하게 유지한다. 학습 수준에서 교사와 학부모 회의를 통해 학교폭력 문제를 명확히 인식하고 대처방안을 철저하게 논의한다. 이를 통해 학부모가 자녀의 학교생활에 대해 보다 많은 관심을 기울이고 더 많이 알도록 하는 데도 도움을 준다. 특히 학급 수준에서는 교사와 부모가 만나 학교폭력에 관해 토론하는 것은 필요하지만, 누가 가해자이고 누가 피해자인지에 대한 언급은 되도록 하지 않는다. 교사는 학부모를 초청할 때 이를 미리 알려 주어야 한다.

넷째, 협동학습을 통하여 학생 간의 상호 의존성을 조성한다. 협동학습은 공동과제를 함께함으로써 학생 간의 상호 의존성을 조성하고, 조별 평가나 표창을 통해 적극적인 상호협동 환경을 조성한다. 협동학습 팀을 구성할 때 학생 사이의 사회적 관계에 대한 자기 지식을 활용하는 것이 중요하다. 즉, 팀을 구성할 때 폭력 학생과 잠재적 희생자를 넣지 않고, 폭력 학생 주위에는 폭력을 용납하지 않을 강하고 안정적인 학생을 배치하고, 고립된 학생 주위에는 긍정적이고 우호적인 학생을 배치한다. 교사는 협동학습을 통해 학생 간에 긍정적인 상호관계성이 조성되도록 하고, 팀에서 어떤 일이 일어나고 있는지 항상 관심을 가진다. 그리고 협동학습은 교과학습 이외에 소풍, 캠핑, 파티 등의 공동 활동도 적극 활용한다.

다섯째, 칭찬과 제재를 함께 활용한다. 적극적으로 규칙을 준수하는 행동에 대해서는 개인, 팀별, 또는 학급 전체를 칭찬한다. 교사의 친근함과 칭찬은 학생의 태도에 영향을 미치는 수단이다. 교사가 자기를 칭찬하고, 좋아한다고 느끼는 학생은 바람직하지 않은 자기 행동에 대해 비판을 쉽게 받아들이고 행동을 고치려고 노력할 것이다. 교사의 칭찬이 학생의 태도 변화에 영향을 미친다고 무조건적인 칭찬을 하라는 것은 아니다. 긍정적인 활동에 대해서는 칭찬을 해 주되, 공격적인 행동이나 학급의 규칙을 심하게 위반할 때는 재제를 가하여 '해서는 안 되는 행동'을 알게 해야 한다. 이때 사용하기 쉬운 제재수단을 활용하는 것이 중요하며, 가능하면 행동과 학생은 구별되어야 한다. 따라서 교사가 어떤 행동에 대해서 제재하는지에 대해 말로 분명하게 설명해 주어야 한다. 또한, 숙제와 같은 학교의 일상적 활동을 추가로 더 많이 부과하는 방법의 제재수단은 사용하지 않아야 한다.

이러한 활동들은 개인 수준에서 학교폭력 가해 학생과 피해 학생 및 그들의 부모를 대상으로 이루어지는데 학급에서 학교폭력 가해 및 피해의 문제가 발생하면 교사는 초기에 개입하여 즉각적으로 문제를 해결해야 한다.

첫째, 가해 학생이 다른 학생들을 괴롭히는 행동에 대해서는 단호하게 대처해야 한다. 또한, 괴롭히는 행동을 더 이상 하지 못하게 한다. 여러 명의 가해 학생들이 괴롭히는 행동을 하고 있다면 개별적으로 빠른 시기에 만나 상담을 진행해야 한다. 이는 면담하는 동안 가해 학생들이 만나 다른 계획을 세우는 것을 방지할 수 있기 때문이다.

둘째, 피해 학생과의 면담 시에는 피해자들이 폭력 발생 상황과 세부적인 경위에 대해 자세한 정보를 제공할 수 있도록 지지하고 격려해 주는 것이 필요하다. 이때 피해 학생이 교사를 통해 각종 지원과 함께 추가적인 괴롭힘과 폭력으로부터의 보호를 받을 수 있을 것이라는 확신을 얻을 수 있도록 도와주어야 한다. 이를 위해서는 학교와 해당 학생의 부모가 긴밀하게 협력하는 것이 필요하며, 만일 피해 학생이 또다시 괴롭힘을 당한다면 즉시 보고하도록 격려해 주어야 한다.

셋째, 학급에서 가해 학생이나 피해 학생을 발견했을 때는 해당 학생의 부모에게 즉각적으로 그 상황에 대해 알리고, 교사와의 논의를 통해 문제 해결방안을 모색해야 한다. 또한, 가해 학생의 부모에게 자녀의 그러한 행동을 심각하게 받아들일 필요가 있으며, 앞으로 그러한 행동이 발생하는 경우 묵인하지 않을 것이라는 사실을 단호하게 말할 필요가 있다.

넷째, 부모가 자녀와 더 많은 시간을 함께 보내고 자녀의 행동을 모니터한다. 또한, 가정에서도 폭력 행위와 관련된 규칙을 만들고 규칙을 따르는 행동을 하면 칭찬과 강화를 해 주고, 규칙을 위반하면 일관되게 부정적인 반응을 보이도록 한다.

다섯째, 자녀의 재능을 보다 적절한 방식으로 계발하도록 도와준다. 또한, 자녀가 학급의 친구들과 접촉하도록 도와주거나 스포츠 활동 등에 참여할 수 있도록 동기를 부여해 준다.

(4) 올베우스 프로그램의 효과

올베우스 학교폭력 예방 및 근절 프로그램은 세계적으로 가장 알려진 프로그램 중 하나로 현재 전세계 16개국 이상에서 실시되고 있다. 이 프로그램은 노르웨이 학교의 4~7학년에 속하는 2,500명을 대상으로 그 결과가 검증된 바 있으며, 집단 따돌림에 초점을 둔 최초의 프로그램이다(곽금주, 2004).

올베우스 프로그램은 학교폭력의 50% 이상을 감소시키는 효과가 있었으며, 학교 내의 폭력이 등굣길이나 하굣길 등 학교 밖으로 옮겨가지 않았다. 또한, 파괴, 싸움, 도둑질, 음주, 무단결석 등 일반적인 반사회적 행동도 뚜렷하게 줄어들었다. 뿐만 아니라 학급의 사회적 분위기가 여러 측면에서 뚜렷이 개선되었으며, 질서와 규율이 개선되고 긍정적 상호관계가 증가되고 학급과 학교에 대한 태도가 긍정적으로 변화되었으며 학교생활에 대한 만족도도 크게 증가되었다.

2) 핀란드

키바 코울루는 핀란드의 투르쿠대학 심리학과와 교육연구소가 공동으로 만든 국가 차원의 프로그램으로 학교의 왕따 문제를 해결하기 위해 발족시켰다. 핀란드는 이 프로젝트에 약 70억 원의 연구자금을 지원하였으며, 전문기관의 연구를 바탕으로 2006년부터 3년간의 연구 개발 과정을 거친 후, 2009년 가을부터 핀란드 학교에 본격적으로 실시되었다. 학교의 적극적 참여를 유도하기 위해 프로젝트가 처음 시행된 2009년과 2010년에는 참여를 결정한 모든 학교에 프로젝트 시행에 필요한 모든 자료와 교재를 무료로 제공하기도 하였다. 현재는 핀란드 전체 종합학교 중 약 90%의 학교에서 채택하여 사용하고 있으며, 따돌림 등 학교폭력 문제를 약 30% 감소시키는 효과를 보이고 있다. 우리나라에서 시행되고 있는 국가차원의 '어울림 프로그램'도 핀란드의 키바 코울루 프로그램에서 아이디어를 얻은 것이다.

(1) 키바 코울루 프로그램

키바 코울루 프로그램의 'KiVa'라는 말은 핀란드어 '왕따에 맞서다(kiusaamista vastaan)'라는 단어의 앞 두 글자씩 따서 만들었으며, 코울루는 '학교'라는 뜻이다. 즉, 키바 코울루는 '왕따에 맞서는 학교'라는 뜻이다. 또한, KiVa는 핀란드어로 '좋다'는 뜻이 있기 때문에 키바 코울루는 '좋은 학교'라는 뜻으로 해석할 수도 있다.

키바 코울루 프로그램은 교육문화부 재정지원으로 운영되며 단위학교는 국가의 기본교육 과정에서 이를 적용해야 한다. 한 달에 한 번씩 담임교사에 의해 진행되며, 1년에 20시간 정도 수업을 진행한다.

키바 코울루 프로그램은 학생, 교사, 학교, 학부모 모두 프로그램에 참여하여 학교폭력에 대응하는 건전한 학급문화를 형성하고, 사안이 발생할 경우 협력적으로 문제를 해결할 수 있는 학교문화를 형성하는 데 목적이 있다.

키바 코울루 프로그램의 세부 목적을 살펴보면 다음과 같다.

첫째, 방관 학생의 자기효능감과 행동을 긍정적으로 변화시키는 것이 목적이다. 따라서 가해 학생의 행동이나 피해 학생의 행동변화에 초점을 둔 기존의 프로그램과 달리 학교폭력 상황에 직접적으로 연관되지 않은 일반학생(방관자)의 긍정적인 사회적 지원 역량을 신장시키는 보편적인(universal) 내용을 담고 있다. 이러한 긍정적인 학급문화는 학교폭력의 발생 동기와 괴롭히는 행동을 줄이는 중요한 원동력이 되기 때문이다.

둘째, 실제적인 학교폭력 사안 발생 시 학교차원에서 문제를 효과적으로 해결할 수 있는 역량을 향상시키는 것이 목적이다. 따라서 키바 코울루 프로그램은 괴롭힘 행동에 대해 가해 학생에게만 초점을 두는 것이 아니라 전체 학생을 대상으로 학생들의 태도와 자세를 심어 주는 데 목적이 있는 것이다. 이는 집단따돌림은 개인의 문제이기보다는 교실 전체의 문제이기 때문이다. 그러므로 모든 학생에게 괴롭힘에 대해 보다 분명한 입장을 취할 수 있는 전략을 가르치고, 괴롭힘을 당하는 친구들을 어떻게 도와주어야 하는지를 알게 하는 데 목표가 있다. 이 과정에서 괴롭힘이나 그 피해의 개별적인 사례에 초점을 두기보다는 공동체의 안녕을 위한 공동의 책임을 강조하며, 학교는 모든 학생에게 안전한 곳이라는 확신을 심어 준다. 특히 학생들에게 학교폭력을 방관하는 사람이 되지 않도록 강조한다. 방관하는 학생들은 학교폭력 행위를 조장하거나 더 강화시킬 수도 있고, 침묵을 통해 가해 행위를 묵인할 수도 있다는 것을 깨닫게 한다.

(2) 키바 코울루 프로그램 구성 및 주요 내용

초등학생용은 단원(lesson)별로, 중학생용은 주제(theme)별로 내용이 구성되어 있으며, 초등학생용은 총 20단원으로, 중학생용은 총 여섯 개 주제로 구성되어 있다. 프로그램은 학교폭력 상황과 관련된 토론, 그룹 활동, 학교폭력과 관련 동영상, 역할극 등 다양한 활동으로 이루어져 있다. 더불어 이러한 오프라인 프로그램과 함께, 온라인 컴퓨터게임을 제공함으로써 학교폭력 예방 프로그램의 효과를 높이고 있다(Salmivalli, C., Poskiparta, E., Ahtola, A., & Haataja, A. 2013).

키바 코울루 프로그램은 학교폭력 문제에 대해 생태체계적(ecological)인 접근을 통해 학생과 교사, 학교, 학부모, 지역 사회가 학교 내 폭력 사안을 효과적으로 해결하기 위해 협력하고 학교폭력을 예방하고 건전한 학교문화를 형성하기 위해 다양한 활동을 펼치는 내용으로 이루어졌다.

세부 목적에 따라서 프로그램 내용이 두 가지로 구별된다.

첫째, 보편적(universal) 내용에서는 방관자에게 학교폭력 피해자에 대한 공감과 학교폭력 상황에서 피해자를 지원할 수 있는 역량을 향상시키기 위한 자기효능감 증진의 활동을 제공하고 있으며, 학교폭력에 대응하고, 피해자를 지원하는 비폭력적 태도를 향상시키기 위한 훈련을 포함한다.

둘째, 지시적(indicated) 내용에서는 실제 학교폭력이 발생할 경우 이를 해결하기 위한 체계적 해결 과정 및 전략에 대한 정보를 제공한다. 즉, 사안이 발생했을 때 담임교사와 세 명의 교사(타 학교의 교사도 가능)로 KiVa 팀이 구성되어 사안을 처리하게 되며, 이들은 피해자·가해자가 각각 혹은 함께 면담하는 한편, 담임교사는 학급에서 친사회적 특성을 가진 2~4명의 학생과 함께 피해 학생을 다양한 방법으로 지원활동을 펼치는 등 구체적인 지원 전략이 제시되어 있다(한국교육개발원, 2014, 재인용).

(3) 키바 코울루 프로그램의 운영

키바 코울루 프로그램은 학교폭력에 대한 교사의 인식을 제고하고, 가해 학생과 피해 학생 간의 중재역할, 방관자에 대한 교육, 학교와 가정, 지역사회가 함께 참여하도록 하며, 지속적인 프로그램 효과 평가를 통해 프로그램의 완성도를 높여 가고 있다. 또한, 학교폭력 문제 해결을 위해 학교가 중심이 되고, 교사가 핵심적인 역할을 한다. 학생과 학부모, 교사를 위한 전문적인 자료가 제공되고, 학생들과 함께 참여할 수 있는 패키지를 제공하고 있다.

키바 코울루 프로그램은 학생 보호와 관련된 일반적인 행동(general action) 프로그램과 성인들의 도움을 받아 심각한 괴롭힘을 저지할 수 있는 절차와 관련된 구체적인 행동(indicated action)프로그램으로 구성된다. 일반 행동 프로그램은 학교 내에 있는 모든 학생을 대상으로 한다. 프로그램을 통해 집단의 규범을 인식하고 지키도록 하고 피해자들을 도와줄 수 있도록 하는 역량을 길러 주는데 목적이 있으며, 이러한 목적은 다음 표와 같다.

1. 자신이 학교폭력 행위를 유지시켜 주는 역할을 할 수 있다는 것에 대해 자각한다. 2. 학교폭력을 당한 학생의 고통을 이해, 공감하려고 노력한다. 3. 학교폭력을 당한 학생들을 도와주는 전략의 개발과 활용에 대한 자기효능감을 증대시킨다.

일반 행동 프로그램은 토론, 협동학습 수행, 역할극, 학교폭력에 관한 영상 상영 등의 방법들로 구성되며, 학교폭력 방지를 위해 컴퓨터 게임을 활용한다는 특징이 있다. 학생들은 키바 코울루 수업 중에 학교폭력 방지 컴퓨터 게임을 할 수 있으며, 게임은 모두 다섯 단계로 이루어져 있다. 각 단계는 다음과 같이 세 부분으로 구성되어 있다.

1. I KNOW: 학생들은 학교폭력에 관한 새로운 정보를 습득하고 자신들이 기존에 가지고 있던 괴롭힘에 관한 지식을 평가 받는다.
2. I CAN: 학생들은 학교폭력이 벌어지는 상황에서 적절한 방식으로 대처할 수 있는 새로운 기술을 익힌다.
3. I DO: 학생들은 실제 장면에서 학교폭력 방지를 위한 지식과 기술을 활용할 수 있도록 격려를 받는다.

키바 코울루 프로그램은 쉬는 시간 감독을 맡은 교직원들은 KiVa 유니폼을 착용하고 학교를 순찰함으로써, 학교에서 학교폭력에 대해 매우 심각하게 보고 있으며, 학생으로 하여금 지속적으로 경각심을 갖게 한다. 또한, 학생 및 학부모에게 프로그램의 도입을 설명하기 위한 프리젠테이션 자료를 통해 교육을 하고 있으며, 학교폭력을 줄이기 위해 어떤 노력을 해야 하는지에 대해 교육받는다.

구체적인 행동 프로그램은 학교폭력 문제가 발생했을 때, 피해 학생과 가해 학생 모두를 도와주는 데 목적이 있다. 이를 위해 모든 학생을 대상으로 사전 예방교육을 실시하고, 문제 상황이 발생했을 때 문제를 해결하고 피해자를 보호하며 가해자를 적절히 선도하고 교정할 수 있는 능력을 기르게 한다. 구체적인 행동 프로그램은 학교폭력에 관련된 학생 사이의 지속적인 개별 및 그룹 토의 과정으로 이루어지며, 피해 학생을 도와주기 위한 동료 학생들의 적극적인 참여를 중시한다.

핀란드의 각 학교에서는 학교폭력에 대해 무엇을, 언제, 어떻게 조치할 수 있을지에 대해 구체적이고 체계적인 관리가 가능하도록 프로그램이 구성되어 있다. 키바 프로그램을 시행한 각 학교에서는 최소 세 명의 교직원을 키바팀에 합류시켜, 학교에서 목격되고 드러난 폭력행위를 해결해 나가는 역할을 맡고 있다. 학교폭력 사례들은 피해자 및 가해자와 함께 개별 또는 소그룹 토의를 통해 해결해 나가는데, 좀 더 체계적인 후속 모임들이 수반된다. 또한, 각 학급 담임교사는 두 명 내지 네 명 정도의 사교적이고 영향력 있는 학급의 학생을 통해 피해 학생을 도와줄 수 있도록 적극 격려해 준다.

〈표 8-9〉 키바 코울루 프로그램의 학교 구성원의 역할

구성원	역할 및 내용
학생	· 프로그램에 직접 참여함 · 학급에서 학교폭력 사안 발생 시 친사회적 행동 성향을 가진 학생들은 담임교사와 함께 피해 학생 지원을 위한 활동을 수행함
교사	· 학급에서 학교폭력 예방 프로그램을 직접 실시함 · 사안 발생 시 학교폭력 문제 해결을 위해 구성된 KiVa교원팀의 구성원으로 활동함
학부모	· 학교폭력에 관한 다양한 정보를 포함하여 학교폭력을 예방하고 감소시키기 위해 협력함
학교	· KiVa에서 제공하는 학생용 프로그램 자료를 이용하여 학부모와 교사를 대상으로 프로그램을 소개하고 홍보함
지역사회	· 타 학교의 교원과 연계하여 학생의 학교폭력 문제 해결을 위한 협력적 지원활동을 함

(4) 키바 코울루 프로그램의 효과

키바 코울루 프로그램은 학생, 교사, 학부모를 위한 보다 광범위하고 포괄적이며 전문적으로 준비된 학교폭력과 관련된 자료들을 제공하고 있다. 또한, 인터넷 및 가상 학습환경 등의 강력한 학습미디어를 활용하고 있다. 학교폭력 근절을 위한 이러한 노력은 여러 형태로 나타나는 학교폭력의 피해를 시행 첫해에 21~63%로 현저하게 감소시켰다. 키바 코울루 프로그램의 효과는 다음과 같다.

1. 학교폭력 가해 학생에 대한 지지 감소
2. 학교폭력 피해 학생에 대한 공감 증가
3. 학교폭력 피해 학생의 학교폭력 대처능력 함양
4. 애교심 함양 및 학업성취도 향상
5. 우울증, 불안감, 또래에 대한 부정적 관념 저하
6. 교사 및 학부모의 학교폭력 대처능력 함양

3 국내·외 학교폭력 관련 프로그램이 주는 시사점

첫째, 학교폭력 예방 프로그램은 온라인과 오프라인 등 다양한 접근 방법을 통해 체계적으로 접근할 때 프로그램의 효과를 높일 수 있다. 키바 코울루 프로그램의 경우 학교폭력 예방 활동을 지원하기 위해 온라인과 오프라인 자원을 동시에 개발하여 활동하고 있으며, 온라인 게임을 통해 학생들의 흥미를 유발시켜 학교폭력 예방 교육의 효과성을 높이고 있다.

둘째, 학교폭력 예방 사업은 전문가 및 교사 네트워킹 형성을 통한 협력적 지원, 학교폭력 예방 프로그램 전문가 양성 등 적극적인 정책적 지원이 바탕이 될 때 프로그램이 좀 더 체계적으로 운영될 수 있으며 예방 효과도 높이는 것으로 보인다.

셋째, 학생용 프로그램 개발과 함께 교사와 학부모의 학교폭력 예방 지원을 위한 역량 강화 프로그램 개발이 동시에 이루어지는 것이 효과적일 것이다. 교사와 학부모를 위한 학교폭력 예방 프로그램은 대부분의 학생용 프로그램에 대한 안내와 활용을 위한 연수와 가이드에 초점이 맞춰져 있다. 그러나 교사와 학부모의 학생 특성에 대한 이해, 학교폭력 발생과 유형에 대한 이해, 개입 방법에 대한 이해가 동시에 이루어진다면 학교폭력 예방이 좀 더 효과적으로 이루어질 수 있을 것이다.

넷째, 국외 학교폭력 예방 프로그램은 학생들의 발달 특성에 대한 이해와 이론적 근거를 통해 이루어지고 있기 때문에 각 프로그램의 목표와 기대효과가 명확하다. 따라서 효과적인 학교폭력 예방 프로그램을 개발하기 위해서는 대상 학생에 대한 분석과 연구를 바탕으로 체계적으로 이루어져야 할 것이다.

다섯째, 국외에서 개발된 프로그램은 단순히 학교폭력 상황을 다루고 있기 보다는 학생들의 사회·정서적 역량을 강화하여 학급과 학교문화를 개선함으로써 학교폭력을 예방하는 방향으로 진행되고 있다. 이는 간접적인 학교폭력 예방을 위한 접근이고 시간이 많이 소요되는 접근 방법이지만 학교의 긍정적인 학급문화를 조성함으로써 장기적으로는 유효성이 높을 것이라 기대할 수 있다.

마지막으로, 최근 국내에서는 학교폭력의 발생과 영향에 대한 관심이 늘고 있어 학교폭력 관련 프로그램의 개발이 활발히 진행되고 있다. 이들 프로그램의 개발 목적과 내용의 분석결과가 시사하는 바는 학교폭력의 역량을 향상시키기 위해서 학생의 정서적 역량, 사회적 역량, 학교폭력 예방 역량의 계발이 중요하다는 것이다. 예를 들면, 학생들의 공격성과 충동성을 조절하는 능력, 타인의 생각을 공감하는 능력, 적절히 의사소통을 하는 능력, 자신을 존중하고 이해하는 연습, 그리고 학교폭력의 심각성을 파악하고 적절히 대처하는 기술을 향상시키는 것이 중요하다.

09 CHAPTER 학교폭력 학생 심리상담

1 학교폭력 상담의 필요성

학교폭력 문제는 피해자와 가해자 모두 학생이기 때문에 폭력 문제 해결의 원인과 주체가 될 수 있는 가정과 학교 및 사회가 공동으로 대처방안을 마련해야 한다. 또한, 일시적·단편적·산발적인 대책으로는 근본적 해결이 불가능하다. 따라서 학교폭력 문제 해결을 위해서는 먼저 학교폭력에 대한 시각과 사고가 전환되어야 한다. 그리고 학교폭력 피해 및 가해 학생, 가족의 심리적 상처에 관심을 가지고 접근하는 상담적 접근과 학교와 지역사회의 역할과 대응에 초점을 맞추고 접근하는 교육적·체계적 접근이 필요하다.

학교폭력 상담이 중요한 이유는 학교폭력이 그 자체로 끝나는 것이 아니라 계속해서 추가적인 피해가 발생하여 문제가 더 심각해질 수 있기 때문이다. 학교폭력은 물리적 폭력뿐만 아니라 신체적 및 심리적 폭력을 모두 포함한다. 피해학생은 신체적, 심리적 폭력으로 인한 두려움으로 선생님이나 부모님에게 피해 사실을 알리지 않는 경우도 많다. 이러한 체념, 방관, 무력감으로 학교폭력은 점점 더 악화되고 있다. 따라서 부모와 학교는 물론, 청소년상담관련 단체들의 협조를 받아 학교폭력에 가담한 학생들에 대한 지속적인 교육과 상담을 통해 근본적으로 해결할 수 있는 방안을 모색해야 한다. 뿐만 아니라 폭력을 조장하는 사회분위기의 쇄신과 청소년의 지도와 보호에 민간단체와의 협력체계를 구축해서 종합적이고 체계적인 해결책이 마련되어야 한다.

학교폭력 상담에서는 피해자뿐만 아니라 가해자, 동기생, 학부모가 적응적인 행동을 할 수 있도록 도와주어야 한다. 자녀가 가해 학생이든 피해 학생이든 학부모도 학교폭력에 관여하게 되고, 학부모의 대처 혹은 적응능력에 따라 폭력의 양상이 달라진다. 교육에서 추구하는 학생의 인격적, 지적 성장을 도모하면서 학생 사이의 상호관계를 다루어야 한다. 학교폭력을 근절하고 예방하기 위해서는 학교 내에서 발생하는 폭력 문제를 공개하고, 이에 대한 원인분석과 대책마련을 위해 학생, 교사, 학부와 지역단체의 노력이 요구되어야 한다. 또한, 학생 중심의 지도와 상담으로 학생들이 가지고 있는 학교에 대한 저항감이나 구속 등의 부정적인 인식을 개선하고, 교우관계 개선 및 부적응학생 선도를 통해 청소년의 학교폭력을 예방해야 한다.

학교폭력에 대처하는 방식에는 처벌이나 훈육 등의 방법이 있지만, 청소년의 성장과 발달을 촉진하고 더 나아가 청소년의 다양한 문제를 해결하고 예방하기 위한 가장 효과적인 대처방안으로 학교상담이 효과적인 방법으로 인식되고 있다. 상담이 학교폭력에 효과적으로 대처할 수 있는 이유는 다음과 같다(김동현·이규미, 2012).

첫째, 상담은 학교폭력 문제 해결에 도움을 제공할 수 있는 종합적인 도구이다. 학교폭력은 물리적 폭력뿐만 아니라 집단 따돌림과 괴롭힘, 언어적 폭력, 금품 요구, 협박이나 위협 등의 신체적·심리적 폭력을 모두 포함한다. 또한, 피해자와 가해자, 방관자, 부모 등 학교폭력과 연관되어 있는 사람들은 심리적 갈등이나 상처에 대한 해결과 함께 심리적 지지의 도움을 필요로 한다.

둘째, 상담은 내담자의 문제 해결을 통한 행동의 변화와 심리적 문제 해결이자 부적응의 해결이다. 따라서 학교폭력을 예방하고 폭력 문제를 해결하기 위한 가장 생산적이고 효과적인 개입 방법은 상담이다.

셋째, 상담은 내담자의 문제 해결을 위해 의사소통기술, 중재기술, 진단과 사회자원 활용기술 등의 전문성이 필요하다. 학교폭력 문제의 해결을 위해서는 상담에 필요한 이런 전문성이 뒷받침되어야 한다.

넷째, 상담은 내담자가 개인적인 문제에 대한 자기 이해와 지도력을 터득하도록 도와주는 과정을 통해, 현재의 문제를 효과적으로 해결하고 미래의 삶의 문제에 대한 조망과 해결능력을 갖게 되어 자기효능감과 자족감을 느끼도록 인도하는 과정이다. 학교폭력은 일시적인 문제 해결이나 조치보다는 예방적 차원에서의 심리치료와 상담이 필요하다. 학교폭력과 연계되어 있는 청소년을 대상으로 다양한 상담의 실시를 통해 청소년이 긍정적인 자아정체성을 형성하고 학교생활에 적응할 수 있도록 돕고 있다.

2 학교폭력 상담의 특징

학교폭력 상담은 일반적인 상담 과정과는 달리 즉각적이고 신속한 개입이 필요하며, 피해자와 가해자에 대한 개별적인 치유와 지원도 중요하다. 또한, 학교폭력 예방을 위한 전반적인 학교문화 개선에 도움을 줄 수 있는 상담활동이 필요하다. 다시 말해, 학교폭력 상담은 학교 내·외에서 일어나는 학교폭력 위기상황에 적극적으로 개입함으로써 피해 학생과 가해 학생들이 학교폭력이라는 위기상황을 원만하게 극복할 수 있도록 도와주고, 피해 학생의 보호와 치유를 통해 어려움 없이 학교에 잘 적응하고 성숙해 나가도록 지원하며, 더불어 가해 학생이 가해 요인에 대한 상담과 적절한 조치를 통해 선도·치유되도록 돕는 것이다.

또한, 학교폭력의 방관자들이 학교폭력에 대한 올바른 인식과 예방교육을 통해 학교폭력이 발생했을 때의 위기상황들을 함께 극복해 나갈 수 있도록 돕는 것이다. 학교폭력으로 인해 치러야 할 사회적·경제적 측면을 고려하면 단편적인 사후대책보다는 잠재적인 가해·피해 학생을 포함하는 예방적 측면이 매우 중요하다고 볼 수 있다. 이러한 학교폭력 상담의 목적은 학교급별로, 대상별로, 지역별로 조금씩 차이는 있지만 학교폭력 상담이 가지는 공통적인 특징을 살펴보면 다음과 같다.

첫째, 학교폭력 상담은 즉각적이고 신속한 중재가 요구된다. 학교폭력 발생 즉시 피해 학생의 후유증이 심각해지거나 가해 학생의 죄의식이나 자기 책임에 대한 인식이 소멸되기 전에 즉각적이고 신속하게 상담이 이루어져야 한다. 그래야만 학교폭력으로 인한 제2차, 제3차 피해가 발생하여 문제가 더 심각해질 수 있는 상황을 예방할 수 있다.

둘째, 학교폭력 상담은 또래관계의 회복과 삶에 대한 통찰이 중요하다. 학교폭력 상담은 인간관계에 관한 것이다. 학교폭력 발생 이면에는 대인관계 부적응 문제가 이미 존재하고 있으며, 또한, 학교폭력이 진행되면서 관계가 악화되기 때문에 관련된 학생 간의 관계회복을 원리로 상담을 진행한다. 따라서 징계나 훈계 위주의 통제적 관점이 아닌, 자기성찰을 통한 반성과 당사자들 간의 관계회복에 중점을 두어야 한다.

셋째, 학교폭력 상담은 자기실현 및 자기성장을 돕는다. 학교폭력 상담은 가해 학생, 피해 학생 모두에게 자기성장 가능성이 있다는 전제하에 학생들의 자기성장을 위한 잠재력을 실현하고, 충분히 자신의 역할을 수행할 수 있는 인간으로 성장할 수 있도록 다양한 기회를 제공한다.

넷째, 학교폭력 상담은 추수관리가 매우 중요하다. 학교폭력 상담은 학생의 적응력 고양을 위해 지속적으로 이루어져야 하며, 본 상담 종료 후에도 추수상담을 통해 학교생활 적응 및 또래와의 관계회복이 지속될 수 있도록 해야 한다. 학교폭력 상담의 목표는 일시적인 사건이나 문제 해결이 아니라 심리적 회복을 통해 재발을 방지하는 것이 중요하기 때문에 예방차원에서의 장기적인 상담이 이루어져야 한다.

다섯째, 학교폭력 상담자료의 관리가 중요하다. 학교폭력 상담에서는 추후 발생 가능한 위기상황과 민원관리 및 법적 다툼을 대비하여 상담 과정을 서류로 정리하여 문서화하여 보관하여야 한다.

여섯째, 교사와 학부모의 협력적 관계가 요구된다. 학교폭력 상담에서는 가해 학생과 피해 학생뿐만 아니라 학부모, 또래친구, 교사 등 많은 사람들이 관여된다. 특히 학교폭력 관련 학생들의 학교생활 적응도를 높이기 위해서는 교사와 학부모의 적극적인 협력이 매우 중요하다.

일곱째, 학교폭력 상담은 필요하다면 지역사회 상담기관과의 협력과 연계가 필요하다.

3 학교폭력 상담의 과정

학교폭력이 심각한 문제로 부각되면서 학교폭력 상담에 대한 중요성이 강조되고 있다. 하지만 학교폭력 상담사례의 독특하고 복잡한 특성으로 인해 기존의 일반 상담 원리와 기법을 적용하고 개입시키기에는 한계가 있다. 그러나 학교폭력과 관련된 피해자와 가해자들의 상처를 치유하고 행동을 개선하기 위해서는 상담이 반드시 필요하다. 상담은 행동의 변화를 목표로 한다. 행동의 변화는 쉽게 이루어지는 것이 아니고, 일방적 조언이나 지시로 달성될 수 있는 것도 아니다. 상담심리 관련 전문가들은 학교폭력 상담에 체계적으로 접근하기 위해 많은 연구와 노력을 기울이고 있다.

학교폭력 상담은 인권존중을 기초로 상담이 진행되어야 한다. 학교폭력의 특성상 일시적인 문제 해결을 위한 상담이 되어서는 안 되며, 예방을 전제로 피해 및 가해 학생을 포함해서 연관되어 있는 모든 사람들을 대상으로 구체적인 상담이 진행되어야 한다.

학교폭력 상담은 일반적인 상담과 마찬가지로 공통적인 상담 단계를 거치게 된다. 학교폭력과 관련해서 상담의 시작에서부터 종결까지 전체적인 진행 과정과 내용은 다음과 같다.

1) 상담의 개시 단계

상담의 시작으로 학교폭력 사안에 대한 내용을 확인하고, 관련자들에 대한 접수면접을 준비하는 단계이다. 학교폭력으로 위기상황에 있는 내담자가 상담자에 대한 신뢰감과 안정감을 형성함으로써, 상담의 도움을 기대하고 마음을 개방할 수 있도록 한다.

2) 정보수집 단계

학교폭력 발생의 정확한 사실을 파악하기 위한 정보를 수집하는 과정이다. 피해 및 가해 학생에 대한 인적 사항, 학교폭력의 발생 시기 및 장소, 폭력의 유형 및 지속기간, 원인 및 피해 정도 등에 관한 구체적인 정보와 증거자료를 수집한다. 상담자는 피해 및 가해 청소년에 대한 상담면접을 별도로 진행하고 구술이나 진술서 이외에도 정서 및 행동특징 등을 관찰해서 진상을 파악한다. 객관적인 정보와 자료를 수집하기 위해서 학교폭력에 관련된 목격자와 주변학생, 부모, 교사를 대상으로 면접을 실시한다. 그리고 학교폭력과 관련하여 형·민사소송이 발생하기도 하고 학부모의 민원이 제기되기도 하므로, 상담일지는 최대한 자세히 기록하고 반드시 문서자료로 보관한다.

▧ 학교폭력 면접상담일지 ▧

■ 피해자

<table>
<tr><td>이름</td><td>(남/여)</td><td>학교 학년</td><td colspan="2">기타/특이사항</td><td></td></tr>
<tr><td rowspan="2">주소</td><td colspan="2" rowspan="2"></td><td rowspan="2">연락처</td><td>본인</td><td></td></tr>
<tr><td>보호자</td><td></td></tr>
<tr><td>피해 유형</td><td colspan="5">언어폭력, 따돌림, 괴롭힘, 신체폭력, 사이버폭력, 위협 및 협박, 금품갈취, 성폭력,
기타( )</td></tr>
<tr><td>피해 기간</td><td colspan="5">일회성, 1개월, 3개월, 6개월, 1년 이내, 1년 이상, 기타( )</td></tr>
<tr><td>피해 장소</td><td>학교 내( )</td><td colspan="2">학교 밖( )</td><td colspan="2">기타</td></tr>
<tr><td>피해 상황</td><td colspan="5">전치 2주 이상, 정서적 스트레스, 불안 및 두통 등</td></tr>
<tr><td>가족관계</td><td colspan="5"></td></tr>
<tr><td>학교생활</td><td colspan="5"></td></tr>
</table>

■ 가해자

<table>
<tr><td>이름</td><td colspan="2">(남/여)</td><td colspan="2">학교 학년</td><td colspan="2">기타/특이사항</td><td></td></tr>
<tr><td rowspan="2">주소</td><td colspan="4" rowspan="2"></td><td rowspan="2">연락처</td><td>본인</td><td></td></tr>
<tr><td>보호자</td><td></td></tr>
<tr><td>폭력 경험</td><td>유/무</td><td colspan="2">징계 경험</td><td colspan="2">1회, 2회, 3회 이상</td><td>징계 형태</td><td></td></tr>
<tr><td>피해 기간</td><td colspan="7">일회성, 1개월, 3개월, 6개월, 1년 이내, 1년 이상, 기타( )</td></tr>
<tr><td>가족상황</td><td colspan="7"></td></tr>
<tr><td>학교생활</td><td colspan="7"></td></tr>
</table>

■ 상담 내용

상담일	년 월 일
내담자	
상담 내용	
현재 상황	
내담자의 욕구	
상담평가	
기타	

■ 학교폭력 관련 상담진행계획

개인 상담	피해자: 가해자: 피해자 학부모: 가해자 학부모:
집단 상담	가해 학생 집단 상담: 가해 학생 학부모 집단 상담:
예방교육	가해 학생 특별교육: 가해 학생 학부모 특별교육:

[그림 9-1] **학교폭력 면접일지**

3) 내담자 문제의 감정적·사실적 정의 단계

상담자는 내담자의 정서와 인지 및 신체적 측면에 유의해서 문제의 감정적·사실적 측면을 파악한다. 또한, 내담자의 반응을 촉진할 수 있는 기술을 적용해서 내담자가 자신의 문제를 사실적으로 표현하도록 한다. 이때 나타나는 정서적·신체적 변화를 세심하게 관찰해서 기록한다. 이 외에도 피해 및 가해 학생의 현재 문제와 상태에 대한 이해 정도 및 대응능력을 확인하는 것도 중요하다.

4) 해결방안 및 대안모색 단계

상담자는 지금까지 수집된 정보와 면접 자료를 근거로 내담자 상황에 맞는 적절한 해결방안 및 대안을 모색해서 선택하는 과정으로 상담자는 가능한 한 내담자의 의견을 중시해서 대안을 선택해야 한다. 이 과정에서 피해 학생이 현 상태에서 적절한 대처능력과 적응력을 가지고 있는지도 상담자가 파악해야 한다. 그리고 가해 학생 측의 대응 방법에 대해서도 파악하여 해결방안의 실마리를 찾도록 해야 한다.

학교폭력의 특성상 선택한 대안이나 해결방안이 학교의 교칙이나 법적인 절차로 처리되는 경우도 있기 때문에 공식적이고 객관적인 대안으로 내담자가 수용가능한지에 대해서도 검토한다. 또한, 내담자가 자율적으로 실행할 수 있도록 구체적이고 현실적이며, 학교폭력 예방을 위한 대안 및 행동방안을 모색해서 상담계획을 확정한다.

5) 대안 및 계획수립 단계

상담자가 내담자로 하여금 학교폭력에 실제로 대처하고 문제를 해결할 수 있도록 전 단계에서 선택한 대안에 대해 사전검사를 통해 계획을 수립하는 단계이다. 이때 상담자는 대안의 합리성과 타당성을 체계적으로 분석한 후에 상담자와 내담자가 적당하다고 생각하는 대안의 목록을 작성한다. 또한, 내담자에게 적용하게 될 대안 목록과 방법들을 평가한 후에 실행계획을 구체적으로 작성한다.

6) 계획실행 단계

내담자가 자기이해와 탐색을 통해 자신의 문제에 대해 통찰력을 경험한 후에 자신감을 가지고 선택한 대안을 적극적으로 실행하기 위해 행동으로 실천하는 단계이다. 상담자는 내담자가 당당한 마음과 자기주장훈련으로 학교폭력에 대처하도록 조력한다. 내담자는 자신이 결정한 행동의 긍정적인 결과를 경험하게 되면서 보다 정확하게 자기를 이해할 수 있게 되는 동시에, 자신과 타인에 대해 신뢰하게 되면서 학교폭력에 대한 올바르고 합리적인 태도가 형성된다.

7) 상담의 종결

상담의 긍정적인 결과로 인해 내담자의 문제가 효과적으로 해결되어 상담을 종결하게 되는 단계이다. 내담자는 학교폭력에 대한 상처와 후유증에서 벗어나 자신감을 회복하고, 원만한 또래관계를 형성할 수 있다. 그러나 학교폭력 관련 상담의 경우 상담은 종결되었지만, 이후 폭력 사안으로 접수되고 학교폭력대책자치위원회가 개최되어 피해 학생과 가해 학생 및 학부모에 대한 조치가 내려지면 그 후에 상담이 계속 진행되는 경우가 많다. 따라서 상담자는 상담종결 후에도 추후 상담이 계속될 수 있다는 사실을 알려 주고, 내담자에게 필요하면 도움을 요청할 수 있도록 한다.

4 학교폭력과 상담

학교폭력이 발생하게 되면 학교폭력과 관련된 피해 학생, 가해 학생, 방관자 및 목격자, 피해자 학부모, 가해자 학부모 등으로 구분하여 상담이 이루어져야 한다.

1) 피해 학생 상담

학교폭력 피해 학생은 폭력이 가해졌던 상황에 대한 스트레스뿐만 아니라, 이후에 발생할 수 있는 제2의 추가적인 폭력에 대한 불안으로 매우 긴장되어 있고 민감할 수 있다. 따라서 피해 학생의 심리적 특성과 물리적 환경에 대한 충분한 이해를 통해 학교폭력의 상처와 후유증을 극복하고 학교생활에 잘 적응해 갈 수 있도록 상담 프로그램을 운영하여야 한다.

피해 학생은 피해 상황에 대한 심리적·정서적 상처와 불안으로 인해 학교생활이나 대인관계가 힘들어지는 외상 후 스트레스 장애(PTSD) 증상을 보일 수 있다. 그러므로 피해 학생에게 학교폭력 상황에서 어떻게 행동하라고 조언하기보다는 적절한 대처 행동을 연습하도록 하는 것이 더 중요하다. 예를 들면 피해 학생에게 개괄적 혹은 추상적으로 어떻게 하도록 말하는 것보다는 실제 상황을 가정하여 그 상황에서의 행동을 해 보도록 하는 것이 좋다. 이러한 행동연습을 통해 그 효과에 대해 점검해 보고 예상치 못한 돌발 상황에 대한 예측과 그에 따른 대처행동도 연습해 볼 수 있다.

(1) 피해 학생의 특성

피해 학생은 스스로를 바보스럽고 매력적이지 않다고 지각하는 경향이 있으며, 낮은 자존감과 사회적 불안이 높은 것으로 밝혀졌다(Hoover & Juul, 1993).

일반적으로 남학생과 여학생 피해자는 모두 친구들의 부정적 평가에 대한 두려움을 가지고 있었고, 특히 여학생의 경우 사회적 고통과 사회적 회피가 중요한 특징이다. 피해 학생은 사회적 인정을 갈망하고 있지만, 다른 사람과의 상호작용에서 친사회적 행동을 보이는 데 어려움을 갖고 있다(Bernstein & Watson, 1997). 지금까지 밝혀진 피해 학생의 특성을 열거해 보면 다음과 같다. 이는 학교폭력을 당하는 이유가 되기도 한다(정종진, 2012).

〈표 9-1〉 **피해 학생의 특성**

· 행동이 어눌하다. · 자신이 타인에게 어떻게 보이는가에 대해서 지나치게 민감하고 걱정을 많이 한다. · 불안해하고, 수줍어하고, 조심스럽고, 수동적이고, 조용하고, 순종적이다. · 의사소통이 서툴고, 문제를 터놓고 이야기하지 못한다. · 신체적으로 허약하고, 협동을 못하며, 가해 학생보다 나이가 어리거나 덩치가 작다. · 자신의 신체에 대해 매력이 없다고 느끼거나 반대로 자신의 신체적 이미지에 대해 과신하는 경향이 있다. · 혼자서는 또래에게 대응하지 못하고, 또래집단으로부터 지지를 이끌어 낼 수 없다. · 또래로부터 거부되고, 인기가 없으며, 사회적으로 고립된 편이다. · 자기주장을 펴지 못하고, 스스로의 힘으로 자신을 방어하지 못한다. · 지나치게 과잉보호적인 부모에게 의존적이다. · 성가심과 심적 좌절감으로 인해 감정이 폭발하기도 한다.

(2) 피해 학생의 상담절차

피해 학생의 단계별 상담절차는 초기 단계(사건의 정황파악, 초기면접), 중기 단계(개인 상담, 학부모 상담, 관련전문기관 연계), 종결 단계(사후관리, 다면적 통합 지원)로 진행된다. 각 단계별 세부전략을 기술하면 다음 〈표 10-2〉와 같다.

〈표 9-2〉 **피해 학생의 단계별 상담절차**

단계	전략	세부전략
초기 단계 ⬇	사건의 정황 파악	· 피해 학생 인적 사항 파악하기 · 사건의 객관적인 정보 수집하기
	사안 처리	· 자치위원회 및 전문기관을 통한 사안 처리
	초기면접	· 심리검사 및 진단, 평가, 피해 가능성 평가척도지
중기 단계 ⬇	개인 상담	· 피해 학생에 대한 심리상담, 피해자의 신변보호 · 상담 프로그램 진행 - 인지정서행동 상담기법 - 현실치료 상담기법 - 인간중심 상담기법
	학부모 상담	· 학부모 상담
	관련 전문 기관 연계	· 의료적 서비스(병원 및 정신과) 연계 · 중재전문기관 연계 · 형사 및 민사 소송과 관련한 자문기관 연계
종결 단계	사후관리	· 사후관리 프로그램 연계 · 학교폭력 위기개입의 평가
	다면적 통합지원	· 학교 · 가정 · 지역사회 차원의 지원

(3) 피해 학생의 개인 상담절차

학교폭력 피해 학생의 개인 상담절차는 사전준비–접수면접–본 상담–문제해결방안 탐색–상담 종결 및 전문기관이나 프로그램 등의 연계의 단계로 진행된다. 각 단계별로 이루어지는 상담 내용을 기술하면 다음 〈표 10-3〉과 같다.

〈표 9-3〉 **학교폭력 피해 학생의 개인 상담절차 예시**

단계	내용
① 사전준비 단계	· 내담자에게 신뢰감과 안정감을 줌으로써 라포(rapport)를 형성하고, 희망적인 상담의 구조를 설정한다. · 위기상황에 있는 학생의 경우 최우선적으로 안전을 확인한다(신체적 외상 및 정신적 충격에 대한 안정조치 여부를 확인한다).
② 접수면접	· 피해 학생의 인적 정보 및 피해 상황, 가족관계, 급우관계, 피해의 정도 등에 대해 파악한다. · 피해 학생이 원하는 문제 해결의 방법에 대해 파악한다.
③ 본 상담 실시	· 피해 학생의 심리·정서적 상태를 파악한다. · 필요하다면 심리검사를 실시하여 현재 피해 학생의 상태를 정확하게 파악하도록 한다. · 피해 학생의 대처 태도 및 요령을 조언해 준다. · 피해 학생의 불안과 심리적 스트레스를 해소하도록 다양한 상담기법을 통해 돕는다.
④ 문제 해결 방안탐색 단계	· 피해 학생을 둘러싸고 있는 문제들을 해결할 수 있는 방안에 대해 탐색한다. · 담임선생님, 교과 선생님과의 연계를 통해 지원한다. · 학부모 상담을 함께 진행하여 피해 학생의 심리적 지지를 위해 협조를 구한다.
⑤ 상담종결 및 연계 단계	· 상담 내용을 요약 및 정리한다. · 연속상담 여부 및 추가 정보를 제공한다. 예 전문기관 및 프로그램 연계 등

출처: 한국교육개발원(2011).

(4) 피해 학생의 개인 상담기법

① 자기주장 훈련하기

학교폭력의 피해에 노출되는 많은 학생은 부당하고 폭력적인 상황에 부딪혀도 자신의 의사를 제대로 표현하지 못하는 경우가 많다. 따라서 '나의 감정과 느낌'을 있는 그대로 전달하는 방법을 익힐 수 있도록 상담 과정에서 돕는다. 상담을 통해 자신이 부당한 대우를 받거나 어려운 상황에 처했을 때, 상황에 감정적으로 대처하거나 회피하는 것이 아니라 '이 상황에 대해 내가 가지는 감정과 느낌'을 솔직하게 표현하고, 이런 상황이 계속되는 것을 '거절'하거나 '싫다'라고 말할 수 있도록 지도한다. 실제상황을 상상하면서 단계적으로 연습하면, 실제 상황에서도 효과적으로 활용할 수 있게 된다.

② 자존감 향상

학교폭력에 노출되는 많은 학생은 자존감이 낮은 경우가 많다. 피해 학생의 낮은 자존감은 폭력상황이 되풀이되는 상황 속에서도 자기표현이나 주장을 제대로 표현하지 못해 피해가 커지고 반복되는 악순환이 계속된다. 마찬가지로 가해 학생도 낮은 자존감 때문에 학교생활에 제대로 적응하지 못하고 그 스트레스를 폭력이라는 왜곡된 방식으로 표출하게 된다. 따라서 피해 학생뿐만 아니라 가해 학생들도 자신의 가치를 인정하고 안정과 정체감, 소속감, 목적의식, 유능감을 가질 수 있도록 다양한 측면에서의 지원이 필요하다.

피해 학생은 다양한 자존감 회복 프로그램을 통해 학교가 안전한 곳이며, 주변 친구들이나 교사가 자신을 도우려고 하는 모습에서 힘을 얻어 학교생활에 적극적으로 적응하게 된다. 또한, 가해 학생도 인정과 격려 중심의 자존감 회복 프로그램을 통해 자신의 삶이 나름대로 가치 있는 것이 될 수 있도록 노력해야겠다는 자기성찰을 이루게 된다.

③ 위기상황 대처법

피해를 입은 학생은 학교폭력의 위기상황에 처하게 될 때, 어떻게 대처할 것인지에 대한 다양한 방법을 연습해 보는 것이 필요하다. 혼자 다니지 말고, 또래 친구들이나 어른들과 함께하면서, 가해 학생과 마주칠 때 자신 있는 태도를 취할 수 있도록 지도한다. 특히 피해 사실을 숨기지 말고 주변 사람들에게 알려 도움을 청할 수 있도록 한다. 그리고 폭력상황이 지속적으로 이루어질 때 두려워하지 말고 사실정황을 기록하여 폭력전담기구에 신고할 수 있도록 지도한다.

④ 역할극-빈의자기법

학교폭력의 피해자나 가해자는 서로 상대방의 입장과 태도에 대해 공감하고 반성할 수 있는 기회를 제공하는 방법으로 다양한 역할극을 활용할 수 있다. 빈의자기법은 가해 학생이나 피해 학생이 반대편에 있는 빈의자를 대상으로 자신이 하고 싶은 감정표현을 하게 함으로써 억눌려왔던 감정상태를 표현해 보거나 미처 깨닫지 못했던 상대의 마음이나 감정을 알아차리게 하는 방법이다. 또한, 다양한 역할극 대본을 직접 학생들이 작성하여 피해 학생, 가해 학생, 방관 학생의 입장을 경험해 봄으로써 서로를 이해하고 공감할 수 있는 계기가 될 수 있다.

(5) 피해 학생에 대한 효과적인 상담개입

피해 학생에 대한 상담은 내담자의 심리·정서적 문제를 이해함으로써 피해 학생이 치료 후에도 스스로 일상생활에 적응해 나가도록 하는 데 있다. 효과적인 상담개입의 단계와 개입전략들을 기술하면 다음 표와 같다.

〈표 9-4〉 **피해 학생에 대한 효과적인 상담개입 예시**

단계	개입전략	심리반응
인식 단계	공감적 인식	· 감정 표현 - "그만해." - "나 기분 나쁘거든!"
초기개입 단계	해결 의지	· 능동적 행동표현 - "야! 때리지마." - 자리를 피함. - 주변 사람들에게 도움을 요청함.
중재 단계	공론화	· 개방하기 - 주변 친구들에게 알리기. - 교사에게 털어놓기. - 부모에게 상황을 알리기.
학습 단계	대안행동학습	· 자존감 유지 - "나는 맞을 이유가 없어" - "나에게 함부로 하는 건 용납 못 해" - 가해 학생에게 사과를 요구함.
실행 단계	진정성	· 문제 해결 능력 향상 - 힘든 문제지만 해결해 보려고 노력함. - 부모나 교사에게 본인의 요구를 이야기함. - 문제 해결을 위해 친구들과 이야기함.
잠복 단계	신가치 창출	· 성장동력 회복 - 폭력은 정당화될 수 없는 행동. - 스스로 문제를 해결해 나갈 힘이 충분하다 여김. - 타인의 어려움을 돌아보고, 도와주고자 함.

출처: 조정실·차명호(2012).

(6) 피해 학생 상담 시 유의사항

① 피해 학생의 심리적인 안정과 불안 해소를 우선적으로 고려한다.

학교폭력 피해 학생은 폭력상황에 노출된 순간부터 극심한 스트레스와 불안 증세를 보인다. 그러므로 폭력이 발생하면, 가장 먼저 폭력의 상황으로부터 피해 학생을 격리시키고, 최대한의 심리적 안정을 찾을 수 있도록 한다.

② 사적인 정보에 대한 비밀을 보장한다.

학교폭력이 발생했을 때 피해 학생이 상담을 받지 않으려는 이유 중의 하나가 자신의 이야기에 대한 비밀보장에 대한 불안함 때문이다. 특히 학교폭력과 관련하여 분명하지 않은 사실관계나 소문으로 인해 피해 학생은 학교나 교사에 대한 불신을 갖게 되며, 이로 인해 더 이상 마음을 터놓지 않게 된다. 피해 학생을 보호하고 지원하려는 목적일지라도 먼저 피해 학생에게 공개 여부에 대한 동의절차를 거쳐야 하고, 동의하지 않는다면 비밀을 보장해 주어야 한다. 비밀이 보장될 때 피해를 입은 학생들이 솔직하게 자신의 이야기를 터놓을 수 있고, 이로 인해 제2의 학교폭력으로 이어지는 상황을 막을 수 있다. 만약 피해 학생의 동의 없이 피해 사실을 공개할 경우 심한 모멸감과 자존감 저하로 인해 피해 학생은 정신적 스트레스를 더 심하게 받는다.

③ 학부모에게 알려 가정의 지원과 협력을 받는다.

피해 학생과 가해 학생의 보호자에게 폭력 사안 발생에 대해 통보하여 가정에서 피해 학생은 위로와 격려를 통해 마음의 안정을 찾을 수 있도록 돕는다. 또한, 가해 학생의 경우에도 자신의 행동에 대해 반성하고 피해 학생에게 사과할 수 있는 방법을 찾도록 한다.

④ 학교적응력을 돕기 위한 다양한 프로그램과 상담의 다각화를 실시한다.

피해 학생이나 가해 학생이 상담을 받는 것만으로 적응력이 확연하게 달라지기는 어렵다. 학교생활 속에서 친구들 간의 관계와 자존감이 회복될 수 있도록 다양한 활동들과 상담을 계획하여 운영한다. 상담계획을 세울 때 자신이 가진 강점을 활용하여 긍정적인 문제 해결이 가능하도록 돕는 방법을 우선적으로 실시한다. 특히 학교폭력 문제는 학생 개인의 문제로 초점을 맞추기보다, 학교 내의 인적 자원 활용, 학급활동, 전문적인 기관, 가족들의 도움을 받아서 내담 학생의 변화와 긍정적 적응력 강화를 위해 다양한 전략을 수립하여 다각적으로 접근해야 한다.

2) 가해 학생 상담

학교폭력 가해 학생은 폭력 사건 직후에 영웅심리에 젖어 있거나, 폭력자체를 사소한 장난이나 피해 학생이 부적절한 행동에 대한 응징이었다고 자기 정당화를 시도한다. 청소년기의 학생들은 자신이 다른 학생보다 우월한 존재라는 증거를 찾고 싶어 하며, 자신의 행위가 법률적으로 어떤 책임이 따르는지 이해하지 못하는 경우가 많다. 그러나 일정 시간이 경과하면, 사건이 알려지는 것을 두려워하며 부모와 교사가 사건을 인지하는 경우 어떻게 해야 하나 하는 걱정을 하기 시작한다. 자신의 행위가 잘못되었다는 막연한 인식과 피해 학생에 대한 미안한 마음도 생겨난다. 그리고 법적 문제가 되지 않기를 바라는 마음이 강하다(조정실·차명호, 2012).

학교폭력이 발생한 후 가해 학생들은 학교폭력과 관련된 다양한 조사를 받고, 학교폭력대책 자치위원회 소집을 통해 적절한 조치 통보를 받는 과정에서 자신이 한 행동의 부적절함과 폭력성에 대해 많은 사람들로부터 훈육과 훈계를 받은 상태이다. 따라서 가해 학생에게 그 연장선상에서 교육을 실시하는 것보다는 가해 학생이 폭력적인 행동을 하게 된 심리적인 문제에 접근하기 위한 상담 프로그램을 구조화하는 것이 필요하다. 또한, 가해 학생이 가지는 공격성이나 충동성 등을 감소시키고 공감능력이나 자존감 등의 취약한 부분을 키워 주고, 가해 학생이 가지고 있는 잠재적인 삶의 긍정적인 에너지를 찾아서 부적응적인 생활과 행동을 좀 더 적응적인 행동으로 변화시켜 줄 수 있는 프로그램이 요구된다.

(1) 가해 학생의 특성

학교폭력 가해 학생 육체적으로 힘이 세고 타인에 대한 강한 지배욕을 가지고 있어서 다른 학생을 지배하거나 굴복시키며, 힘과 위협으로 자기주장을 내세워, 다른 학생에게 자신의 뜻을 억지로 관철시키려는 욕구가 강하다. 또한, 성미가 급하고 화를 잘 내며, 충동적이어서 욕구 지연 및 욕구 좌절에 대한 인내력도 약할 뿐만 아니라 속임수를 써서라도 원하는 것을 얻으려고 한다. 그리고 가해자는 피해자에 대한 배려와 공감이 결여되어 있으며, 공격적 충동에 대한 통제력이 부족하고, 타인을 비난하는 식으로 자신을 정당화하면서 죄책감을 잘 느끼지 않는다(정종진 외, 2014). 이러한 행위는 가해자와 피해자 간의 힘의 불균형에서 비롯되며, 타인에게 자신의 힘을 과시하고 싶은 욕구에서 시작된다. 특히 학교폭력 가해 학생에게서 나타나는 개인적인 요인 중 가장 현저하게 나타나는 특성이 공격성이다.

지금까지 밝혀진 가해자의 특성을 기술하면 다음 표와 같다(정종진, 2012).

〈표 9-5〉 **가해자의 특성**

· 피해 학생보다 나이가 많거나 힘이 세며, 활력이 넘친다. · 타인에 대한 이해와 배려가 부족하다. · 공격적이고 충동적이다. · 힘이 세고, 거칠며, 자신감이 넘쳐 보인다. 또래 친구들은 이를 지도력으로 혼동하기도 한다. · 피해 학생에 대한 죄책감이나 수치심 및 공감을 거의 경험하지 못한다. · 지배적이고 강한 남자(tough guy)의 이미지에 대해 동경하며, '사나이다운 것'이라고 여겨지는 것을 잘 따른다. · 남을 괴롭히고, 괴롭히는 수단에 대해 별로 개의치 않는다. · 다른 사람의 기본적인 인권에 대한 존경심이 결여되어 있다. · 폭력이 가져다 줄 결과에 대해 신경 쓰지 않고, 문제를 해결하기 위해 폭력에 의존하는 경우가 많다. · 집에서 거의 시간을 보내지 않으며, 가족과의 긍정적 상호작용이 적다. · 학교 활동과 교직원에 대해 부정적인 태도를 보인다. · 약한 학생의 고통과 불편함을 즐기고, 괴롭힐 수 있는 상황을 만든다. · 또래 사이에서 힘과 명예를 얻기 위해 힘자랑을 한다. · 여학생의 경우에는 과장된 자랑, 고함지르기, 또래와 교직원에 대한 무례함과 거만함을 보이는 경향이 있다.

(2) 가해자의 상담절차

가해 학생의 단계별 상담절차는 초기 단계(사건의 정황파악, 사안 처리, 초기면접), 중기 단계(개인 상담, 학부모 상담, 관련전문기관 연계), 종결 단계(사후관리, 다면적 통합 지원)로 진행된다. 각 단계별 세부전략을 기술하면 다음 표와 같다.

〈표 9-6〉 **가해 학생의 단계별 상담절차**

단계	전략	세부전략
초기 단계 ⬇	사건의 정황 파악	· 가해 학생 인적 사항 파악하기 -학교폭력(가해자)사안 발생 시 파악해야 할 사항 · 사건의 객관적인 정보 수집하기
	사안 처리	· 자치위원회 및 전문기관 연계를 통한 사안 처리
	초기면접	· 심리진단 및 평가(공격성 척도지, 반항성 장애 진단검사 등)
중기 단계 ⬇	개인 상담	· 가해 학생에 대한 심리치료 · 개인 상담 프로그램 진행 - 분노조절 상담치료기법 - 의사소통 상담치료기법
	학부모 상담	· 학부모 상담
	관련 기관 연계	· 특별이수교육 및 예방교육 · 중재전문기관 연계 · 의료적 서비스 지원(병원 및 정신과) 연계치료 · 형사 및 민사 소송과 관련한 자문기관 연계
종결 단계	사후관리	· 사후관리 프로그램 연계 · 학교폭력 위기개입의 평가
	다면적 통합지원	· 학교 · 가정 · 지역사회 차원의 지원

출처: 한국교육개발원(2011).

(3) 가해 학생의 개인 상담절차

학교폭력 가해 학생의 개인 상담절차는 사전준비–접수면접–본 상담–문제해결방안 탐색–상담 종결 및 전문기관이나 프로그램 등의 연계의 단계로 진행된다. 각 단계별로 이루어지는 상담 내용을 기술하면 다음 표와 같다.

〈표 9-7〉 학교폭력 가해 학생의 개인 상담절차 예시

단계	내용
① 사전준비 단계	· 내담자에게 신뢰감과 안정감을 줌으로써 라포를 형성하고, 희망적인 상담의 구조를 설정한다. · 육하원칙에 의해 학교폭력이 발생한 구체적인 정황에 대해 파악한다.
② 접수면접	· 가해 학생의 인적 정보 및 폭력발생 상황, 가족관계, 급우관계, 폭력 및 징계 이력 등에 대해 파악한다. · 가해 학생이 원하는 문제 해결의 방법에 대해 파악한다.
③ 본 상담 실시	· 가해 학생의 심리·정서적 상태를 파악한다. · 필요하다면 심리검사를 실시하여 현재 피해 학생의 상태를 정확하게 파악하도록 한다. · 가해 학생이 자신의 행동에 대해 스스로 반성하는 기회를 갖고 책임 있는 행동을 할 수 있도록 돕는다.
④ 문제 해결 방안탐색 단계	· 가해 학생을 둘러싸고 있는 다양한 문제들을 해결할 수 있는 방안에 대해 탐색한다. · 담임선생님, 교과 선생님과의 연계를 통해 지원한다. · 학부모 상담을 함께 진행하여 피해 학생의 심리적 지지를 위해 협조를 구한다.
⑤ 상담종결 및 연계 단계	· 상담 내용을 요약 및 정리한다. · 연속상담 여부 및 추가 정보를 제공한다. 예 전문기관 및 프로그램 연계 등

출처: 한국교육개발원(2011).

(4) 가해 학생 상담 시 다루어야 할 내용

가해 학생에 대한 심리상담은 단순히 폭력 사안을 해결하기 위한 것이 아니라, 가해 학생 스스로가 자기행동을 반성하고 책임 있는 행동을 할 수 있도록 변화시키는 데 목적이 있다. 가해 학생도 심층상담과 심리검사를 진행해 보면, 낮은 자존감, 애착관계 미형성, 가족관계 문제, 가정폭력 피해 경험 등에 많이 노출되어 정서적으로 불안한 상황에 처해 있는 경우가 많다. 이렇게 정서적으로 억압된 분노와 스트레스가 타인에게 왜곡된 방식으로 표현되는 것이 바로 폭력이다. 따라서 가해 학생의 심리·정서적인 불안과 스트레스를 완화하여 적응적이고 긍정적인 자기변화를 이룰 수 있도록 상담 프로그램을 지원해야 한다.

가해 학생을 상담할 때 피해 학생의 일방적인 주장만 듣고 가해 학생이라고 단정 지어서는 안 된다. 특히, 평소에 학교폭력 가해 경험이 있거나 비행행위로

인한 지도를 받은 학생일 경우 더욱 조심스럽게 접근해야 한다. 또한, 학교폭력의 사실관계를 파악하고 조사하기에 앞서 교사는 가해 학생의 심리상태를 파악하여 심리적 안정감을 확보하고 복잡한 심리상태에 대한 이해와 공감을 하는 자세가 무엇보다 우선시 되어야 한다. 사실관계에 대한 객관성 상황파악이나 조사는 필요하지만 훈계나 부정적인 평가는 오히려 사태를 악화시킬 우려가 있으므로 언어 사용에 있어 부드러움과 단호함 등을 적절하게 구사해야 한다.

① 공감훈련

가해 학생들이 일반 청소년에 비해 폭력행위에 대해 비교적 수용적이고 쉽게 생각하는 경향이 있으며, 가해 경험이 많을수록 허용도가 높은 것으로 나타났다(도기봉, 2008). 또한, 폭력의 허용적 태도와 연관해서 중요하게 작용하는 요인은 피해자에 대한 가해자의 공감능력으로 학교폭력과 부적 상관을 보이고 있다. 이는 타인의 정서에 대한 낮은 이해는 공격적이고 폭력적인 행동을 유발하는 요인이 될 수 있음을 의미한다. 이러한 결과로 가해 학생들의 대다수가 자신의 분노감정에 대해서는 강하게 반응하지만, 피해자의 정서적 상태에 대해서는 무시하거나 회피함으로써 자신의 폭력행위를 정당화하는 태도를 보이게 되는 것이다.

공감은 사람들 사이에서 일어나는 대인공감(interpersonal empathy)과 개인 내부에서 일어나는 자아공감(self empathy)으로 나눌 수 있다. 자신을 향한 내부 자아공감이 충분히 이루어지면, 다른 사람에게도 마음을 열고 민감하게 조율할 줄 아는 대인관계능력을 향상시킬 수 있다. 공감훈련은 자신의 감정이나 판단은 유보한 채 상대의 입장이 되어 상대의 감정이나 느낌을 이해하고 느끼는 훈련이다.

자아공감과 대인공감을 함께 교육시킬 수 있는 대표적인 모형으로 로젠버그(Rosenberg)의 비폭력 대화(nonviolent communication)모형을 제시하고자 한다. 이 모형에서는 타인을 공감하기 위해 다음의 네 가지 실천요소를 강조한다(김진한 외, 2015, 재인용).

〈표 9-8〉 타인을 공감하기 위한 네 가지 실천요소

실천요소	내용
관찰	어떤 상황이든지 있는 그대로, 어떤 일이 일어나고 있는가를 관찰하기
느낌	상대방과 자신의 행동에 대해서 자신이 어떻게 느끼는가를 민감하게 인식하고, 그 느낌을 표현하기
욕구·필요	자신이 생각한 느낌이 내면의 어떤 욕구와 연결되어 있는지 명확하게 알고 표현하기
부탁	자신의 욕구를 실현하기 위해 타인이 해 주기를 바라는 것을 구체적이면서 부드럽게 표현하기

② 분노조절훈련

사회성 및 정체성 발달의 부족으로 불안해진 청소년이 폭력집단의 일원이 되어 과장된 역할수행이나 강한 지도성을 추구하게 되는 과정에서 욕구가 좌절되면 자신들의 적대감이나 분노를 표출할 수 있는 대상을 찾아 가해자가 된다. 또한, 부모와의 상호교류의 어려움, 학교에서의 경쟁과 잦은 심리적 갈등으로 인한 스트레스와 분노를 적절히 조절하는 방식을 습득하지 못한 청소년은 공격적인 행동, 반항적이고 거부적인 행동, 부적응적인 비행 행동 등으로 문제를 표출하게 된다. 특히 분노는 공격 행동과 비행 행동의 주요 유발 요인이 되는 것으로 보고되고 있다. 따라서 부적응적인 감정과 행동을 예방하고 다루기 위해서는 분노조절이 먼저 이루어져야 한다.

③ 대인관계

학교폭력의 대부분이 대인관계의 미성숙에서 발생되는 경우가 많다. 특히 청소년기에 또래로부터 인정받고 수용의 감정을 느끼는 긍정적인 관계의 형성은 매우 중요하다. 따라서 청소년기에 또래와 긍정적인 관계를 맺으면서 조력적인 인간관계를 맺을 수 있도록 대인관계를 이해하는 능력, 갈등을 조정하고 협상하는 능력, 능동적이고 적극적으로 의사소통하는 능력, 타인에 대한 배려의 능력 등을 기를 수 있는 다양한 프로그램의 운영이 필요하다.

④ 자기표현훈련

자기표현은 상대방의 권리를 침해하지 않으면서, 상대방의 인격을 존중하며 자신의 감정, 권리, 욕구, 생각이나 의견을 솔직하게 상대방에게 표현하는 것이다. 대인관계에서 갖는 불안이나 두려움, 자기표현 방법에 대한 부족 등으로 인해 내적으로 쌓인 감정이 폭발하여 학교폭력으로 나타나기도 한다. 따라서 가해 학생들이 일상생활에서 자연스럽게 자기표현을 함으로써 갈등이나 감정폭발이 일어나지 않도록 지도하여야 한다.

(5) 가해 학생 상담 시 유의사항

① 가해·피해 사실을 객관적으로 확인하는 절차가 필요하다. 학교폭력의 피해 학생 혹은 목격 학생의 진술을 비교하여 객관적인 자료를 확보한다. 이는 피해 학생의 말만 듣고 가해 학생이라고 단정 지어서는 안 된다는 것이다.

② 가해 학생의 폭력사용에 대한 심리·외적인 요인을 면밀히 탐색한다. 가해 학생이 왜 폭력을 행사했는지, 폭력이라는 방법을 선택하게 된 여러 요인을 면밀히 검토하여, 가해 학생에 대해 이해해 주는 공감도 필요하다.

③ 가해 학생이 폭력행위에 대해 인정하지 않을 경우에도 부드럽게 말하되, 단호하고 직접적으로 가해 학생의 행동과 그 결과에 대해 알려 주어야 한다. 훈계나 행위에 대한 평가는 가해 학생에게 오히려 역효과를 줄 수 있으므로 비난이나 심문조의 상담은 자제한다. 부드러움과 강한 어조를 적절히 사용해야 한다.

④ 가해 학생의 문제행동 원인이 가족 문제로 인해 기인된 것으로 파악될 시 가족 치료적 개입과 접근을 통해 행동원인을 근본적으로 치료해야 한다.

3) 방관 학생·목격 학생 상담

학교폭력은 단순히 가해 학생과 피해 학생을 중심으로 발생하는 것이 아니라 주변 또래의 동조에 의해 강화되거나 유지되는 경향이 많다. 따라서 학교폭력에 대한 예방과 중재에 있어서 피해 학생이나 가해 학생 개인에게 초점을 맞춘 개인적 차원의 접근만으로는 한계가 있다. 학교폭력의 예방과 대책은 학교폭력의 당사자뿐만 아니라 학교폭력 피해를 목격하고 있는 많은 학생이 학교폭력 근절에 대한 의지와 학교폭력의 심각성에 대해 관심을 가질 때 예방할 수 있다. 또한, 폭력상황을 방관하거나 묵인하지 말고, 피해 학생을 지지해 주고 부모님이나 선생님 등 성인에게 알리는 등의 대처가 필요하다는 것을 인식시켜야 한다.

정종진(2012)은 학교폭력 상황에서 학생이 취하는 행동에 따라 동조자(assistant), 강화자(reinforcer), 방관자(outsider), 방어자(defender)로 분류한다. 이 네 가지 유형에 따라 목격자들의 폭력 및 가해자를 태하는 태도와 행위는 다음과 같은 차이가 있다.

첫째, 동조자는 폭력상황을 목격했을 때 가해 학생과 동조하여 학교폭력에 적극적으로 참여해서 다른 학생이 폭력을 행사하면 함께 폭력에 가담한다.

둘째, 강화자는 폭력이 발생한 주변에서 보고 즐기면서 가해 학생의 폭력행동을 부추기는 욕설이나 행동·야유 등을 통해 간접적으로 폭력에 참여하는 역할을 한다.

셋째, 방관자는 학교폭력상황을 목격해도 자신과는 아무 상관이 없다는 듯이 외면하거나 또는 직접 목격하는 경우에도 어느 편에도 서지 않고 아무 일도 아니라는 무관심한 태도와 행동을 보인다.

넷째, 방어자는 피해 학생을 폭력으로부터 방어하기 위한 목적으로 교사나 부모에게 말하도록 피해 학생을 격려하거나 위로하고, 때로는 자신이 직접 신고하는 방식으로 피해 학생을 돕는 역할을 한다.

이처럼 학교폭력은 이를 목격한 학생의 폭력에 대한 태도와 행위에 따라 다르게 인식되고 있다. 따라서 학교폭력을 목격하거나 인지하게 되었을 때, 피해당하는 학생을 도울 수 있는 현명한 방법을 알려 주어 초기에 대응할 수 있다면 학교폭력을 예방할 수 있을 것이다. 또한, 다른 학생의 입장에서 한 번 더 생각해 보고 도움의 손길을 내미는 과정에서 의사소통기술이 향상될 뿐만 아니라 타인에 대한 공감과 배려의식이 향상되는 교육적 효과도 거둘 수 있다.

(1) 방관 학생의 특성

학교폭력을 목격한 학생은 폭력행동을 대리학습할 수 있으며, 대인관계에 대해 왜곡된 인식을 가질 수 있다. 또한, 또래집단의 압력에 의해 자신의 신념과 배치되는 행동을 지속적으로 경험했을 경우, 만성화된 무력감으로 자존감이나 자기효능감이 저하될 수 있다. 그리고 힘 있고 공격적인 모델을 통해 폭력과 긍정적 결과를 연합시킬 경우, 폭력행동을 정당화해도 된다는 신념을 발달시키기도 한다. 다시 말해 또래친구들의 폭력을 목격한 방관자 집단은 직접 왕따나 폭력행위에 적극적으로 가담하지 않더라도 이후 정상적인 발달을 위협할 수 있는 심각한 위험 요인을 갖게 된다는 것이다(정종진 외, 2014).

(2) 방관 학생 학교폭력 예방교육

가해 학생과 피해 학생뿐만 아니라 많은 방관 학생이 중재자 역할을 할 때 학교폭력의 문제 해결에 도움이 될 수 있다. 특히 예방교육의 형식이 매우 중요한데, 기존에는 집단강의식 방식이 시간과 공간의 제약 때문에 많이 활용되었다. 하지만 이제는 학급단위의 체험형 또는 프로젝트형 교육의 방식으로 바뀌어야 좀 더 실효성이 증가할 수 있다.

또한, 방관 학생을 위한 구체적인 프로그램과 전문적이며 질 높은 프로그램의 개발이 무엇보다 필요하다. 이러한 프로그램은 특화해서 교과 외 시간에 적용하는 것도 필요하지만, 각 교과별 시간에 적절하게 배치해 교과수업 안에서 가르칠 수 있는 방법도 고려되어야 한다(김진한 외, 2015).

10
CHAPTER

학교폭력 학부모 교육 및 심리상담

1 학부모 교육 및 심리상담의 필요성

최근 학교폭력 문제 해결을 위한 사회의 노력이 비교적 적극적으로 실행되고 있다. 이러한 노력이 실효를 거두기 위해서는 학교폭력에 대한 체계적인 교육을 통해 부모와 교사 및 청소년 관계 지도자들이 함께 실행할 수 있는 상담전략 및 지도방안을 마련해야 한다. 이를 위해서는 먼저 학교폭력에 대한 인식이 전환되어야 하며, 학교폭력에 대한 사후 문제 해결보다는 예방을 위해 가정과 학교 및 지역사회가 함께 노력할 수 있는 준비가 되어 있어야 한다.

최근 학교폭력을 포함해서 대부분의 청소년 문제에 대한 시각은 다분히 '가해-피해자의 이분화' 도식 속에서 전개되어 결과적으로 그 대책이란 주로 소수의 문제학생을 가려내어 엄중한 처벌을 가하는 방식으로 해결하고 있다. 그러나 문제는 폭력피해를 당한 학생의 2/3가 가해 경험이 있다는 것이다. 따라서 소수의 문제학생에게 다수의 선량한 학생이 피해를 당한다는 구도는 현실적이지 못하며, 오히려 가해 학생과 피해 학생의 동일성 원리가 강해서 한 개인에게 피해와 가해가 함께 일어난다는 점을 고려해야 할 것이다. 따라서 앞으로의 학교폭력 대처방안은 가해·피해자라는 이분법적 사고에서 탈피해서 가해유발 요인에 대한 효과적인 통제에 초점을 두어야 할 것이다(강경미, 2014, 재인용).

학교폭력 문제의 근본적인 해결을 위해서는 처벌 위주에서 치료적·예방적 차원으로의 전환이 필요하다. 처벌 위주의 대응은 또 다른 폭력과 범죄의 재생산을 예고한다. 따라서 학교폭력의 가해·피해 학생이 가정과 학교 및 사회 내에서 건강하게 적응할 수 있도록 폭력 문제를 해결하기 위해서는 치료적·예방적인 차원에서의 대책이 강구되어야 한다.

학교폭력은 학교단위에서 제한적으로 해결되어야 하는 문제가 아니라, 학부모와의 적극적인 협조를 통해서 학생의 정서적인 안정을 도모하고 행동적인 측면에서의 변화와 수정을 지원할 때 긍정적인 성과를 보인다. 자녀의 정서적 지원의 결핍, 자녀에 대한 감독과 점검의 부재, 자녀교육에 대한 부모의 참여 부족과 같은 부모의 자녀양육방식이 학교폭력 가해행동을 증진시키는 경향이 있다(Olweus, 1993; Sullivan, 2000).

부모의 자녀양육과 학교폭력 가해행동에 대한 연구문헌을 요약 정리한 올베우스(1993)는 가해행동에 영향을 미치는 부모의 자녀양육 요인들이 있음을 제시하고 있다.

첫째, 자녀를 온정적이고 관심 어린 태도로 대하지 않는 부모는 자녀를 충동적이고 공격적으로 하게 할 위험성을 증진시킨다.

둘째, 어떤 행동이 수용되고 수용되지 않는지 명확한 규칙을 설정하지 않거나 자녀의 공격적 행동을 묵인하는 부모, 그리고 자주 체벌과 같은 물리적 방법을 사용하는 부모는 자녀가 학교폭력 가해자가 되도록 할 위험성을 증진시킨다.

학교폭력 피해 학생은 과잉보호적인 가정에서 자란 경우가 많음을 연구는 지적하고 있다. 또한, 과잉보호적인 가정환경에서 자란 학생은 그들을 덜 취약하게 만드는 자기주장적 기술을 발달시키지 못하는 경향이 있다. 이처럼 학교폭력에 영향을 미치는 요인에 대해 학부모와 교사 모두 가정환경 및 부모의 무관심을 가장 중요한 것으로 인식하고 있다. 따라서 학부모 교육과 관련된 내용과 접근형식에 대한 새로운 방안이 강구되어야 하며, 가정 돌봄 기능이 약화되어 있는 지역이나 학부모에 대한 사회복지서비스 차원에서의 지원이 연계되어야 한다.

학부모는 교육과 상담을 통해 자녀의 학교생활과 정서행동 발달의 측면에 대해 구체적으로 알 수 있으며, 청소년기의 자녀를 이해할 수 있는 인식의 폭을 확대할 뿐 아니라, 긍정적인 자아상을 확립하고 자존감을 고양하여 자신의 삶에 대한 긍정성을 확대할 수 있도록 한다. 이러한 과정에서 자신의 잠재력을 충분히 감지하고 계발하여 진학·진로에 대한 구체적인 계획을 수립하여 건강한 학교생활을 영위할 수 있도록 돕는다(김진한 외, 2015).

2 학부모 교육 및 상담의 특징

학부모 교육과 상담의 내용은 단순한 정보 제공, 체계적인 학부모교육, 자녀문제의 규정 및 명료화, 자녀교육에 관한 조언, 학부모가 계획하고 의도한 방안에 대한 허용과 심리적 지원, 문제의 인식 및 해결을 위한 설득, 자녀 문제 해결을 위한 부모개입 과정에 대한 피드백과 코칭, 학부모의 감정해소 및 정리를 위한 도움, 자녀 혹은 학부모의 심리적 문제 해결을 위한 치료적 개입, 필요시 외부전문가에게 의뢰 등의 다양한 방식으로 이루어질 수 있다(김혜숙·최동욱, 2013).

학교폭력이 발생하게 되면, 가해자나 피해자뿐만 아니라 학부모에 대한 상담도 매우 중요하다. 학부모 교육 및 상담의 특징을 정리하면 다음과 같다(김진한 외, 2015).

첫째, 상담의 지속성을 가져야 한다. 교사는 학부모가 자녀의 문제 해결을 위해서는 어느 정도의 긴 시간이 필요하며, 문제 해결 과정에서 후퇴하기도 할 수 있음을 인지시키고, 인내심을 가지고 노력할 수 있도록 지원하여야 한다. 일회적인 상담과 면담이 아니라 지속적인 프로그램과 상담회기 실행을 통해 학부모의 변화를 도모해야 한다.

둘째, 현실적 변화 가능성에 중점을 두도록 한다. 학부모 내담자의 호소 문제를 규정할 때는 '다룰 수 있는 문제'로 규정하는 것이 중요하다. 학부모 상담에서 자녀의 모든 문제를 해결할 수도 없고 학부모가 제시하는 개인적·가족적·상황적 문제의 모든 것을 다 해결해 줄 수는 없다. 큰 문제는 작은 문제들로 나누어서, 추상적인 문제는 그 문제가 드러나는 구체적 양태로 나누어서 규정하여야 문제를 다룰 수 있다.

만약 다양한 문제가 공존한다면, 그중에서 교사와 학부모가 긍정적인 변화가 가능하도록 도움을 줄 수 있는 것들이 어떤 것인지 찾아본다. 예를 들어, '학교폭력 가해 학생의 아버지는 새아버지인데 일정한 일거리가 없이 항상 집에 계시고, 어머니는 생계를 위해 야간에 찜질방에서 근무하시느라 자녀를 잘 돌보지 못하는 상황이며, 자녀는 중학교 때 친구들과 술을 마시고 담배를 피우는 과정에서 비행습관이 몸에 배고, 학교부적응 현상이 자주 나타나서 학교폭력으로 이어지고 있다.' 이런 문제의 경우 새아버지의 알코올 중독이나 생계를 위한 어머니의 야간근무에 상담의 초점을 맞추면 무력감과 좌절감에 빠지기 쉽고 문제 해결이 어려워진다. 이럴 때는 자녀가 술과 담배를 하는 친구들과 함께하는 시간을 줄인다거나 학교에서 자기역할을 작은 것이라도 하나 맡아서 학교생활에 재미를 느끼도록 하는 것으로 문제를 규정한다면, 현실적인 문제 해결이 가능해진다.

문제의 우선순위를 정하는 것도 문제를 다루기 쉽게 규정하는 방법 중의 하나이다. 여러 가지 문제를 한 번에 다루려는 태도는 현실적이지도 않고 효과적이지도 않다. 그중에서 가장 먼저 해결되어야 하는 것이나 또는 가장 중요하다고 보이는 것부터 먼저 다루도록 하는 것이 효과적이다. 한 가지 문제를 해결하고 나면, 그것이 긍정적 파급효과를 가져와 나머지 문제들도 보다 쉽게 해결할 수 있다.

셋째, 연계성을 고려해야 한다. 학부모 중에는 담임교사 혼자서 상담하기 어려운 사람들이 종종 있다. 이런 경우에는 학교 내의 자원뿐만 아니라 학교 외의 자원까지 활용하여야 한다. 학생과 관련된 모든 일을 혼자서 해결하겠다는 책임감으로 과도한 부담감을 가지지 말고, 필요할 경우에는 유용한 주변 자원을 활용하겠다는 지혜를 발휘하는 것도 필요하다. 학부모나 학생의 심리적 문제가 전문적인 상담이 요구되는 것이라면 적절한 전문상담자를 찾아서 문제를 의뢰하는 것이 좋다. 또한, 학교폭력에 효과적으로 대응하기 위해서는 학교 내의 자원뿐 아니라 지역사회 내의 다양한 자원을 효과적으로 활용하는 네트워크를 형성하고 있으므로 학부모 상담 시 활용할 수 있다.

3 학교폭력 관련 학부모 교육

학교상담은 학교부적응 학생만이 아니라 모든 학생을 대상으로 실시하는 예방적 상담 프로그램으로 학교상담을 통해서 학교폭력을 비롯한 학생들의 다양한 문제를 미리 예방할 수 있다면, 문제 발생 이후 대처적·치료적인 접근을 하는 것보다 상당한 실제적이고 경제적인 효과를 낳을 수 있다. 학부모 교육도 예방적 접근에 근거한 교육이라는 측면에서 그 맥락을 같이 하고 있다.

학교폭력 발생 후 가해 학생이나 피해 학생이 폭력에 연루되게 된 근원적인 원인을 찾다보면 '가족구성원의 의사소통 부재'가 조사되고 있다. 가족구성원들이 자녀의 언어적 표현과 비언어적 표현을 통해 학교폭력징후를 좀 더 빨리 인지할 수 있다면, 사전에 학교폭력을 예방하거나 최소화할 수 있을 것이다. 특히, 학교폭력 예방을 위해 가정에서 유의해야 할 것은 가족 간에 자행되는 폭력이다. 부부간의 폭력이나 부모-자녀 간 폭력은 자녀가 모방하게 되고, 또한, 폭력에 무감각해져서 문제 해결의 수단으로 폭력을 사용할 수 있기 때문에 학교폭력의 가해자로 전락할 가능성이 높다(양주연, 2004). 따라서 학교폭력을 가정에서부터 예방하기 위해서는 원만한 가족관계를 수립할 수 있는 가족상담과 함께 피해 및 가해 학생과 부모를 위한 상담 프로그램을 운영해야 한다. 그러므로 학부모 교육 시 가장 중요하게 다루는 영역으로 학교폭력의 개념과 대처법, 자녀와의 효과적 의사소통 방법과 감정코칭, 비폭력 대화법 등이 있다.

1) 자녀와의 효과적인 의사소통 방법

자녀가 가지고 있는 고민이나 어려움을 있는 그대로 경청하고 공감하는 과정을 통해 부모와 자녀간의 관계는 더욱 친밀해지고 고민을 상담할 수 있는 대상으로도 충분한 역할을 하게 된다. 일반적으로 의사소통은 '한 사람 또는 그 이상의 사람으로부터 다른 사람들에게 정보와 이해가 전달되는 과정으로서 두 사람 사이의 사실, 감정, 태도, 신념, 생각 등을 전달하는 것'으로 정의할 수 있다. 즉, 의사소통은 개인의 감정, 태도, 신념 및 사실을 전달하는 과정이며, 이때 언어가 일차적인 수단으로 사용될 수 있으나 얼굴표정, 몸짓, 눈짓 혹은 침묵과 같은 비언어적 신호나 단서를 통해 서로 의미를 주고받을 수 있다. 다음은 효과적인 의사소통 방식과 부정적인 의사소통의 방식에 대한 정리이다.

〈표 10-1〉 효과적인 의사소통방식과 부정적인 의사소통방식

효과적 의사소통방식(I-Message)	부정적인 의사소통방식(You-Message)
· 상대방의 입장을 이해하는 방식	· 상대방을 비난하는 방식
· 내 잘못을 인정하는 방식	· 내 잘못을 방어하는 방식
· 상대의 말을 끝까지 들어주기	· 중간에 말 가로막기
· 내 입장을 설명하는 방식으로 말하기	· 설교하거나 훈계하기
· 진실함을 가지고 말하기	· 조소하는 투로 말하기
· 눈을 맞추고 천천히 말하기	· 눈을 맞추지 않고 말하기
· 차분한 태도로 온화하게 말하기	· 말할 때 찡그리거나 부산하게 말하기
· 상대의 입장을 이해하려는 자세 보이기	· 상대방 마음을 다 읽을 수 있는 것처럼 말하기
· 주제에서 벗어나지 않고 이야기하기	· 주제에서 벗어나기
· 지시나 명령어는 사용하지 않기	· 지시하고 명령하거나 위협하기
· 현재의 일에만 제한해서 이야기하기	· 과거의 일 들추기
· 상대가 말할 수 있는 시간 충분히 주기	· 대화를 독점하기
· 주제에 대해 쉽게 이야기하기	· 현학적으로 말하기
· 언어적 표현과 비언어적 표현의 일치	· 언어적 표현과 비언어적 표현의 불일치
· 상대의 말에 대해 반응해 주기	· 반응없이 가만히 있기

2) 감정코칭

자녀의 감정을 충분히 공감하면서 지도하는 감정코칭의 5단계는 다음과 같다(조벽 외, 2011).

(1) 1단계: 자녀의 감정을 인식하기

자녀가 아주 사소한 행동을 하거나 감정을 보일 때에도 재빨리 그 감정을 알아차린다. 특히 언어적 표현보다는 비언어적 표현 속에 숨겨진 다양한 감정의 의미를 느끼고 반응할 수 있어야 한다. 아이의 감정을 구체적으로 인식하기 어렵다면 직접 '지금 네 마음에 무언가 불편함이 있니?', '지금 네가 보이는 행동에는 너의 마음도 함께 느껴지는데 무엇일까?'라는 질문으로 감정을 파악한다.

(2) 2단계: 감정적 순간을 좋은 기회로 삼기

부정적 경험이나 감정이 파악될 때가 자녀와 부모가 서로 소통할 수 있는 좋은 기회라고 생각하며 적극적인 소통의 기회로 삼는다. 자신의 감정을 이야기하고, 감정에 이름을 붙이는 등의 표현을 통해 자신이 상대에게 이해받았다고 느껴야 부정적인 감정이 사라진다. 그러므로 부정적 감정이 고조되어 위험천만한 위기로 치닫기 전에 감정에 대해 표현할 수 있도록 돕는다.

(3) 3단계: 자녀의 감정에 대해 공감하고 경청하기

자녀의 긍정적 감정뿐만 아니라 부정적인 감정도 충분히 들어주면서 공감해 주어야 한다. 자녀의 자신도 모르는 복합적인 감정에 대해서도 있는 그대로 수용하도록 한다. 이러한 과정에서 '왜?'라는 질문은 진지한 공감적 수용의 맥락을 차단하기 때문에 최대한 하지 않는 것이 좋다. 이 경우 자녀가 한 말을 형용사나 문장을 그대로 반복해서 부모가 말해 주면 효과적인 감정공감이 이루어진다. 자녀가 자신의 정서상태에 대해 공감을 충분히 받는다고 느끼면 자신의 현재 감정상태에 대해 자연스럽게 이야기할 수 있는 분위기가 형성된다.

(4) 4단계: 감정을 표현하도록 도와주기

자녀가 스스로 자신의 감정에 대해 구체적으로 표현하도록 다양한 방식으로 돕는다. 이때 자녀의 상태에 따라 다양한 방식으로 반응하면서 충분히 자기감정을 표출할 수 있도록 돕는다. 이 과정을 통해 자신의 행동이나 감정을 객관화시켜 바라봄으로써 자녀 스스로 성찰할 수 있는 기회를 주는 것과 동시에 문제 해결의 실마리를 찾아갈 수 있는 원동력이 되기도 한다.

자녀가 이야기하는 다양한 감정들에 대해 '화난', '슬픈', '두려운', '시샘하는', '모멸감이 느껴지는' 등과 같은 단어를 제시하여 형태가 없고 불편하게 느껴졌던 자신의 감정을 정의해 그것을 '감정'의 일부분으로 받아들일 수 있게 한다.

(5) 5단계: 자녀 스스로 문제 해결을 할 수 있도록 하기

자녀가 공감을 충분히 한 후 문제는 '감정'이 아니라 '잘못된 행동'임을 깨닫도록 한다. 자녀가 원하는 목표를 확인하고 해결책을 찾아서 그 해결책이 과연 합리적이고 현실적인지 검토한 후, 자녀가 스스로 해결책을 선택하여 실천할 수 있도록 돕는다. 한두 가지 방법을 선택하여 시도하도록 지도하고, 그 과정에서 실수를 하거나 효과가 미비하더라도 스스로 분석하여 재조정할 수 있도록 돕는다.

3) 비폭력 대화법

비폭력 대화(NVC: Nonviolent Communication)는 태어날 때부터 지니고 있는 연민이 다른 사람들과 유대관계를 맺고, 자신을 더 깊이 이해하는 데 도움이 되는 구체적인 대화 방법을 말한다(김진한, 2015, 재인용). 비폭력 대화 방법은 다음과 같다.

비폭력 대화의 단계
· 오해와 갈등을 없앤다(관찰). · 얼었던 마음을 녹인다(느낌). · 이해와 공감의 연결고리(욕구 · 필요). · 속마음을 주고받는다(부탁).

① 말을 할 때는 상대를 비난하거나 비판하지 않으면서 자신의 마음을 솔직하게 표현하며, 자신이 원하는 것을 강요나 명령이 아닌 상대의 선택을 존중하면서 부탁한다. 먼저, 상황을 있는 그대로 '관찰'한다. 상대방의 말과 행동이 나에게 이롭든 해롭든 간에 평가와 판단을 내리지 않으면서 관찰한 것을 있는 그대로 명확하고 구체적으로 말한다. 관찰과 평가를 섞어서 말하면 듣는 사람은 내가 뜻한 말을 이해하려 하기보다는 비난으로 받아들

여 저항감을 갖는다. 다음으로는 그 말이나 행동을 듣거나 보았을 때 어떻게 느끼는가를 말한다. 가슴이 아팠는지, 두려웠는지, 즐거웠는지, 짜증나는지 등의 '느낌'을 표현한다. 그런 다음 자신이 알아차린 느낌이 자기 내면의 어떤 '욕구와 연결'되는지를 말한다. 타인의 말과 행동이 자신의 느낌을 불러일으키는 자극은 될 수 있어도 결코 자기 느낌의 원인은 아니다. 즉, 자신이 원하는 욕구나 기대, 희망, 가치관이나 생각을 인정함으로써 타인을 탓하기보다는 자신의 느낌에 대해 스스로 책임을 져야 타인이 자신에게 공감으로 반응하기 쉽다. 하지만 자신의 욕구를 인식하고 표현하는 것을 비판적으로 보는 우리 환경에서는 그것을 표현하기는 매우 두려운 일이므로 느낌을 키워가는 단계가 필요하다. 다음에는 내 삶을 더 풍요롭게 하기 위해서 다른 사람이 해 주기 바라는 것을 '구체적으로 부탁'하는 표현을 사용한다. 자신이 원하는 것을 명확하고 긍정적이며 구체적인 행동언어로 부탁해야 한다. 모호한 표현은 듣는 사람의 내면에 혼란을 일으키고, 단순히 느낌만을 표현하면, 듣는 사람은 말하는 사람이 무엇을 원하는지가 분명하지 않을 수 있으며, 말하는 사람의 느낌과 욕구를 표현하지 않는 부탁은 명령처럼 들릴 수 있다.

② 말을 들을 때 상대방이 어떤 식으로 표현하든 비난으로 듣지 않고 그 말 뒤에 있는 느낌과 그 사람이 진실로 원하는 것을 듣는다. 이는 상대방의 말을 비난이나 비판이 아닌 공감으로 듣는 방법으로 상대방이 자기에게 전달하고자 하는 욕구와 느낌을 알아내는 것이다.

단계	내용
상황을 있는 그대로 관찰한다.	"네가 ~을 보았을 때"(관찰)
상대방의 느낌을 묻는다.	"너는 ~하게 느끼니?"(느낌)
상대방의 느낌 뒤에 있는 욕구와 필요를 연결하여 말한다.	"너는 ~이 필요하기 때문에"(욕구)
상대가 부탁하는 구체적인 행동을 말한다.	"너는 ~를 바라니?"(부탁)

③ 스스로는 자신이 진정으로 원하는 것에 집중하여 항시 평화로운 마음 상태를 만들 수 있다.

〈표 10-2〉 느낌의 다양한 표현들

욕구가 충족되었을 때
· 감동받은 – 뭉클한, 감격스러운, 벅찬, 환희에 찬, 황홀한, 충만한 · 고마운 – 감사한 · 즐거운 – 유쾌한, 통쾌한, 흔쾌한, 기쁜, 행복한, 반가운 · 따뜻한 – 감미로운, 포근한, 푸근한, 사랑하는, 정을 느끼는, 친근한, 훈훈한, 정겨운 · 뿌듯한 – 산뜻한, 만족스러운, 상쾌한, 흡족한, 개운한, 후련한, 든든한, 흐뭇한, 홀가분한 · 편안한 – 느긋한, 담담한, 친밀한, 친근한, 긴장이 풀리는, 안심되는, 차분한, 가벼운 · 평화로운 – 누그러지는, 고요한, 여유로운, 진정되는, 잠잠해진, 평온한 · 흥미로운 – 매혹된, 재미있는, 끌리는 · 활기찬 – 짜릿한, 신나는, 용기 나는, 기력이 넘치는, 기운이 나는, 당당한, 살아있는, 생기가 도는, 원기가 왕성한, 자신감 있는, 힘이 솟는 · 흥분된 – 두근거리는, 기대에 부푼, 들뜬, 희망에 찬

욕구가 충족되지 않았을 때
· 걱정되는 – 까마득한, 담담한, 염려되는, 근심하는, 신경 쓰이는, 뒤숭숭한 · 무서운 – 섬뜩한, 오싹한, 주눅 든, 겁나는, 두려운, 간담이 서늘해지는, 진땀 나는 · 불안한 – 조바심 나는, 긴장한, 떨리는, 안절부절못하는, 조마조마한, 초조한 · 불편한 – 거북한, 겸연쩍은, 곤혹스러운, 떨떠름한, 언짢은, 괴로운, 난처한, 멋쩍은, 쑥스러운, 답답한, 갑갑한, 서먹한, 숨 막히는, 어색한, 찝찝한 · 슬픈 – 가슴이 찢어지는, 구슬픈, 그리운, 눈물겨운, 목이 메는, 서글픈, 서러운, 쓰라린, 애끓는, 울적한, 참담한, 처참한, 안타까운, 한스러운, 마음이 아픈, 비참한, 처연한 · 서운한 – 김빠진, 애석한, 냉담한, 섭섭한, 야속한, 낙담한 · 외로운 – 고독한, 공허한, 적적한, 허전한, 허탈한, 막막한, 쓸쓸한, 허한 · 피곤한 – 고단한, 노곤한, 따분한, 맥 빠진, 맥 풀린, 지긋지긋한, 귀찮은, 무감각한, 지겨운, 지루한, 지친, 절망스러운, 좌절한, 힘든, 무료한, 성가신, 심심한 · 혐오스러운 – 밥맛 떨어지는, 질린, 정떨어지는 · 혼란스러운 – 멍한, 창피한, 놀란, 민망한, 당혹스러운, 무안한, 부끄러운 · 화가 나는 – 끓어오르는, 속상한, 약오르는, 분한, 울화가 치미는, 핏대 서는, 격노한, 분개한, 억울한, 치밀어 오르는

4 학교폭력 관련 학부모 상담

학교폭력과 관련하여 진행되는 학부모 상담은 일반상담이나 학생상담과는 다른 측면에서 매우 신중하게 준비되고 진행되어야 한다. 학교폭력 관련 학부모 상담의 목표를 정리하면 다음과 같다.

첫째, 학부모와 교사가 자녀의 교육과 성장을 위해서 서로 존중하고 협조하는 관계를 형성한다.

둘째, 학부모와 교사가 자녀에 대해 객관적이고 합의 가능한 평가를 도출해 낸다.

셋째, 학부모와 교사의 협조적 관계 속에서 자녀의 장점을 더욱 발전시키고 문제행동을 수정할 수 있는 방안을 고안하고 공동의 노력을 기울인다.

넷째, 학부모와 교사는 문제 해결 후에도 앞으로 발생할 수 있는 문제를 예방하고 성장을 촉진하기 위한 협조적인 관계를 지속해야 한다.

다섯째, 학부모가 자녀의 문제 해결과 성장을 위해 지속적인 노력을 할 수 있도록 학부모의 노력을 인정하고 격려한다.

1) 학부모 상담 과정

효과적인 학부모 상담의 과정과 절차에 대해 살펴보면 다음과 같다.

(1) 학부모의 불편한 심정을 충분히 이해하고 공감하면서, 학부모가 편안하게 상담에 임할 수 있도록 안내한다.

학부모 입장에서 자녀 문제로 학교에 오는 것은 심리적으로 힘든 일이며, 특히 직장에 다니고 있는 경우는 바쁜 시간을 내어 방문하는 것이므로 효율적인 상담이 이루어질 수 있도록 사전 준비가 철저하게 이루어져야 한다. 또한, 자녀 문제이긴 하지만 상담을 위해 학교에 와 준 것에 대해 진심으로 감사의 뜻을 전한다.

(2) 간단한 접수면접지를 작성하도록 안내한다.

상담에 필요한 학부모와 학생에 대한 연락처, 가족관계, 교우관계, 학교폭력 관련 기존 경험 등을 기록한다. 또한, 평소 가정에서의 관계유형에 대해 파악하기 위한 간단한 체크리스크를 작성할 수 있도록 한다. 상담자는 부모님의 외모나 행동특성 등에 관한 비언어적 표현에 대한 기록을 간단하게 작성한다.

(3) 학교폭력과 관련하여 학부모 상담요청이 전달되었을 때, 학부모의 생각과 느낌에 대해 경청하고, 학교폭력과 관련된 구체적인 사안에 대해 알고 있는지 확인한다.

학교폭력 학부모 상담과 관련하여 가진 생각과 느낌을 이해하면서, 학부모가 과민하게 반응하거나 방어적인 태도를 보이더라도 교사는 잘 들어주고 공감적으로 이해하는 태도를 가져야 상호신뢰의 분위기로 상담을 이끌어 갈 수 있다. 또한, 학교폭력 문제는 사안의 정황에 대한 정확한 인지가 매우 중요하다. 자녀가 학부모에게 전달하는 내용만으로는 분명하게 정황이 전달되기 어렵다. 특히 가해 학생의 경우는 자신에게 불리한 부분은 빠뜨리고 전달하기 마련이며, 피해 학생의 피해 정도와 심리적 피해에 대해서 가해 학생 학부모가 제대로 알고 있지 못하는 경우가 많다.

(4) 피해 학생과 그 학부모에게 전달하는 사과에 대해 이야기 나누고, 학교폭력 대책자치위원회의 진행결과에 대해서도 안내한다.

학교폭력 사안과 관련된 피해 학생과 학부모의 입장을 충분히 공감하도록 안내하고, 사과하는 마음을 전달하는 방법에 대해서도 이야기를 나눈다. 그리고 학교폭력대책자치위원회의 일정과 진행 과정, 진행결과에 대해 자세히 안내하고, 필요하다면 학교 내의 폭력전담기구의 도움을 받을 수도 있음을 알려 준다.

(5) 가해·피해 학생이 가지고 있는 심리적·행동적 측면에서의 문제에 대해 이야기 나눈다.

학교폭력 사안과 별개로 평소에 자녀에게서 관찰되었던 심리적·정서적 문제나 행동적인 측면에서의 특징들에 대해 이야기를 나눈다. 학교폭력 문제는 발생하는 사안의 폭력성에 대한 문제도 중요하지만 폭력적인 성향이 드러나게 된 심리적·정서적 문제의 해결도 매우 중요하기 때문이다.

(6) 학교와 가정에서 학생이 가지고 있는 문제를 해결하기 위해 학부모와 교사가 시도할 수 있는 방안에 대해 합의한다.

학생이 가지고 있는 다양한 심리·정서적 문제와 행동적 측면에서의 문제들에 대해 학부모와 교사가 함께 도와줄 수 있는 지원 방법에 대해 구체적으로 이야기 나누고 해결 가능한 방법들에 대해 합의하여 실천할 수 있도록 한다.

(7) 문제 해결을 위해 시도한 내용에 대해 다음 회기상담에서 실행 과정에서 드러난 문제점과 성과에 대해 이야기 나눈다.

지속적인 상담 과정을 통해 이전 회기에서 합의하였던 실천사항을 어느 정도 달성하였는지 확인하고 부족한 부분에 대해서는 어떤 방식으로 보완해 갈 것인지 이야기 나눈다. 자녀의 긍정적인 변화를 위해 가정에서 지속적인 노력을 할 수 있도록 격려한 후 상담회기에 대한 계획을 세운다.

5 학부모 상담의 실제

최근 학교폭력 신고건수가 늘어나면서 피해 학생의 부모뿐 아니라 가해 학생 학부모 상담도 늘어나고 있다. 이처럼 늘어나고 있는 학교폭력의 건수만큼, 그에 대한 상담의 필요성도 절실하다. 상담은 행동의 변화를 목표로 한다. 행동의 변화는 쉽게 이루어지는 것이 아니고, 일방적인 조언이나 지시로 달성될 수 있는 것도 아니다. 그래서 상담심리 관련 전문가들은 수년 동안 상담에 체계적으로 접근하기 위해 많은 연구와 노력을 기울이고 있다. 하지만 일선 학교에서 학교폭력을 체계적으로 다루고자 하는 선생님이나 학부모에게 도움이 될 수 있는 실질적 내용을 정리하기란 쉽지 않은 일이다. 일선 학교에서 실제적으로 활용할 수 있는 상담접근은 상담기술과 상담 과정일 것이다.

상담기술과 상담 과정은 '관찰–기술–설명–이해–행동변화 중재'로 그 단계를 정리할 수 있다(주은선, 2012). 먼저 관찰은 상대방의 언어적·비언어적 의사소통에 집중하는 것이고, 상담기술로는 '관심기울이기', '경청하기', '질문하기'를 들 수 있다. 기술은 상담자가 관찰한 내담자의 행동을 있는 그대로 정리하는 과정이다. 여기서 중요한 것은 상담자의 생각이나 평가가 아니라 객관적이고 사실적인 정리이다. 특히 육하원칙에 따른 기록을 권장한다. 설명은 기술한 내용에 근거하여 내담자에 대한 개념화를 시도하는 것이다. 상담자는 자신이 선호하는 상담접근에 따라 사례개념화를 시도하여 좀 더 내담자에게 도움을 줄 수 있는 방법을 찾을 수 있다. 이러한 '관찰–기술–설명'을 통해 상담자는 내담자의 문제만을 이해하는 것이 아니라 내담자를 한 인간으로서 전체적으로 그림을 그리고 이해할 수 있게 된다. 이를 바탕으로 내담자의 삶을 윤택하게 하고 좀 더 적응적인 행동을 할 수 있도록 행동변화를 중재할 수 있을 것이다.

상담에서 목표로 하는 행동변화의 방향은 적응일 것이다. 따라서 이 절에서는 피해 학생, 가해 학생, 학부모대상에게 당면한 문제를 이해하고 적응의 방향으로 나아가도록 함께 있어 주고 견뎌 주는 상담기술과 상담 과정에 대해 살펴보고자 한다.

상담의 과정을 보면, 일반적으로 초기상담, 중기상담, 종결상담으로 구분할 수 있다(박태수·고기홍, 2007). 상담에서 사용하는 상담기술은 매우 다양하고 상담 이론에 따라 강조되는 상담기법들이 다르지만, 여기서는 공통적으로 다루어지는 상담기술들을 소개하고자 한다.

〈표 10-3〉 **상담의 과정**

상담 단계	중요 과제
초기상담	· 상담신청서 접수 및 접수면접 · 상담구조화 및 신뢰관계 형성 · 문제 명료화 및 사례 개념화 · 상담계획
중기상담	· 행동변화를 위한 중재 · 대안 행동 탐색 · 새로운 행동 정립
종결상담	· 상담 결과에 대한 평가 · 상담관계 마무리 · 추후상담

1) 피해 학생 학부모 상담

학교폭력 피해 학생은 가장 힘들고 어려운 학교생활을 하게 될 위험에 처하게 된다. 학교폭력으로 인해 발생한 심리적인 문제를 제대로 치유하지 않으면, 이후의 삶에 치명적인 외상 후 스트레스 장애증상을 갖게 될 위험이 크다. 따라서 상담의 역할이 매우 중요하다. 피해 학생에게는 개인 상담과 집단 상담의 다양한 방식을 적절하게 활용하여 학생의 적응력을 키우고 자존감 향상을 도모하여 건강한 사회인으로 성장하도록 돕는 것이 상담의 가장 큰 목표이다.

(1) 피해 학생 학부모 초기 면접상담

피해 학생 학부모는 자신의 자녀가 학교폭력의 피해자라는 사실 자체가 받아들이기 힘든 내용이다. 2차적으로 피해 사실을 인지한다고 하더라도 어떻게 대처해야 할지 막막해한다. 더욱이 자신의 자녀가 도움을 받지 못하고 피해를 당하고 있다는 생각은 피해 학생 학부모를 힘들게 한다.

피해 학생 학부모에게는 먼저 심리적 안정을 찾도록 도와주어야 한다. 특히 피해 학생 학부모에게 피해 학생의 피해 구제를 위한 방법과 자녀의 행복한 학교생활을 위해 어떠한 절차를 밟게 되는지 명확하게 설명해 드려야 한다. 공평한 대우를 받고 문제를 해결해 갈 수 있다는 신뢰가 있을 때 피해 학생 학부모는 학교폭력을 제3자의 입장에서 객관적으로 볼 수 있고, 피해 학생에게 가장 좋은 방향으로 일이 처리될 수 있도록 할 수 있다. 그러나 반대로 학교에서 문제를 덮으려 하거나 가해 학생 학부모와의 어떤 관계가 있을 것이라는 불신이 생기게 되면 상담적 개입은 매우 힘들어진다. 이는 곧 피해 학생에 대한 적절한 상담적 도움에도 영향을 주게 되므로, 피해 학생 학부모에게 절차에 관한 구체적 정보가 제공되어야 한다.

피해 학생 학부모 중에는 자녀의 피해에 대해 감정조절이 되지 않는 모습을 보이는 경우도 있다. '그렇게까지 반응할 필요가 없어요.'라는 선생님 혹은 다른 사람들의 말은 감정을 더 고조시킬 수 있다. 이미 감정적으로 악화되어 있는 상태에 대한 인정을 먼저 해 주고, 무엇을 어떻게 할 것인지를 이야기해야 한다. 충분히 감정을 다루지 않으면 가해 학생만 비난하는 것이 아니라 학교 혹은 선생님도 비난할 수 있다(정종진 외, 2014).

〈표 10-4〉 피해 학생 학부모 초기 면접상담 절차

절차	내용
1. 감정적인 격앙상태를 공감한다.	"많이 놀라셨죠?", "얼마나 걱정이 되세요."
2. 보호자의 감정을 수용하고 이야기를 경청한다.	"저도 몹시 마음이 많이 아프네요."
3. 학생의 현재 상태에 대해 묻는다.	"○○이는 어떤 상태인가요?"
4. 보호자에게 정서적 지지를 보낸다.	"힘내세요. 저도 함께 노력하겠습니다."
5. 학생의 피해 사실에 대해 객관적으로 인지한다.	"학생의 피해 사실을 언제, 어떻게 알게 되셨습니까?" "학생은 누구에게, 얼마 동안, 어떤 일이 있었다고 이야기하였나요?", "혹시 주변에 이 사실을 객관적으로 본 친구가 있나요?"
6. 학생의 피해 사실을 구체적으로 기록한다.	
7. 학생의 피해 사실에 대해 진심 어린 위로와 유감을 표현한다.	"이런 일이 생겨서 죄송하고 유감입니다." "저도 걱정이 되고 속상한 마음이 듭니다."
8. 피해 학생과 부모가 원하는 것을 묻는다.	"지금 가장 원하시는 것이 어떤 것인가요?"
9. 추후 처리 과정과 예상되는 결과에 대해 설명한다.	"앞으로 이 일이 학교폭력대책자치위원회에 회부가 되면, …… 식으로 절차가 진행됩니다."
10. 진실과 사실에 근거하여 문제가 해결될 것을 약속한다.	"실제 어떤 일이 일어났는지 그 과정에서 ○○학생이 어떤 어려움이 있었는지를 객관적으로 조사하여 그에 맞는 조치를 취하게 될 것입니다."
11. 학생의 보호와 안전, 적응을 위해 노력할 것임을 약속한다.	"현재 가장 중요한 것은 ○○학생이 안전하게 학교생활을 하는 것이며, 심리적인 충격 없이 학교에 잘 적응하는 것이라고 생각합니다. 학교에서도 노력하겠습니다."

출처: 김진한 외(2015).

(2) 학교폭력 피해 학생에 대한 학부모의 대응기법

① 자녀의 불안과 두려움 이해하기

학교폭력 피해 학생은 직·간접적인 폭력과 보복의 두려움 때문에 무기력해져서 적절히 대처하기가 어렵다. 이때 부모가 자녀의 피해 사실을 알고 따뜻하게 안아 주며, 자녀의 고통을 미리 알고 대처해 주지 못해 미안하다고 사과하는 행동이 필요하다.

② 자녀의 피해 사실에 대한 부인 수용하기

학교폭력 피해 학생의 대부분은 친구들로부터 비난이나 보복을 두려워해서 피해 사실을 부인하려고 한다. 이때 학부모가 자녀의 불안한 상태를 공감하고 수용해 주면서 충분히 이해해 준다. 자녀에 대한 공감과 수용이 충분히 이루어진 후 피해 사실에 대한 구체적인 대처에 대해 자녀와 함께 고민하고 자녀가 두려워하는 비난이나 보복과 같은 2차적인 피해가 없도록 대책을 세울 것임을 알려주어, 자녀를 안심시킨다.

③ 부모의 적극적인 문제 해결의지 보여 주기

자녀의 등·하굣길에 동행하거나 주변 친구나 부모와의 좋은 관계 형성을 통해 자녀에 대한 지지 세력을 구축하는 등의 노력을 함으로써, 부모가 문제 해결을 위해 최대한의 노력을 하고 있음을 보여 준다. 이러한 과정을 통해 자녀는 부모를 신뢰하게 되고 학교폭력 문제 해결을 위한 적극적인 자세를 취하게 된다.

④ 교사에게 도움 청하기

학부모가 자녀에게 관심을 가지고 학교폭력의 피해를 막고자 노력해도 역부족일 때가 많다. 왜냐하면, 학교폭력은 학교 내에서 쉬는 시간이나 점심시간에 가장 많이 발생하기 때문이다. 자녀가 학교폭력사실을 부모에게 알리면, 부모는 담당교사에게 도움을 청하여 제2의 폭력이 발생하지 않도록 최대한 배려하고 자녀의 안전을 위해 노력해 줄 것을 요청하도록 한다.

⑤ 학교폭력에 대한 대처 행동 연습하기

학교폭력 피해 학생에게 학교폭력 상황에서 어떻게 행동하라고 조언하기보다는 적절한 대처 행동을 연습하도록 하는 것이 중요하다. 즉, 자기의 감정을 표현하는 것을 행동으로 연습시켜야 한다. 피해 학생에게 개괄적 혹은 추상적으로 어떻게 하도록 말하는 것보다 실제 상황을 가정하고 그 상황에서의 행동을 해 보도록 하는 것이 좋다. 이러한 행동연습을 통해 그 효과에 대해 점검해 보고 예상치 못한 돌발 상황에 대해 예측해보며 그 대처행동도 연습해 볼 수 있도록 한다.

2) 가해 학생 학부모 상담

가해 학생은 부모의 양육방식이 권위주의적이고 적대적이며, 거부적이고 비일관적이다. 또한, 사회적 문제 해결 능력이 낮고 사소한 시비에 과잉 반응한다. 올리버(Oliver)는 가해자의 가정환경 특징으로 '재정적·사회적 문제, 냉랭한 정서적 분위기, 가족구조의 결함, 사회적 고립, 부모 갈등과 아동양육기술의 부족'을 제시하였다. 특히 폭력이 일상화되어 있는 가정의 경우, 자녀는 더욱 쉽게 폭력의 가해자로 변화해 가고, 이에 대한 죄책감이나 죄의식을 느끼지 않는다.

학교폭력이 발생하였을 때, 피해자 부모뿐만 아니라 가해자 부모가 느끼는 심적 고통과 어려움도 크다. 그러므로 사건처리보다는 우선 가해자 부모가 느끼는 어려움에 대한 심리적 공감과 지지를 함으로써 정서적으로 안정되도록 돕는다. 자녀 문제의 책임을 부모에게 묻고 비난하는 식의 태도보다 부모의 불만사항을 공감해 주고 부모로서의 역량에 대해 자신감을 회복하도록 도와주어야 한다. 특히 가해 학생의 부정적인 측면보다는 긍정적인 변화 가능성의 잠재적 역량에 대해 지지적 태도를 보임으로써 학부모의 태도변화를 효과적으로 이끌어 낼 수 있다.

〈표 10-5〉 가해 학생 학부모 초기 면접상담 절차

절차	내용
1. 보호자의 감정을 수용하고 이해한다.	"많이 놀라시고 당황하셨지요."
2. 상대학생의 피해 정도를 정확하게 알려준다.	"현재 ○○이는 신체적인 피해로는 ……하며, 심리적으로는 ……한 상태에 있습니다."
3. 궁극적인 학생지도 방안에 대해 말한다.	"이 문제를 해결하는 데 있어서 가장 중요한 것은 앞으로 우리 학생들이 안전하게 학교생활을 하고 두 학생 모두 심리적인 충격 없이 학교에 잘 적응하는 것이라고 생각합니다. 무엇이 문제 해결과 궁극적인 자녀지도에 도움이 될지 함께 생각해 보는 것이 좋겠습니다."
4. 추후 처리 과정에 대해 설명한다.	"앞으로 이 일이 학교폭력대책자치위원회에 회부되면, ……의 순서대로 절차가 진행됩니다."
5. 진심 어린 사과의 중요성을 인지시킨다.	"가해 측에서 피해 학생의 신체적·심리적 후유증에 대해 이해하고 진심으로 사과한다면 피해 학생이 안정을 찾는 데 큰 도움이 됩니다."
6. 진실과 사실에 근거하여 문제가 해결될 것임을 알린다.	"실제 어떤 일이 일어났는지 그 과정에서 ○○이가 어떤 행동을 했는지는 객관적으로 조사하여 그에 맞는 조치를 취하게 될 것입니다."

<table>
<tr><td>사례번호
(내부전화)</td><td></td><td>상담자</td><td></td><td>상담일자</td><td></td></tr>
<tr><td>상담자 수</td><td></td><td>위기상담</td><td></td><td>상담시간</td><td></td></tr>
<tr><td>상담 방법</td><td colspan="3">□ 내방 □ 이동 □ 전화 □ 팩스 □ E-mail</td><td>상담대상</td><td>□ 본인 □ 가족
□ 교사 □ 친구</td></tr>
<tr><td colspan="6">1. 학생</td></tr>
<tr><td>이름</td><td></td><td>성별</td><td></td><td>생년월일</td><td></td></tr>
<tr><td>소속/학교</td><td colspan="3"></td><td>학년/반</td><td></td></tr>
<tr><td>집전화</td><td colspan="3"></td><td>휴대전화</td><td></td></tr>
<tr><td>주소</td><td colspan="3"></td><td>전자우편</td><td></td></tr>
<tr><td colspan="6">2. 상담 내용</td></tr>
<tr><td>상담
내용</td><td colspan="5"></td></tr>
<tr><td>상담원
의견</td><td colspan="5"></td></tr>
<tr><td>상담계획</td><td colspan="5"></td></tr>
<tr><td>개입
내용</td><td colspan="5">□ 특별교육 □ 개인 상담(내방) □ 개인 상담(이동) □ 학부모 상담
□ 지원(치료) □ 지원(사회) □ 지원(경제) □ 학습 □ 진로</td></tr>
<tr><td>기대목표</td><td colspan="5">· 라포와 신뢰감 형성
· 호소 문제 및 원인파악
· 사례개념화 및 상담목표 수립</td></tr>
</table>

[그림 10-1] 개인 상담 기록지

출처: 한국교육개발원(2014).

과정		실행 내용	체크
관계형성		· 라포 및 신뢰감 형성, 편안하고 허용적인 분위기 형성	
		· 상담에 대한 기대감 형성	
상담에 대한 자발성 정도	자발적	· 명확한 비밀보장의 한계 제시	
	비자발적	· 내담자와의 라포 형성과 신뢰형성을 우선으로 함	
		· 내담자의 불편한 마음을 수용, 표현할 기회를 제공	
		· 비밀유지 한계 결정 및 의뢰자에게 정보 제공 고려	
		· 교사, 학생부, 학부모가 의뢰한 이유에 대해 밝힘	
상담 구조화	상담	· 상담의 의미 설명 및 내담자의 상담의 의미 살핌	
		· 상담시간, 빈도, 회기 등에 대해 설명	
	상담관계	· 상담자의 역할 설명	
		· 내담자의 상담자에 대한 기대 살피기	
	비밀보장	· 비밀보장 및 예외상황에 대한 설명	
문제이해 및 평가		· 내담자에 대한 이해(신체, 인지, 적성, 학업, 사회적 기능 등)	
		· 자아와 자기의 평가(현실검증기능, 판단기능, 현실감, 사고, 대상관계, 충돌통제, 적응적 퇴행, 방어기능, 자극장벽, 자율기능, 종합과 통합기능, 숙달감, 유능감	
		· 담임교사, 교과 담당교사, 학부모 등의 행동관찰 정보	
		· 문제 해결에 도움이 되는 개인 내적특성과 환경특성	
		· 문제를 유지시키고 해결에 방해가 되는 환경특성	
사례개념화		· 상담자가 파악한 내담자 문제의 성격은 무엇인가?	
		· 문제가 생기게 된 경로나 원인은 무엇인가?	
		· 문제를 지속시키는 내적, 외적 역동은 무엇인가?	
		· 문제 해결을 위하여 내담자에게 필요한 것은 무엇인가?	
		· 문제 해결을 위해 상담자인 나는 상담 장면에서 무엇을 할 것인가?	
상담목표 설정		· 1단계 : 목표설정의 목적과 필요성에 대해 설명	
		· 2단계 : 내담자와 함께 목표 설정	
		· 3단계 : 목표달성이 가져다 줄 이점과 손실 검토	
		· 4단계 : 목표 달성에 장애가 될 수 있는 요인 파악	
		· 5단계 : 필요한 경우 상담 과정 중 수정하여 새로운 목표 설정	
유의사항		· 의뢰되어 온 경우 의뢰자의 의견보다는 내담자의 생각과 감정이 중요하고 관심 있음을 표현함 · 사례개념화 시 내담자에게 반복적으로 나타나는 주제와 역기능적인 측면뿐만 아니라 기능적인 측면도 파악하고, 내담자의 환경적 특성(가족, 대인관계 등)에 대한 정보를 수집하고 활용	

[그림 10-2] **초기상담 체크리스트**

출처: 한국교육개발원(2014).

11 CHAPTER 학교폭력 관련 지원기관

「학교폭력 예방법」 제2조에 의하면 학교폭력이란 "학교 내·외에서 학생을 대상으로 발생한 상해, 폭행, 감금, 협박, 약취·유인, 명예훼손·모욕, 공갈, 강요·강제적인 심부름 및 성폭력, 따돌림, 사이버 따돌림, 정보통신망을 이용한 음란·폭력정보 등에 의하여 신체·정신 또는 재산상의 피해를 수반하는 행위"를 말한다. 그리고 따돌림이란 "학교 내·외에서 두 명 이상의 학생들이 특정인이나 특정집단의 학생들을 대상으로 지속적이거나 반복적으로 신체적 또는 심리적 공격을 가하여 상대방이 고통을 느끼도록 하는 일체의 행위"를 의미한다. 사이버 따돌림이란 인터넷, 휴대전화 등 정보통신기기를 이용하여 학생들이 특정 학생들을 대상으로 지속적, 반복적으로 심리적 공격을 가하거나, 특정 학생과 관련된 개인정보 또는 허위사실을 유포하여 상대방이 고통을 느끼도록 하는 일체의 행위를 말한다. 「학교폭력 예방법」에서 제시하고 있는 학교폭력의 유형은 신체폭력, 언어폭력, 금품갈취, 강요, 따돌림, 성폭력, 사이버 성폭력으로 구분되어 있다. 학교폭력 유형들에 관한 예시들은 〈표 11-1〉과 같다.

〈표 11-1〉 학교폭력 유형 비교

유형	학교폭력 예방법 관련	예시
신체 폭력	상해, 폭행, 감금, 약취·유인	· 일정한 장소에서 쉽게 나오지 못하도록 하는 행위(감금). · 신체를 손, 발로 때리는 등 고통을 가하는 행위(상해, 폭행). · 강제(폭행, 협박)로 일정한 장소로 데리고 가는 행위(약취). · 상대방을 속이거나 유혹해서 일정한 장소로 데리고 가는 행위(유인). *장난을 빙자해서 꼬집기, 때리기, 힘껏 밀치는 행동 등도 상대학생이 폭력행위로 인식한다면 이는 학교폭력에 해당.
언어 폭력	명예훼손·모욕, 협박	· 여러 사람 앞에서 상대방의 명예를 훼손하는 구체적인 말(성격, 능력, 배경 등)을 하거나 그런 내용의 글을 인터넷, SNS 등으로 퍼뜨리는 행위(명예훼손). *내용이 진실이라고 하더라도 범죄이고, 허위인 경우에는 형법상 가중 처벌됨. · 여러 사람 앞에서 모욕적인 용어(생김새에 대한 놀림, 병신, 바보 등 상대방을 비하하는 내용)를 지속적으로 말하거나 그런 내용의 글을 인터넷, SNS등으로 퍼뜨리는 행위(모욕). · 신체 등에 해를 가할 듯한 언행("죽고 싶냐." 등)과 문자메시지 등으로 겁을 주는 행위(협박).
금품 갈취	공갈	· 돌려줄 생각이 없으면서 돈을 요구하기. · 옷, 문구류 등을 빌린다며 되돌려주지 않기. · 일부러 물품을 망가뜨리기. · 돈을 걷어오라고 하는 것 등.
강요	강제적 심부름, 강요	· 속칭 빵 셔틀, 와이파이 셔틀 등. · 의사에 반하는 행동을 강요하는 행위(과제 대행, 게임 대행, 심부름 강요). · 폭행 또는 협박으로 상대방의 권리행사를 방해하거나 의무 없는 일을 하게 하는 행위(강요). *속칭 '바바리맨'을 하도록 강요하는 경우, 스스로 자해하거나 신체에 고통을 주는 경우 등이 강요죄에 해당됨.
따돌림	따돌림	· 집단적으로 상대방을 의도적이고, 반복적으로 피하는 행위. · 싫어하는 말로 바보취급 등 놀리기, 빈정거림, 면박 주기, 골탕 먹이기, 비웃기. · 다른 학생들과 어울리지 못하도록 막기 등.

성폭력	성폭력	· 폭행, 협박을 하여 성행위를 강제하거나, 유사 성행위, 성기에 이물질을 삽입하는 행위 · 상대방에게 폭행과 협박을 하면서 성적 모멸감을 느끼도록 신체적 접촉을 하는 행위 · 성적인 말과 행동을 함으로써 상대방이 성적 굴욕감, 수치감을 느끼도록 하는 행위 등
사이버 폭력	사이버 따돌림, 정보통신망을 이용한 음란·폭력 정보 등에 의해 신체·정신 또는 재산상 피해를 수반하는 행위	· 특정인에 대해 모욕적 언사나 욕설 등을 인터넷 게시판, 채팅, 카페 등에 올리는 행위 · 특정인에 대한 허위 글이나 개인의 사생활에 관한 사실 을 인터넷, SNS, 카카오톡 등을 통해 불특정 다수에 공개하는 행위 · 성적 수치심을 주거나, 위협하는 내용, 조롱하는 글, 그림, 동영상 등을 정보통신망을 통해 유포하는 행위 · 공포심이나 불안감을 유발하는 문자, 음향, 영상 등을 휴대폰 등 정보통신망을 통해 반복적으로 보내는 행위

1 학교폭력 전담기구의 사안 조사 과정

학교폭력 발생 시 학교폭력 전담기구에서는 〈표 11-2〉와 같은 과정을 통해 학교폭력 사안을 처리하고 있다. 학교폭력 사건이 발생을 인지하여 학교, 교사, 학부모가 학교폭력 전담기구에 신고를 하면, 학교폭력 전담기구에서는 이에 대한 내용을 신고 대장에 기록하고, 학교장 및 학교폭력대책자치위원장에게 보고한다. 보고된 사안에 따라 피해 학생과 가해 학생을 즉시 격리하고, 피해 학생과 가해 학생에 필요한 조치를 학교폭력대책위원회를 통해 추인을 실시한다. 이후 발생한 학교폭력 사안에 대한 조사를 실시하고 조사 결과와 진행절차에 대해 해당 보호자에게 통보하고, 학교폭력 사안을 종합적으로 정리하여 학교장 및 자치위원회에 보고한다.

〈표 11-2〉 학교폭력 전담기구의 조사 과정

단계	처리 내용	비고
학교폭력 사건발생 인지	· 사건발생을 인지한 교사, 학생, 학부모가 학교폭력 전담기구 신고	
신고 접수 및 학교장 보고	· 학교폭력 신고 된 내용을 신고 대장에 기록 · 중대 사안인 경우 학교장 및 학교폭력대책자치위원장에게 즉시 보고	학교폭력 전담기구
즉시조치 (긴급조치 포함)	· 피해 학생과 가해 학생 즉시 격리 · 피해 학생의 보호가 긴급할 경우, 학교장은 피해 학생에 대한 보호를 취한 후 학교폭력대책위원회에 즉시 보고하여 추인(「학교폭력예방법」 제16조 제1항) · 가해 학생의 선도가 긴급한 경우, 학교장은 가해 학생에 대한 조치를 취한 후 학교폭력대책위원회에 즉시 보고하여 추인(「학교폭력예방법」 제17조 제4항)	학교장, 학교폭력 전담기구, 담임교사
사안 조사	· 학교폭력 전담기구에서 구체적인 사안 조사 실시 · 피해자와 가해자 심층 면담 · 조사한 결과를 바탕으로 사건보고서 작성 · 성폭력의 경우 비밀 유지 의무	학교폭력 전담기구, 담임교사
관련학생/보호자 면담	· 조사 결과에 대해 해당 학생 부모님께 알리고, 향후 진행 절차 등에 대해서 통보	학교폭력 전담기구, 담임교사
사건보고	· 가해 및 피해 사실 여부에 관하여 종합적으로 정리하여 학교장 및 자치위원회(자치위원회의 요청이 있는 경우)에 보고	학교폭력 전담기구

출처: 교육과학기술부(2012).

2 학교폭력 지원 기관

학교폭력 관련 지원기관으로 'Wee센터', '청소년상담 지원센터', '대안교육 단기·장기위탁 기관', '생활인권 지원센터', '인터넷 상담센터', '학교장 통고 제도'가 있다(경기도교육청, 2012).

1) Wee센터

Wee센터는 학교에서 지도하기 어려운 학생들의 체계적인 관리를 위해 지역 교육청 차원에서 지역사회의 인적·물적 자원과 인프라를 활용하여, 진단에서 치료까지 One-Stop시스템으로 운영된다. [그림 11-1]과 같이 학교폭력 발생 시 Wee센터에 상담을 의뢰를 하면 검사 및 상담을 통해 치료를 실시하게 된다.

상담의뢰		접수		진단 단계		상담 단계		치료 단계		학교복귀 및 상담결과 통보
단위학교	⇒	Wee 센터	⇒	기본검사 환경검사	⇒	집중검사 집중상담	⇒	대안교육 전문기관 연계	⇒	

[그림 11-1] **Wee센터의 진행 절차**

2) 청소년상담 지원센터

청소년상담 지원센터는 지역사회 청소년 통합지원체계 운영기관으로 위기상황에 처한 청소년에 대한 상담 및 서비스 제공한다. '헬프콜 청소년 전화 1388'로 전화하거나, 직접 방문하여 상담 및 서비스를 받을 수 있다[그림 11-2].

상담의뢰		접수		진단 단계		상담 단계		학교복귀 및 상담결과 통보
개인, 학교	⇒	상담센터	⇒	기본검사 환경검사	⇒	집중검사 집중상담	⇒	

[그림 11-2] **청소년상담 지원센터 진행 절차**

3) 대안교육 단기위탁기관

대안교육 단기위탁기관은 초·중·고등학교의 징계학생 및 학교폭력 관련 학생을 대상으로 실시한다. [그림 11-3]과 같이 학교에서 위탁기관으로 교육의뢰를 하면, 위탁기관에서 교육을 실시한 후 학교에 통보하고, 교육경비와 대안교육 운영결과를 교육청에 제출한다.

교육 의뢰	⇒	교육 실시	⇒	교육 과정 이수통보	⇒	교육 과정 이수 확인 결과통보	⇒	교육경비 신청	⇒	대안교육 운영결과 제출
학교 → 기관		기관		기관 → 학교		학교 → 기관		기관 → 교육청		학교 → 교육청

[그림 11-3] **대안교육 단기위탁기관 진행 절차**

4) 대안교육 장기위탁기관

대안교육 장기위탁기관은 중·고등학교 재학생 중 정상적인 학교생활을 하는 것이 어려운 학생, 학업을 중단하고자 하는 학생, 또는 퇴학 처분의 징계를 받은 학생을 대상으로 운영되고 있다. 의뢰 학교에서 위탁여부를 심사하여 기관에서 적응교육을 통해 수탁여부를 결정하여 위탁교육이 이루어진다([그림 11-4] 참조).

심의 위탁여부 결정	⇒	추천	⇒	적응교육 실시	⇒	수탁여부 통지	⇒	위탁교육 시작
원적교		원적교→기관		기관		기관→원적교		기관

[그림 11-4] **대안교육 장기위탁기관 진행 절차**

5) 생활인권 지원센터

생활인권 지원센터는 25개 지역교육지원청에서 담당하고 있으며, 장학사, 전문상담교사, 전문상담사, 경찰청 파견경찰로 구성되어 있다. 학생, 학부모, 교원 등을 대상으로 생활인권 교육 및 컨설팅, 분쟁조정 관련 사항을 지원한다.

6) 인터넷 상담센터

(1) 청소년 사이버 상담 센터(www.cyber1388.kr)

한국청소년상담원 및 청소년상담 지원센터에서는 학교폭력, 학교부적응 등 전국 위기청소년을 대상으로 청소년사이버 상담센터 홈페이지에서 채팅 상담 및 위기 개입, 24시간 365일 운영되고 있다.

(2) 안전 Dream(www.safe182.go.kr)

아동·여성·장애인 경찰지원센터로 아동·여성·장애인·청소년 등 사회적 약자를 대상으로 안전드림 홈페이지와 앱을 이용하여 실종 예방, 신속한 찾기 활동 지원 및 각종 학교폭력, 성폭력 등 범죄피해 신고·상담을 실시하고 있다.

7) 학교장 통고 제도

학교장 통고 제도는 보호자 또는 학교, 사회복리시설, 보호관찰소의 장 등이 수사기관인 경찰, 검찰을 거치지 않고 사건을 법원에 직접 접수하는 절차이다. 이 제도는 범죄경력 또는 수사경력이 남지 않아 사회적 낙인을 피하면서도 신속한 학교복귀와 재비행 예방효과, 다수 학생의 학습권과 교사의 교육권을 보호하면서 잠재적인 학교폭력 사건을 예방하는 교육적 효과가 기대된다.

– 봉사활동 관련 사이트 –	
· 경기교육자원봉사단체협의회 http://www.bongsanara.net	· 경기도사회복지협의회 http://ggcsw.or.kr
· 경기도자원봉사센터 http://www.ggvc.or.kr	· 경기도청소년활동진흥센터 http://www.gysc.or.kr
· 한국자원봉사문화 http://www.volunteer21.org	· 푸르덴셜사회공헌재단 www.prufoundation.or.kr
· 한국사회복지관협회 http://www.kaswc.or.kr	· 복지넷 https://www.bokji.net
· 한국시민자원봉사회 http://www.civo.net	· 한국자원봉사협의회 http://www.vkorea.or.kr
· 한국청소년단체협의회 http://ncyok.or.kr	· 한국청소년상담복지개발원 http://www.kyci.or.kr
	· 청소년활동진흥센터 http://www.sy0404.or.kr

3 학교폭력 처리절차

일반적인 학교폭력처리 절차는 다음의 10단계에 걸쳐 진행된다(경기도교육청, 2012).

1) 1단계: 폭력사건 발생 인지(사건 목격자)

폭력사건 발생을 인지한 교사, 학부모, 학생은 학교폭력 전담기구(책임교사)에 신고한다.

2) 2단계: 신고접수 및 학교장 보고(학교폭력 전담기구)

학교폭력 전담기구는 폭력 사안을 신고대장에 반드시 기록하고, 학교장에게 보고하며 담임교사 및 가해·피해 학생의 학부모에게 통보한다.

3) 3단계: 즉시 조치(학교장, 학교폭력 전담기구, 담임교사)

피해자와 가해자를 즉시 격리하고, 신고 및 고발한 학생도 피해 학생의 수준에서 가해 학생으로부터 보복행위를 당하지 않도록 조치한다.

(1) 피해 학생

피해 학생의 신체적·정신적 피해를 치유하기 위한 조치를 실시한다. 성폭행의 사안은 「청소년성보호법」에 따라 반드시 수사기관에 신고하고, 성폭력 전문상담기관 및 병원을 지정하여 신체적·정신적 피해를 치유하여야 한다.

(2) 가해 학생

다음 사안의 경우 학교장은 가해 학생에 대해 자치위원회 회부 이전에 즉시 출석정지를 할 수 있다.

① 두 명 이상의 학생이 고의적·지속적으로 폭력을 행사한 경우
② 학교폭력을 행사하여 전치 2주 이상의 상해를 입힌 경우
③ 학교폭력에 대한 신고, 진술, 자료 제공 등에 대한 보복을 목적으로 폭력을 행사한 경우
④ 학교의 장이 피해 학생을 가해 학생으로부터 긴급하게 보호할 필요가 있다

고 판단하는 경우.

⑤ 가해 학생의 선도가 긴급한 경우, 「학교폭력 예방법」 제17조 제4항에 따라 학교장은 가해 학생에 대한 조치를 취한 후, 자치위원회에 즉시 보고하여 추인 받는다.

4) 4단계: 사안 조사(학교폭력 전담기구, 담임교사)

학교폭력 전담기구에서 구체적인 사안 조사를 실시한다. 가해·피해 학생 면담, 주변학생 조사, 설문조사, 객관적인 입증자료 수집 등, 가해·피해 학생 심층상담을 통해 조사한 결과를 바탕으로 가해 학생과 피해 학생을 구분한다. 사안 조사 과정에서 비밀유지 및 인권보호에 유의한다.

5) 5단계: 사안보고 및 통보(학교폭력 전담기구, 담임교사)

조사결과를 학교장 및 자치위원회위원장에게 보고하고, 가해·피해 학생의 학부모에게 조사 결과 및 향후 처리 절차 등에 대해 통보한다.

6) 6단계: 처리방향 심의(학교폭력 전담기구)

자치위원회의 개최 시기를 결정한다.

7) 7단계: 처리방향 결정(학교장)

전담기구의 심의결과를 바탕으로 자치위원회 개최를 요구한다.

8) 8단계: 자치위원회 개최 및 조치(자치위원회)

가해 학생 및 보호자에게 의견진술의 기회를 부여하는 등 적절한 절차를 거쳐야 하며, 자치위원회를 개최하여 피해 학생 보호 및 가해 학생 선도 조치를 심의한다.

9) 9단계: 결정통보 및 재심안내(학교장)

자치위원회 심의결과를 가해 학생과 피해 학생 및 그 보호자에게 통보(서면 통보 권장)하고, 통보 시 재심을 받을 수 있는 방법을 안내한다.

10) 10단계: 조치실행 및 사후관리(학교장, 담임교사, 전 교원)

학교장은 자치위원회의 조치 요청이 있는 경우, 14일 이내에 해당 조치를 해야 한다. 가해 학생과 그 보호자가 조치를 거부하거나 회피하는 경우 관련 법령에 따라 징계 또는 재조치 하고, 교육감에게 조치 및 그 결과를 보고한다(「학교폭력 예방법」 제19조).

가해·피해 학생이 안정적인 학교생활을 할 수 있도록 심리치료, 재활치료, 생활지도 등을 실시하고, 가해·피해 학생의 소속 학급 또는 필요시 학생 전체를 대상으로 학교폭력 예방 교육을 실시한다.

12 CHAPTER 학교폭력 사례분석

이 장에서는 학교폭력 사례들을 통해 학교폭력의 개념과 학교폭력대책자치위원회의 개최 및 공동개최 여부, 가해 학생과 피해 학생의 구분, 학교폭력 사례별 대응 방법 그리고 성폭력 사례에 대해 살펴본다(교육과학기술부, 2012; 박상돈, 2014).

1 사례를 통해 본 학교폭력의 개념

사례 1-1 평소 친하게 지내던 학생 사이에서 발생한 강제적 심부름 사례

(1) 질의 내용

평소 친하게 지내던 초등학생 일곱 명의 여학생들이 있습니다. 담임교사가 보았을 때는 그냥 친하게 지내는 친구들로 보였는데, 세 명의 학생들이 나머지 다른 학생들에게 방과 후에 함께 어울리며 신발이나 가방을 들게 한다든지, 심부름을 시키는 행동을 자주 하였는데 이렇게 친하게 지내며 어울리는 학생 간에 일어난 일도 학교폭력에 해당하나요?

(2) 답변자료

평소 친하게 지낸 친구 사이라 하더라도 강요·강제적 심부름에 해당하는 학교폭력이므로 교사가 이를 인지한 경우, 전담기구에 소속된 교사에게 이 사실을 알려 학교폭력대책자치위원회를 개최해야 합니다. 학생이 다른 학생에게 자신의 가방이나 신발을 들게 하는 행위, 즉 심부름을 시키는 행위도 강압적인 요소가 개입되어 있으면 학교폭력에 해당합니다.

즉 심부름으로 하는 행위가 거절하기 힘든 누군가의 강제적인 지시, 요구 등에 의한 것이라면, 강요 또는 강제적인 심부름에 해당합니다. 이 사안의 경우 친하다는 이유로 가방을 들게 하거나 심부름을 시키는 등의 행위로 피해 학생이 심리적인 부담감을 느낀다면 학교폭력에 해당합니다.

사례 1-2 학교에서 퇴학당한 학생들에게 폭행을 당한 경우

(1) 질의 내용

우리 학교의 학생들이 하굣길에 동네 공원에서 학교를 퇴학당한 이 동네 청소년에게 집단 폭행을 당했습니다. 이 경우 학교폭력에 해당되나요? 만약에 학교폭력대책자치위원회를 개최한다면 퇴학당한 학생들은 어떻게 조치해야 하나요?

(2) 답변자료

「학교폭력 예방법」에서 학교폭력이란 학교 내·외에서 학생을 대상으로 발생한 행위를 말하며, 학교를 다니지 않는 학생들에게 폭행을 당했더라도 학교 학생이 그 피해의 대상이 되었다면 학교폭력에 해당합니다.

따라서 단위학교에서는 학교폭력 자치위원회를 열어 조치를 취해야 합니다. 다만 학교를 다니지 않는 청소년의 경우에는 학교에서 조치를 취할 수 없기 때문에 학교에서는 피해 학생을 대상으로 피해 학생에 적절한 조치를 취하면 됩니다.

사례 1-3 피해 학생의 아버지가 학교에 찾아와 가해 학생을 직접 폭행한 사례

(1) 질의 내용

초등학생 A와 B가 서로 다툼이 있었고 A가 B를 폭행하였습니다. 그러자 다음 날 B의 아버지가 학교 교실에 들어와 A를 폭행하였습니다. B의 아버지는 학생이 아닌데 이런 경우도 학교폭력에 해당되나요?

(2) 답변자료

「학교폭력 예방법」에서 학교폭력의 정의를 보면 학생을 대상으로 한 행위에 초점이 있으므로 A가 B를 폭행한 사안도 학교폭력 사안이고, B의 아버지가 A를 폭행한 사안도 학교폭력 사안입니다.

A는 학교폭력의 가해자이며 피해자이고, B는 학교폭력의 피해자이므로 두 학생의 경우 해당 사안에 대해 적절한 조치를 내려야 하며(「학교폭력 예방법」 제16조), 이 경우 학부모의 의견에 따라 조치 내용이 좌우되지 않습니다.

「학교폭력 예방법」에서는 학교폭력에 해당하는 가해 행위를 한 사람을 학생으로 한정하고 있지 않습니다(제2조 제1호 참조). 따라서 A가 B를 폭행한 사안에 대하여 가해 학생 A, 피해 학생 B 모두에 대하여 가해 및 피해 사실 발생 여부에 관한 확인과 조사가 이루어져야 하고, B의 아버지가 A를 폭행한 사안에 대해서도 가해 및 피해 사실 발생 여부에 관한 확인 및 조사가 이루어져야 하며 그에 상응하는 조치가 이루어져야 합니다.

그러나 B의 아버지는 학생 신분이 아니므로 학교 측에서 B의 아버지를 대상으로 선도·교육 목적의 조치를 취할 수는 없습니다. 다만 B의 아버지가 A를 폭행한 행위에 관하여 담임교사로서는 B의 아버지를 폭행죄로 형사고발할 수 있습니다.

사례 1-4 사이버 따돌림의 사례

(1) 질의 내용

중학교 여학생 A와 B는 친한 친구였으나 사이가 나빠지자, A가 자신의 블로그에 B를 험담하는 글을 올렸고 다음날 이를 알게 된 B가 항의하자 A는 B를 혼내 주자며 채팅방을 개설하여 20여 명의 친구들과 B를 '찐따'라고 험담하고, 심지어 B의 사진을 첨부하여 다른 친구들과 함께 돌려 보았습니다. 이런 경우 사이버 따돌림에 해당되나요?

(2) 답변자료

사이버 따돌림은 2012. 3. 21. 「학교폭력 예방법」이 개정되면서 학교폭력의 유형으로 추가되었습니다. 사이버 따돌림은 인터넷, 휴대전화 등 정보 통신기기를 이용하여 학생들이 특정 학생들을 대상으로 지속적·반복적으로 심리적 공격을 가하거나, 특정학생과 관련된 개인정보 또는 허위사실을 유포하여 상대방이 고통을 느끼도록 하는 일체의 행위를 의미합니다.

따라서 특정인에 대해 성격, 능력, 배경, 외모 등에 관한 모욕적 표현과 욕설 등을 인터넷 게시판, 채팅, 카페 등에 올리는 행위(뚱뚱한 외모를 조롱하기 위해 스모선수의 하체에 친구의 얼굴을 합성하여 인터넷에 올리는 행위, 피해 학생의 밥 먹는 모습을 몰래 찍어 인터넷에 올리고 돼지 같다고 글을 남기는 행위 등), 특정인에 대한 허위 글이나 개인의 사생활에 관한 사실(누구랑 성관계 했다더라, 미쳐서 정신병원에서 치료받았다더라, 전에 학교에서 왕따여서 전학 왔다더라, 부모가 이혼했다, 아버지가 전과자다, 아버지가 성이 다르다는데 친아빠가 아닌 것 같다 등)을 인터넷, SNS, 카카오톡 등을 통해 불특정 다수에게 공개하는 행위, 성적 수치심을 주거나 위협하는 내용, 조롱하는 글, 그림, 동영상 등을 정보통신망을 통해 유포하는 행위, 공포심이나 불안감을 유발하는 문자, 음향, 영상 등을 휴대폰 등 정보통신망을 통해 반복적으로 보내는 행위(특정인의 이름을 거명하고 "왜 나대냐, 죽어라."라고 글을 올리자 "맞아, 그냥 죽어라."라고 댓글을 다는 행위) 등이 사이버 따돌림에 해당합니다.

또한, 위의 행위들은 모욕, 명예훼손, 협박, 성폭력 등 학교폭력법상 다른 학교폭력 유형에도 해당할 수 있지만 사이버상에서 벌어지는 폭력이 증가하는 추세에 있고, 그 피해 학생이 입는 정신적인 피해가 심각하므로 별개의 학교폭력 유형으로 추가되었습니다.

사이버 따돌림은 인터넷과 휴대전화만 있으면 가능하기 때문에 시간과 장소에 전혀 구애받지 않고 밤낮으로 상대방을 괴롭힐 수 있으며, 순식간에 수십 명의 학생이 수백 개의 댓글을 다는 등 다수의 가해 학생이 피해 학생을 괴롭힐 수 있다는 문제점이 있습니다. 신체적인 폭행과 달리 가해 학생들이 별다른 죄의식 없이 쉽게 사이버 공간에서 동조하고 유포하는 데 가담하며, 피해 학생이 겪는 정신적인 피해는 다른 어떤 학교폭력 유형에서보다 크고 깊을 수 있습니다. 또한, 사이버 공간의 특성 때문에 가해 학생에 대한 전학조치로 문제가 해결되지도 않는다는 점에서 문제가 심각합니다.

2 학교폭력대책 자치위원회 개최 여부가 논란이 되는 사례

사례 2-1 합의를 이유로 학교폭력대책자치위원회의 개최에 반대하는 경우

(1) 질의 내용

중학교 남학생 두 명이 서로 싸움을 하다가 한쪽 학생이 골절 등의 상해를 입는 폭력 사안이 발생하였습니다. 다행히 폭력사태 발생 직후 가해자 측과 피해자 측 사이에 원만히 합의가 이루어져 양측 모두 학교 측의 어떠한 조치도 원치 않으면서 「학교폭력 예방법」에 따른 사안 처리를 극구 반대하고 있습니다. 이럴 때 학교에서는 어떻게 하면 좋은가요?

(2) 답변자료

피해 학생이 골절 이상의 상해를 입은 것은 경미한 사안이라고 볼 수 없으므로 비록 가해 학생 측과 피해 학생 측 사이에 원만한 합의가 이루어졌다고 하더라도 반드시 학교폭력대책자치위원회를 열어야 합니다.

담임교사 종결 사안이 되기 위해서는 당사자 사이의 합의뿐 아니라 사안이 경미해야 합니다. 다만 학교폭력대책자치위원회에서 화해가 된 사정을 고려하여 가해 학생에 대한 조치를 결정할 수 있습니다. 학교생활기록부 기재 여부 때문에 빈번히 발생할 수 있는 사안이므로 학교는 법률에 근거한 명확한 설명과 더불어 학부모의 일방적인 요구에 끌려가지 않도록 학교의 일관된 방침을 세워야 하며, 학부모 상담 창구를 일원화하여 상담 과정에서 학교 방침에 어긋나지 않도록 유의해야 합니다.

사례 2-2 가해 학생이 이미 졸업한 경우

(1) 질의 내용

중학교 3학년 말 남학생 A와 B가 사소한 다툼 중에 B가 상해를 입게 되었습니다. 학교폭력대책자치위원회를 개최하기 위하여 준비하던 중 이미 A와 B 모두 졸업하게 되었습니다. 학교에서는 어떻게 조치할 수 있나요?

(2) 답변자료

A와 B 모두 이제 더 이상 당해 학교의 학생이 아니므로 해당 중학교에서 학교

폭력대책자치위원회를 개최할 수 없습니다. A와 B학생이 상급학교에 진학하였다면 현재 A와 B가 소속된 고등학교에서 필요한 조치를 하여야 하는데, 만일 각각 다른 고등학교에 진학하였다면 해당 고등학교는 소속된 학생에 대해서 필요한 조치를 취하면 됩니다.

또한, 두 고등학교가 공동 학교폭력대책자치위원회를 구성하여 필요한 조치를 할 수 있습니다. 만일 상급학교에 진학하지 않은 경우라면 더 이상 학생신분이 아니므로 학생신분을 상실한 사람에 대해서는 학교폭력대책자치위원회는 개최할 수 없습니다. 학교폭력이 발생했던 위 중학교는 해당 고등학교의 자료 제공 요청 등에 협력하여야 합니다.

사례 2-3 신고 없이, 담임교사가 피해 학생의 일기장을 보고 학교폭력을 인지한 경우

(1) 질의 내용

평소 친하게 지내는 초등학교 일곱 명의 여학생 중 일부가 나머지 학생들에게 방과 후에 함께 어울릴 때 신발이나 가방을 들게 한다든지, 심부름을 시켰습니다. 담임교사는 그런 일로 힘들다고 적은 피해 학생의 일기장을 통해 위와 같은 사실을 알게 되었습니다. 이런 경우도 학교폭력대책자치위원회를 열어야 하나요?

(2) 답변자료

「학교폭력 예방법」에 따르면, 학교폭력 현장을 보거나 그 사실을 알게 된 자는 학교 등 관계기관에 이를 즉시 신고하여야 하고, 통보를 받은 학교의 장은 이를 학교폭력대책자치위원회에 지체 없이 통보하여야 하며, 학교폭력대책자치위원회는 학교폭력이 발생한 사실을 보고받은 경우 학교폭력대책 자치위원회 회의를 개최하여야 합니다. 학교폭력 사실을 어떠한 경로로 알게 되었는지는 문제가 되지 않습니다.

위 사례는 강요 내지 강제적 심부름, 따돌림에 해당하는 학교폭력이므로 「학교폭력 예방법」에 따라 학교폭력대책자치위원회를 열어야 합니다.

친한 친구끼리의 따돌림은 다른 사람들의 눈에 쉽게 발견되지 않아 장기화되는 경우가 많습니다. 친구들끼리 몰려다니며 친하게 지내는 것으로 생각해 따돌림을 당한다고 생각하지 않기 때문입니다. 이러한 따돌림이나 강제적 심부름은 학생에게 직접 가해나 상해를 입히지 않아 직접적인 폭력행위가 없을 수는 있으나 장기화되면 대인관계나 자존감 등의 심리적·정신적인 피해를 입는 경우가 많습니다. 또한, 따돌림이나 강제적 심부름의 대상이 된 학생의 경우 다른 사람의 부당한 태도에 대해 무엇을 어떻게 해야 할지 몰라 습관적으로 당하다가 헤어나지 못한다는 절망감에 자살을 하는 경우도 있습니다. 따라서 학교에서는 이런 학생들에 대한 보다 세심한 배려가 필요합니다.

사례 2-4 이미 동일 사안에 대하여 수사기관의 수사가 진행 중인 경우(대법원 2010. 6. 10. 선고, 2010두 2913 판결)

(1) 질의 내용

중학교 남학생 사이의 집단 싸움으로 일부 학생이 중상해를 입게 되었습니다. 중상해를 입은 학생의 보호자가 수사기관에 고소하여 현재 수사가 진행 중인데도 학교폭력대책자치위원회를 개최하여야 하나요?

(2) 답변자료

동일한 학교폭력 가해 행위에 대하여, 학교라는 특별한 공권력 분야에서 이루어지는 비행 사실의 조사·확인 및 가해 학생에 대한 조치와 국가의 일반 공권력(이른바 사법당국)에 의하여 이루어지는 가해자에 대한 범죄수사 및 형사재판에 의한 형사처벌 또는 소년부 송치에 따른 소년보호 처분은 별개의 목적을 가지고 이루어지는 별개의 제도입니다. 따라서 고소의 결과 형사처벌을 받거나 소년보호 처분을 받게 되더라도 이와 무관하게 학교는 학교폭력대책자치위원회를 개최하여 필요한 조치를 하여야 합니다. 경찰에서의 조치는 범죄의 처벌을 위한 사법적 조치이며 학교폭력대책자치위원회의 조치는 선도 교육을 위한 교육적 조치이므로 이중처벌이 아님을 학부모에게 인지시켜야 합니다.

사례 2-5 학교폭력대책자치위원회의 조치가 이루어진 후 당사자 사이에 합의가 성립된 경우

(1) 질의 내용

학교폭력이 발생하여 학교폭력대책자치위원회를 통해 가해 학생에 대한 징계조치가 결정 되어 그 통지까지 마친 상태인데, 그 후 가해 학생측과 피해 학생측이 합의가 되었다고 하면서 가해 학생뿐 아니라 피해 학생까지 가해 학생에 대한 징계를 철회하라고 요구하고 있는 경우 어떻게 하나요?

(2) 답변자료

학교폭력대책자치위원회의 조치가 결정되어 그 통지까지 마친 이상 그 후 당사자 사이의 합의 등 새로운 사정 변경이 발생한다고 하더라도 이미 효력이 발생한 징계조치를 철회할 수 없습니다. 피해자 측이 요구하는 경우에도 마찬가지입니다. 다만 아직 재심 기간이 지나지 않았다면, 징계조치가 가해 학생에 대한 전학과 퇴학인 경우에는 가해 학생이 재심을 청구할 수 있을 뿐입니다.

3 학교폭력대책 자치위원회 공동개최

학교폭력으로 인한 가해 학생과 피해 학생이 각각 다른 학교에 재학 중인 경우에는 교육감의 보고를 거쳐 둘 이상의 학교가 공동으로 학교폭력대책자치위원회를 개최할 수 있다(「학교폭력 예방법」 제12조 제1항, 동법 시행령 제13조 제1항). 공동으로 학교폭력대책자치위원회를 구성하여 조치하는 것이 더 효율적이고, 가해 학생 및 피해 학생에게 더욱 적절한 조치를 할 수 있는 것이라면 적극적으로 공동 개최를 도모함이 타당하다.

사례 3-1 중학교 때 발생한 폭력행위의 가해 학생과 피해 학생이 각각 다른 고등학교에 진학한 경우

(1) 질의 내용

고등학교 재학 중인 학생의 학교폭력을 인지하였으나 이미 중학교 때 저지른 사안이고 피해 학생은 다른 고등학교에 진학한 것으로 확인되었다면 가해 학생이 소속된 고등학교에서는 어떠한 조치를 하여야 하나요?

(2) 답변자료

가해 학생이 중학교 때 저지른 학교폭력이지만 지금 학적이 있는 고등학교에서 가해 학생에 대한 필요한 조치를 하여야 합니다. 다만 가해 학생에 대하여 이미 중학교에서 같은 학교폭력 사안에 대하여 필요한 조치를 하였다면 당해 학교폭력 사안은 이미 종결된 것이므로 더 이상의 조치는 필요하지 않습니다.

위 사안처럼 가해 학생과 피해 학생이 같은 학교에 소속되어 있지 않다면 가해 학생이 속한 학교에서는 가해 학생에 대하여, 피해 학생이 속한 학교에서는 피해 학생에 대하여 각각 필요한 조치를 취하면 되지만, 공동으로 학교폭력대책자치위원회를 구성하여 조치할 수도 있습니다.

만일 공동자치위원회를 구성하기로 하였다면 피해 학생의 보호를 위하여 피해 학생이 속한 학교가 주관학교가 되어 공동자치위원회를 개최하는 것이 바람직합니다.

사례 3-2 가해 학생이 학교폭력대책자치위원회의 개최 및 조치 이전에 전학을 간 경우

(1) 질의 내용

가해 학생에 대하여 학교폭력대책자치위원회를 개최하기 이전에 이미 가해 학생이 다른 학교로 전학 간 상태라면 종전 학교에서는 어떠한 조치를 하여야 하나요?

(2) 답변자료

가해 학생이 전학 간 학교에서 가해 학생에 대하여 필요한 조치를 하도록 통보하고 재학 중인 피해 학생에 대해서만 필요한 조치를 하면 됩니다. 또는 가해 학생이 전학 간 학교와 함께 공동으로 학교폭력대책자치위원회를 구성할 수도 있습니다.

사례 3-3 서로 다른 고등학교에 재학 중인 학생 세 명이 중학생을 폭행하고 여러 차례 금품갈취를 한 경우(대법원 2012. 6. 28. 2012도 5090판결)

(1) 질의 내용

A, B, C는 각각 다른 고등학교에 재학 중입니다. 이들은 함께 중학교에 재학 중인 D를 폭행하고 여러 차례에 걸쳐 금품갈취를 하였습니다.

(2) 답변자료

가해 학생이 소속된 세 개의 고등학교와 피해 학생이 소속된 한 개의 중학교가 함께 공동으로 학교폭력대책자치위원회를 구성할 수 있습니다. 이때 피해 학생에 대한 보호조치에 소홀함이 없도록 주관학교는 중학교로 하는 것이 바람직합니다.

공동으로 학교폭력대책자치위원회를 구성하기로 하였다면 소속 교육청의 관련과에 자문을 구한 뒤 관련 학교의 책임교사는 학교폭력대책 자치위원회 일정 및 필요한 내용들(위원의 수, 주관학교 등)을 서로 협의합니다.

4 가해 학생과 피해 학생의 구분

학교 현장에서 학교폭력이 발생한 경우, 전담기구는 신속하게 가해 및 피해 사실을 확인하게 된다. 그 과정에서 누가 가해자이고 누가 피해자인지, 어디까지를 가해 행위라고 보아야 하는지 등 논란의 여지가 있을 수 있다. 가해 및 피해 사실을 신속하게 확인하는 것은 학교폭력 사안 해결의 출발점이고, 이때 오류가 발생하면 사안 처리는 적절하게 이루어지기 어렵고 추가 분쟁의 가능성만 높아진다.

사례 4-1 따돌림에 의한 피해자는 있으나 가해자가 불분명하고 가해자로 지목된 학생이 가해 사실을 부인하는 경우(대법원 2010. 2. 11. 선고 2009다 79897 판결/대법원 1999. 9. 17. 선고, 99다 23895 판결)

(1) 질의 내용

A는 누군가가 A의 책에 세정제를 발라 두고, 쉬는 시간에는 책상이 치워지는 등 따돌림을 당하고 있습니다. A는 B가 주도하여 A에 대한 따돌림이 계속되었다고 신고하였는데, B는 그런 사실이 없다고 부인하고 있습니다. 담임교사가 보기에는 A가 따돌림을 당했고, B가 그런 분위기를 주도한 것으로 짐작은 하지만 분명한 근거자료는 없습니다.

(2) 답변자료

A는 B를 따돌림의 가해 학생으로 지목하여 신고하였지만 사실 가해 학생은 다수입니다. 전담기구는 B뿐 아니라, A의 따돌림에 가담한 학생들의 가해 사실을 확인해야 합니다. 우선 피해 학생의 피해 사실에 대한 자세한 진술을 받고 목

격 학생이나 학급전원을 대상으로 한 진술 청취 및 설문조사 등 다양한 방법을 통해 가해 및 피해 사실을 확인합니다.

따돌림 사안의 경우는 가해 및 피해 사실을 확인하고, 가해자를 밝혀내는 것도 중요하겠지만 그보다 더욱 중요한 것은 재발방지입니다. 따라서 가해자가 다수이고 방조자와 방관자가 많은 따돌림 사건에서는 학급 전체 학생을 대상으로 재발방지를 위한 교육과 집단 상담 프로그램을 반드시 실시해야 합니다. 방조자와 방관자의 경우 가해 행위로 특정할 만한 행위를 하지 않았다면 어떤 조치를 할 수는 없겠으나, 교육을 통해 방조자와 방관자도 분명 학교폭력의 가해자라는 사실을 분명히 해야 합니다.

사례 4-2 다른 학생의 강요로 인해 두 학생이 서로 폭행하여 상해가 발생한 경우

(1) 질의 내용

상급생인 A는 하급생인 B와 C에게 한번 붙어 보라고 싸움을 시켰고, 이를 거절할 수 없었던 B와 C가 서로 폭행을 했습니다. 누가 가해 학생이고 누가 피해 학생인가요?

(2) 답변자료

A는 학교폭력 유형 중 강요한 가해 학생이고, B와 C는 강요에 의한 피해 학생입니다. 한편 B와 C는 서로 싸웠으므로 B는 C를 때린 가해자, C에게 맞은 피해자이고, C역시 B를 때린 가해자, B에게 맞은 피해자입니다. 즉 A는 강요의 가해 학생, B와 C는 강요의 피해 학생이면서 폭행의 가해자 겸 피해자가 되므로 모두 세 건의 학교폭력 사건에 대하여 학교폭력대책자치위원회가 개최되어야 합니다.

흔히 서로 폭력을 행사한 경우 상해를 입은 학생을 피해자로, 상해를 입지 않았거나 적게 입은 학생을 가해자로 하는데 이는 잘못된 것입니다. 학교폭력대책자치위원회에서 조치 시 상해의 정도를 고려할 수 있을 뿐입니다. 많이 다친 학생의 보호자는 무조건 피해자라고 주장하는 경우가 많은데 충분한 설명으로 납득시켜야 합니다.

사례 4-3 피해 학생의 아버지가 학교에 찾아와 가해 학생을 폭행한 경우

(1) 질의 내용

초등학생 A가 B를 때렸고, 다음 날 B의 아버지가 교실에 들어와 A를 때렸습니다.

(2) 답변자료

A는 B를 때렸으므로 A는 폭행의 가해자이고 B는 폭행의 피해자입니다. B의 아버지가 A를 때렸으므로 A는 폭행의 피해자입니다. 「학교폭력 예방법」에 의하면, 피해자가 학생이면, 가해자는 학생인지 여부와 관계없이 학교폭력에 해당하므로 B의 아버지의 폭행은 학교폭력에 해당합니다.

따라서 A를 가해자 겸 피해자로, B를 피해자로 보고 필요한 조치를 취하면 됩니다. B의 아버지가 저지른 폭행에 대해서는 고소, 고발은 가능하나 「학교폭력 예방법」에 따른 조치를 할 수는 없습니다.

사례 4-4 두 학생이 서로 폭행한 경우

(1) 질의 내용

급식 시간에 줄을 서 있는 두 명의 학생 사이에 사소한 말다툼 끝에 주먹싸움이 벌어졌습니다.

(2) 답변자료

둘 다 폭행의 가해자인 동시에 폭행의 피해자입니다. 누가 먼저 폭행을 했느냐, 욕설을 했느냐에 따라 가해자가 되는 것이 아닙니다. 맞기만 할 수 없어 한 차례 반격을 했을 뿐이라고 하더라도 반격 행위가 있으므로 가해자의 지위를 면할 수 없습니다. 다만 가해 행위에 대한 조치에서 폭행의 동기, 폭행의 정도를 참작할 수 있습니다. 반격 행위를 정당방위라고 주장할 수도 있겠지만 통상 반격 행위는 방어의 범위를 넘는 과잉방위로써 정당방위가 되지 않습니다.

사례 4-5 쌍방 폭행에서 피해 학생 측이 가해 학생의 전학을 강력하게 요구하는 경우

(1) 질의 내용

급식실에서 국물이 튀었다고 시비가 되어 A는 B의 머리를 때리고 B는 주머니에 있던 커터 칼을 꺼내 보이며 위협하였습니다. A의 보호자는 B가 살인미수죄를 저질렀다고 주장하면서 B를 전학 보내라고 합니다.

(2) 답변자료

A의 폭행과 B의 협박(살인의 고의가 없으므로 살인미수는 되지 않습니다)이라는 두 건의 학교폭력이 발생한 사안입니다. 즉 둘 다 가해자 겸 피해자가 됩니다. A의 보호자에게는 A도 B를 때린 것에 대해서는 가해자가 된다는 사실을 인식시켜야 합니다.

전학 요구는 피해 학생 측의 요구일 뿐이며, 학교폭력대책자치위원회를 열어 A와 B에게 적절한 조치를 하여야 합니다. 다만 사소한 시비 끝에 커터 칼을 꺼낸 B에 대해서는 분노를 적절하게 조절하는 능력이 필요할 것으로 보이므로 B에게는 반드시 교육 및 상담을 실시해야 할 것입니다.

사례 4-6 폭력행위 당시 옆에 서 있던 학생들이 징계처리에 반발하는 경우

(1) 질의 내용

상급학생 여러 명이 하급학생 여러 명을 불러내었는데 상급학생 중 일부가 하급학생들을 폭행하였고, 나머지 상급학생은 옆에서 이를 지켜보고 있었습니다.

(2) 답변자료

직접폭행을 하지 않은 나머지 상급학생들도 집단 폭행의 가해자입니다. 단지 옆에서 지켜보았을 뿐이므로 가해자가 아니라고 잘못 생각할 수도 있겠으나, 같이 하급학생들을 불러내어 혼을 내자는 데 가담한 이상 공범이 되는 것이고, 다른 공범들이 하급학생을 혼내 주다 폭행에 이를 수도 있다는 사실은 충분히 예상 가능한 일이므로, 비록 직접폭행을 행사하지 않았다고 하더라도 집단폭행의 가해자가 되는 것입니다. 또한, 피해 학생의 입장에서 보면 폭행 현장에서 지켜보고 있는 가해자들로 인해 더욱 공포심을 느꼈을 것이고 도주도 할 수 없었을 것이므로, 폭행 현장을 지켜보는 행위는 폭행을 도운 것이 됩니다.

「학교폭력 예방법」 또한 가해 학생을 "가해자 중에서 학교폭력을 행사하거나 그 행위에 가담한 학생."이라고 정의하고 있는 바, 직접 폭력의 행사한 자와 가담자도 가해 학생이 됨은 분명합니다.

사례 4-7 사이버 따돌림에 가담한 학생들에 대한 조치 여부

(1) 질의 내용

A는 자신의 블로그에 B를 험담하는 글을 올리고, 채팅방을 개설하여 20여 명의 친구들과 함께 B를 '찐따'라고 험담하고 B의 사진을 올리는 등 다른 친구들과 함께 사이버 따돌림을 하였습니다. B가 신고하자 자신들은 채팅방에서 대화를 나누었을 뿐이라고 합니다.

(2) 답변자료

A를 비롯하여 B를 사이버상에서 험담한 모두가 사이버 따돌림의 가해자입니다. A가 자신의 블로그에 B를 험담한 내용을 올린 행위, 채팅방에서 다른 친구들과 B를 험담하고 B의 사진을 올린 행위, A의 다른 친구들이 A가 개설한 채팅방에서 A와 함께 B를 험담한 행위 모두 사이버 따돌림에 해당합니다.

인터넷 게시판이 아닌 자신의 블로그에 글을 올렸다고 해서, 자신들만의 폐쇄적인 채팅방에서 험담을 하였다고 해서 학교폭력이 아니라고 주장하나, 반드시 직접적으로 B의 미니홈피를 방문하거나 B가 속해 있는 인터넷 공간에서 B를 공격해야만 사이버 따돌림이 되는 것은 아닙니다.

학교폭력에 해당하는 사이버 따돌림의 경우 형법상 명예 훼손죄나 모욕죄와 달리 공연성을 요건으로 하지 않기 때문에 비밀이 보장되거나 전파될 가능성이 없어도 어떤 경로를 통해서든 피해 학생이 사이버상에서 이루어진 따돌림을 알게 되어 고통을 느끼면 학교폭력에 해당합니다. 참고로 험담의 내용이 사실이어도 피해 학생이 알려지는 것을 원하지 않는 사실이어서 고통을 느끼게 되면 학교폭력이 되고, 듣는 사람이 이미 알고 있는 사실이어서 새로울 것이 없더라도 마찬가지입니다.

5 사례별 대응 방법

사례 5-1 분쟁조정위원회를 통한 학교폭력 사안 처리의 가능성

(1) 질의 내용

학교에 분쟁조정위원회가 구성되어 있는데 학교폭력대책 자치위원회 대신 분쟁조정위원회를 통하여 학교폭력 사안을 처리해도 되는가요?

(2) 대응방안

「학교폭력 예방법」 제12조 제2항 제4호에 의하면 분쟁조정은 학교폭력대책자치위원회에서 진행합니다. 학교폭력대책자치위원회의 심의사항으로 학교폭력의 예방 및 대책 수립을 위한 학교 체제구축, 피해 학생의 보호, 가해 학생에 대한 선도, 피해 학생과 가해 학생 간의 분쟁조정, 그밖에 대통령이 정하는 사항으로 규정하고 있습니다. 따라서 학교폭력대책자치위원회가 아닌 분쟁조정위원회 등 다른 위원회를 통한 학교폭력 사안의 분쟁조정은 불가능합니다.

사례 5-2 사안 처리가 완료된 후 합의를 이유로 징계조치 철회를 요구

(1) 질의 내용

학교폭력대책자치위원회를 통해 가해 학생에 대한 징계조치가 결정되어 가해 학생 측에 징계처분의 통지까지 마쳤습니다. 그런데 이후 가해자 측이 피해자 측과 합의하였다고 하면서 징계조치를 철회해 달라고 요구하고 있는데 어떻게 하면 좋은가요?

(2) 대응방안

학교폭력대책자치위원회의 조치를 철회하는 것은 불가능합니다. 전학 또는 퇴학 조치를 받은 가해 학생은 「학교폭력 예방법」 제17조의 2 제2항의 재심청구 요건을 갖추어 시·도 학생징계조정위원회에 재심을 청구할 수 있습니다. 이 사례의 경우 학교폭력대책자치위원회의 조치 결정이 이미 이루어진 상황으로 가해 학생 보호자는 재심 청구 제도를 통해 권리 구제를 받을 수 있으므로 조치 결정에 대한 철회를 요구할 권한은 없습니다.

학교폭력대책자치위원회는 결정한 조치를 학교장에 요청하여야 하며, 학교장은 요청받은 조치를 14일 이내에 반드시 하여야 합니다(「학교폭력 예방법」 제17조 제1항 및 제6항).

사례 5-3 학교폭력대책 자치위원회 분쟁조정 이후, 합의금에 불만을 제기하여 분쟁조정을 다시 요청한 사례

(1) 질의 내용

한 학생이 학기 초 다른 학생들과 갈등이 일어난 사안에 대해 학교폭력대책자치위원회 개최를 통해 가해 학생에 대한 조치를 하였습니다. 이와 함께 학교폭력대책자치위원회의 1개월간 분쟁조정을 통해 손해배상 합의가 이루어졌습니다. 그런데 이후 피해 학생 보호자와 가해 학생 보호자 간 합의금 문제로 다툼이 발생하자, 피해 학생 보호자와 가해 학생 보호자가 분쟁조정 결과에 불만을 제기하고 있습니다. 이 경우 학교폭력대책자치위원회를 통한 추가적인 분쟁조정이 가능한가요?

(2) 대응방안

「학교폭력 예방법」 제12조 제2항 제4호, 제18조에 따라 학교폭력대책자치위원회를 통한 학교폭력 사안의 분쟁조정이 가능합니다. 그러나 학교폭력대책자치위원회의 분쟁조정은 분쟁 당사자 간 손해배상에 관한 합의가 성립함에 불과하고, 법원의 확정판결과 같은 효력을 갖는 것은 아닙니다. 또한,「학교폭력 예방법」 제18조 제2항에 따라 학교폭력대책자치위원회의 분쟁조정 기간은 1개월을 넘을 수 없습니다. 이 사안의 경우 1개월의 기간이 넘었으므로 추가적인 학교폭력대책자치위원회의 분쟁조정은 불가능하며, 민사재판 등 사법절차에 의해 분쟁이 해결되어야 합니다.

따라서 생활지도 시 피해 학생 보호자 및 가해 학생 보호자에게 1개월간의 분쟁조정 이후의 발생한 분쟁에 대하여는 다른 권리구제 수단을 안내합니다. 또한, 분쟁조정 기한에 따라 분쟁조정 개시일은 학교폭력 발생 후, 분쟁당사자가 조정을 신청할 시 5일 이내에 분쟁조정을 시작하여야 함을 안내하도록 합니다.

사례 5-4 담임교사의 중재로 종결되었으나 가해자와 피해자 측 합의금 문제로 불만을 제기할 경우

(1) 질의 내용

학교생활에 다소 부적응적인 여자 중학생이 학기 초부터 다수의 학생으로부터 괴롭힘을 당해 온 사안을 피해 학생 학부모의 신고로 인지하고 당시 담임교사가 가해자 측과 피해자 측을 잘 중재하여 관련 가해 학생들에 대하여 교내봉사 2시간의 조치가 내려져 집행되었습니다. 그런데 이후 가해 및 피해 당사자 사이에 합의금 문제로 다툼이 발생하자, 가해자 혹은 피해자 측이 학교 측의 위와 같은 조치에 불만을 제기하고 있습니다.

(2) 대응방안

학기 초부터 다수의 학생으로부터 괴롭힘을 당했다면 경미한 사안이 아니므로 담임교사가 종결할 수 없습니다. 학교폭력대책자치위원회를 소집하여야 하는데도 담임교사의 중재로 종결된 사안으로 자치위원회를 열어야 합니다.

사례 5-5 가해자의 조치에 피해 학부모가 불복할 경우

(1) 질의 내용

초등학교 담임입니다. 동급생 간 폭행과 집단 따돌림으로 인해 학교폭력대책자치위원회를 개최하여 가해 학생에 대한 징계 결정을 하였는데 피해자 측 학부모가 위 징계 내용이 너무 경미하다며 이의를 제기하였습니다.

(2) 대응방안

학교폭력대책자치위원회의 조치에 대한 이의신청 절차는 없습니다. 불복 수단은 재심이 유일합니다. 재심청구를 받은 시·도 학교폭력대책위원회는 재심청구를 받은 날부터 30일 이내에 심사·결정하여 청구인에게 통보하여야 합니다.

사례 5-6 법원에서 보호 처분이 내려졌고 학교폭력대책 자치위원회 조치에 학부모가 이중처벌이라고 거부할 때

(1) 질의 내용

폭행사안으로 수사기관에 고소가 되어 법원 소년부에서 보호 처분이 내려졌습니다. 이를 토대로 중지하였던 학교폭력대책자치위원회를 통해 조치하려는데 가해자 측 학부모가 이중처벌이라며 거부합니다.

(2) 대응방안

소년보호 처분과 학교폭력대책자치위원회의 조치는 이중처벌이 아닙니다. 고소가 있다는 이유로 수사기관이 조사를 마칠 때까지 학교폭력대책자치위원회를 중단할 수 없습니다. 경찰의 수사는 형사처벌 또는 소년보호 처분 등을 목적으로 이루어지는 사법절차로서 학교폭력대책자치위원회에서 가해 학생을 교육·선도하기 위한 조치와는 별개의 절차입니다.

따라서 경찰에서 수사가 진행 중이라고 하더라도 학교폭력 사안의 경우에는 학교폭력대책자치위원회를 개최해야 하며, 이를 미루거나 연기할 수 없습니다. 가해 학생이 학교폭력대책 자치위원회 조치를 받은 후 형사처벌 또는 소년보호 처분을 받게 되더라도 이는 이중처벌에 해당하지 않습니다.

사례 5-7 가해 학생 부모와 합의를 했고 피해 학생 부모가 학교폭력대책자치위원회를 철회해 달라고 할 때

(1) 질의 내용

초등학교 6학년 A와 B가 서로 장난을 치다 싸움이 붙었는데 화가 난 B가 일방적으로 A를 때렸습니다. 나중에 이 사실을 알게 된 A의 부모는 학교 측에 학교폭력대책자치위원회를 열어달라고 요청을 했습니다. 그리고 B의 부모에게는 위원회 개최를 철회해 줄 테니 합의금을 달라고 한 사실을 학교 측에서 알게 되었습니다. 학교폭력대책자치위원회가 열리면 가해 학생이 징계를 받게 되고 징계 사실이 학교 생활기록부에 5년간 기록된다는 사실을 안 가해 학생의 부모는 합의금 100만 원을 주고 피해 학생 부모와 합의를 했고 피해 학생 부모는 학교폭력대책자치위원회를 철회해달라고 하였습니다.

(2) 대응방안

당사자 간 합의가 되었다고 해서 학교폭력대책자치위원회의 조치를 철회하는 것은 불가능합니다. 전학 또는 퇴학 조치를 받은 가해 학생은 「학교폭력 예방법」 제17조의 2 제2항의 재심청구 요건을 갖추어 시·도학생징계조정위원회에 재심을 청구할 수 있습니다.

6 성폭력 사례

사례 6-1 학생의 하의를 벗기고 동영상을 촬영, 유포한 경우

(1) 질의 내용

초등학교 5학년 학생들이 수련회 숙소 방에서 A라는 학생이 B라는 학생의 하의를 벗긴 후 동영상을 찍어서 반 전체 학생들에게 유포하는 사건이 발생했습니다. B학생의 부모가 이 사실을 알고 학교 측에 학교폭력 사안으로 신고했으나, A학생은 B학생이 동의하여 행한 장난이라고 주장하면서 고의적이 아니었음을 강조하고 있는데, 이 경우에도 성폭력으로 볼 수 있는지요?

(2) 대응방안

성폭력이며, 학교폭력에 해당합니다. 동영상 등을 정보통신망을 통해 유포하는 행위는 사이버폭력에 해당하므로 정확한 조사를 통해 학교폭력대책자치위원회에서 처리하여야 합니다. 가해 학생이 장난이었으며 고의가 없었다고 주장하나, 악의가 없었다는 취지의 주장인 듯하며, 학교폭력이 성립하는 데 악의의 여부에 대한 판단까지는 필요치 않으므로 적법한 절차에 의한 처리가 진행되어야 합니다.

학교폭력대책자치위원회의 결과를 양측(가해 · 피해자)에 통보하여야 하며, 피해 학생 및 보호자에게 재심절차를 안내하고, 가해 학생 및 보호자에게 거부 · 회피할 경우 초 · 중등 교육법 제18조에 따라 조치를 받게 됨을 알려야 합니다(법률 제17조 제7항).

재발방지를 위한 교육을 위해 이러한 행위가 죄의식 없이 이루어지고 있는 점을 고려하여 가해 학생 및 전체 학생을 대상으로 한 성폭력과 학교폭력 예방교육이 실시되어야 하며, 담임교사와 학부모에 의한 지속적인 계도와 관리가 필요합니다. 아이들은 야동을 게임처럼 생각하며, 게임처럼 행동하는 경향이 있어 현실과 사이버상의 행위를 혼돈하기 쉬우므로 올바른 인터넷 사용, 방지프로그램교육과 정보를 학부모와 공유할 수 있도록 해야 합니다.

사례 6-2 폭력을 행사한 가해 학생이 성범죄자의 자식이라며 전학을 요구한 경우

(1) 질의 내용

중학교 학생 A의 아버지가 성범죄자라는 것을 알게 된 학생 B가 공공연히 소문을 내자 화가 난 A가 B와 말다툼 도중 주먹으로 얼굴을 2회 폭행하였습니다(외상없음). 그러자 B의 부모는 A가 B를 폭행한 것과 A가 성범죄자의 자식이라는 점을 문제 삼아 A의 전학을 요구하고 있습니다.

(2) 대응방안

A가 B를 폭행한 사안은 폭행입니다. B가 A에 대해 공공연히 소문을 낸 사안은 명예훼손으로 A와 B 모두 학교폭력에 해당하므로, 이 둘은 피해자 겸 가해자가 되고, 모두에 대해 학교폭력대책자치위원회를 소집해야 합니다. 학부모의 전학 요구에 학교폭력대책자치위원회의 조치가 좌우되어서는 안 됩니다.

부모에 대한 비방 등이 학교폭력 유형 중 모욕, 명예훼손 등에 해당한다는 점에 대한 교육이 필요합니다. 일선 학교에서는 그 행위가 죄가 된다는 사실을 인식하지 못하고 학생 간에 빈번히 일어나고 있는 사안이므로 담임교사 및 책임교사는 수시로 인지교육을 통해 이를 예방하는 것이 필요합니다.

또한, 학생 A에게 심리치료와 상담 등의 조치가 필요할 수 있습니다. 자신의 부모에 대한 비난, 비방은 본인에 대한 비난보다 더 큰 상처가 될 수 있습니다. 학생 A에 대한 보호조치의 필요성을 적극 검토하여야 합니다.

사례 6-3 담임교사가 피해 학생의 부모와 친인척들의 욕설과 협박에 시달리는 경우

(1) 질의 내용

등·하교를 함께하던 초등학생 5학년 여학생과 2학년 여학생이 있었습니다. 5학년 여학생이 2학년 여학생의 성기를 만지는 등 성추행이 몇 차례 있었는데, 학교 측에서는 모르고 있었던 상황에서 2학년 여학생의 부모와 친인척들이 몰려와 담임에게 욕설과 협박을 하는 상황이 매일 반복되어 담임선생님이 정신적으로 매우 힘들어하고 있습니다. 담임교사는 어떻게 하여야 할까요?

(2) 대응방안

5학년 여학생이 2학년 여학생의 성기를 만지는 등의 성추행이 몇 차례 있었다면 성폭력에 해당하는 학교폭력 사안이므로 「학교폭력 예방법」에 따른 조치를 취해야 합니다. 담임교사는 전담기구와 협의하여 정확한 사안 조사가 이루어져야 하며, 정상적인 절차에 의한 학교폭력대책자치위원회를 개최하여야 합니다. 교사에 대한 행위는 협박죄, 모욕죄, 명예훼손죄 등 형법상의 범죄행위가 성립하고, 매일 학교에 찾아와 난동을 부리는 상황이면 학교에 대한 업무방해도 해당됩니다.

또한, 피해 학생 측 보호자들에 의한 공동불법행위에 대한 단호한 대처가 필요합니다. 사건을 인지한 이상 학교에서 적법한 절차에 의한 처리가 될 때까지 기다려 줄 것을 요청하고, 만약 학교폭력대책자치위원회의 조치에 대한 이의가 있을 시 재심청구가 가능함을 안내하도록 합니다.

그럼에도 불구하고 학교에 찾아와 욕설과 협박 등을 계속한다면, 행위를 자제할 것을 경고하고, 행위에 따른 모욕죄, 협박죄, 업무방해죄로 형사고소할 것인지도 고려할 수 있습니다. 피해 학생 보호자들의 위와 같은 행위로 인하여 정신적인 충격에 따른 고통을 겪는 등 피해를 당하고 있다면 해당 가해자들을 상대로 민사상의 불법행위에 의한 손해배상을 청구할 수도 있습니다(「민법」 제750조, 제751조, 제760조 참조).

그리고 가해·피해 학생 및 학부모에 대한 교육 또한 필요합니다. 피해 학생 보호자들에게 정상적인 절차에 따른 피해 사실의 신고와 처리 절차에 대한 교육이 필요하며, 담임교사보다는 책임교사나 교감, 교장 선생님의 대처가 중요합니다. 성추행이나 성폭력을 저지른 학생들의 경우 재발할 확률이 높기 때문에 이에 대한 적절한 조치와 교육이 필요합니다. 현재 각 시·도 교육청에는 이러한 학생들을 대상으로 성교육을 할 수 있는 Wee센터를 운영하고 있습니다.

사례 6-4 강제추행으로 조치를 받은 후 1년이 지난 지금 학교생활이 힘들다며 이의를 제기하는 경우

(1) 질의 내용

2011년 3월 남학생 A가 여학생 B를 강제 추행한 사안으로 당시 학교폭력대책자치위원회를 통해 가해 학생 및 피해 학생에 대한 조치를 취했습니다. 그런데 피해 학생이 1년이 지난 지금에 와서 "학교에 다니기 힘들다. A를 보면 죽고 싶다."고 하는데, 이런 경우 학교에서는 어떻게 하면 좋을까요?

(2) 대응방안

새로운 피해 사실이 있는지를 확인해야 합니다. 동일한 사안에 대하여 학교폭력대책자치위원회를 다시 개최할 수 없습니다. 피해 학생이 그동안 아무런 문제가 없이 지내다가 1년이 지나 학교 다니기 힘들다고 하고 가해 학생을 보면 죽고 싶다고 호소하는 것은 매우 이례적인 사안으로 피해 학생이 단지 종전 비행만을 문제 삼고 있는 것인지 철저하게 확인하여 새로운 가해 행위에 대하여 필요한 조치를 취해야 할 것이고, 단지 피해 회복이 되지 않고 있음을 호소하는 경우라면 피해 학생에 대한 추가적인 조치를 강구해야 합니다. 혹시 추가적인 비행(강제추행이 아니더라도 주변에 종전 비행에 관련된 내용을 유포하는 등으로 피해자에게 종전 피해를 상기시키는 언동으로 새로운 상처를 준 바 있는지)이 있어 위와 같은 호소를 하는 것인지 확인할 필요가 있습니다. 그리고 정신보건센터와 연결하여 피해 학생에 대한 심리치료가 필요합니다.

사례 6-5 집에서 부모에게 성추행을 당한 경우

(1) 질의 내용

1학년 여학생 A를 면담하는 과정에서 그 의붓아버지(즉 친어머니의 남편) B로

부터 수년간 집에서 추행을 당해 온 사실을 알게 되었습니다. 위 여학생 A는 당장 집에 가기 두렵고 싫다고 하는데, 이럴 때 학교와 담임교사는 어떻게 조치해야 하는가요?

(2) 대응방안

학교폭력이란 학교 내·외에서 학생을 대상으로 발생한 행위를 말하며, 학교와 연관성이 없는 가정 내 성폭력에 대해서는 학교폭력대책자치위원회를 개최할 필요성은 없습니다. 먼저 성범죄 신고의무에 따라 신고해야 합니다. 「청소년성보호법」 제22조는 "학교의 장과 그 종사자는 직무상 아동·청소년 대상 성범죄의 발생 사실을 알게 될 때에는 즉시 수사기관에 신고하여야 한다."고 명시되어 있으며, 동법 제54조 제3항은 "미신고, 허위신고의 경우에 300만원 이하의 과태료를 부과한다."고 규정하고 있습니다. 따라서 직무를 수행하면서 알게 된 사람이 성범죄 발견 즉시 수사기관에 신고하도록 해야 합니다.

그리고 성폭력 예방 및 지도를 철저히 실시해야 하고, 학교는 이러한 범죄가 발생하지 않도록 학교 환경을 개선하기 위한 노력을 해야 합니다. 학교 내에서 발생하는 성범죄의 경우 시청각실, 강당, 음악실, 미술실 등 특별실 등에서 발생하는 경우가 많습니다. 교실창문, 특별실 창문을 밖에서도 볼 수 있도록 하거나 학교 외진 곳에 CCTV를 설치하고 성교육을 통한 사전예방을 위한 대책을 마련해야 합니다.

또한, 학교성폭력 원스톱(one-stop)지원센터, 신고전화(117) 경찰청 통합 대표번호로 신고하면 성폭력, 가정폭력, 학교폭력 피해자를 한 곳에서 지원하고 있습니다. 이곳에는 여성경찰관과 전문상담원이 24시간 근무하고 있으며, 응급(야간)의료진이 대기하고 있습니다. 여성긴급전화(1366), 해바라기 아동센터에서는 13세 미만의 성폭력 아동의 경우 도움을 받을 수 있습니다.

사례 6-6 성추행 가해 학생 부모가 비밀보장을 요구하는 경우

(1) 질의 내용

방학 중 방과 후 수업을 마치고 엄마를 기다리던 저학년 남학생을 6학년 남학생이 함께 놀자며 비어있는 교실로 데리고 가서 성추행을 하였습니다. 가해 학생은 단순한 호기심으로 했다고 하면서 비밀을 보장해달라고 요구합니다. 피해자 및 가해자 학생 모두에게 도움이 될 수 있는 방법으로 문제를 해결하고 싶습니다.

(2) 대응방안

성추행 역시 학교폭력에 해당되므로 학교폭력대책자치위원회를 열어 처리해야 합니다. 또한, 「청소년성보호법」 제22조는 "학교의 장과 그 종사자는 직무상 아동·청소년대상 성범죄의 발생 사실을 알게 된 때에는 즉시 수사기관에 신고하여야 한다."고 하고 동법 제54조 제3항은 "미신고, 허위신고의 경우에 300만원 이하의 과태료를 부과한다."고 명시되어 있습니다. 따라서 성범죄 발견 즉시 수사기관에 신고하도록 해야 합니다. 가해자가 비밀을 보장해 달라고 하여 비행 사실을 숨길 수는 없습니다. 피해 학생에게 어떠한 정신적 후유증상이 없음이 명백하고 나아가 가해자 측과 피해자 측 사이에 화해가 성립함을 전제로 하여서만 위와 같은 담임교사에 의한 사건처리가 가능합니다. 그렇지 않은 경우에는 해당 학교의 장에게 보고될 수 있도록 책임 교사나 교감 등 해당 학교의 학교폭력 문제를 담당하는 전담기구에 소속된 교원들과 협의하는 것이 적절합니다. 학교는 이러한 범죄가 발생하지 않도록 학교 환경을 개선하기 위한 노력을 해야 하며, 성폭력 예방 및 지도를 철저히 실시해야 합니다.

그리고 성추행이나 성폭력을 저지른 학생들의 경우 재발할 확률이 매우 높으므로 이에 대한 적절한 조치와 교육이 요구되므로 가해 학생 재발방지를 위한 성폭력 예방 교육을 실시해야 합니다. 현재 각 시·도 교육청에는 이러한 학생들을 대상으로 성교육을 할 수 있는 Wee센터를 지정하고 있어 학교에서 자체적으로 상담을 하기 보다는 추행의 경우는 Wee센터로 의뢰해서 전문적인 상담을 하는 것이 중요합니다.

부록

참고문헌

부록

▧ 학교폭력 실태조사 설문지 ▧

[시행 2012. 9. 16.] [대통령령 제24012호, 2012. 9. 14., 타법 개정]

학생 여러분, 안녕하세요!

한국교육개발원은 최근 심각한 학교폭력 문제를 해결하기 위하여 전국시·도교육감협의회의 요청에 의해 전국의 초·중·고등학생 여러분을 대상으로 학교폭력 실태에 대한 설문조사를 실시하고자 합니다.

이 조사는 2013년 3월부터 지금까지(6개월 동안) 학교나 학교 주변에서 발생한 학교폭력 경험과 학교폭력에 대한 학생 여러분들의 인식을 조사하기 위해 실시하는 것입니다. 여러분의 응답 내용에 대해서는 비밀이 보장되며, 이 응답으로 인한 불이익은 전혀 없습니다. 응답결과는 학생이 학교폭력에 대한 위협 없이 학교생활을 할 수 있는 학교폭력 방지 자료로만 활용될 것입니다.

감사합니다.

2013. 3.

전국시·도교육감협의회장, 한국교육개발원장

1. 학생 관련 기초 정보(직접 작성)

① 내가 사는 곳: (　　　　　)시·도 (　　　　　)시·군·구

② 내가 다니는 학교 이름과 학년: (　　　　　　)학교, (　　　)학년

2. 성별: ① 남학생 (　)　　② 여학생 (　)

3. 2013년 3월부터 지금까지(6개월 동안) 학생의 피해가 몇 번이나 있었는지 알맞은 곳에 체크(∨)해 주세요.

문항	항목	없음	6개월에 1~2번	한달에 1~2번	1주일에 1~2번	거의 매일
1	친구나 선배에게 맞거나 갇혔다(폭행, 감금)					
2	내가 가지고 있는 돈이나 물건을 빼앗겼다.					
3	친구가 시켜서 강제로 심부름을 했다.					
4	심한 욕설과 놀림 협박을 당했다.					
5	강제추행, 성폭력을 당했다.					
6	친구(들)한테 계속 집단 따돌림을 당했다.					

7	컴퓨터나 스마트폰으로 계속 괴롭힘을 당했다. (채팅, 메신저, SNS, 이메일 등을 이용한 욕설, 비방)					
8	내가 싫다고 하는데도 친구가 계속 따라다니며 괴롭히고 불안하게 했다(스토킹).					

→ ①~⑧번 모든 항목에 '없음'으로 답한 경우 ☞8번으로

4. 주로 어디에서 피해를 당했나요?(하나만 답해 주세요)

학교 안		학교 밖		기타	
	① 교실 안 ② 운동장 안 ③ 화장실 ④ 복도 ⑤ 기숙사 ⑥ 학교 내 다른 장소		⑦ 학원이나 학원 주변 ⑧ 놀이터, 공원, 골목, 공터, 등 ⑨ PC방, 노래방, 멀티방 등 ⑩ 사이버 공간(인터넷,스마트폰) ⑪ 본인의 집		⑫ (　　　　　　　)

5. 시간은 주로 언제였나요?(하나만 답해 주세요)

① 등교시간　② 쉬는 시간　③ 점심시간　④ 수업시간(방과 후 수업 포함)
⑤ 하교시간　⑥ 하교시간 이후　⑦ 기타(　　　　　)

6. 피해를 당한 후 어느 정도 힘들었나요?

① 전혀 힘들지 않았다.　　② 힘들지 않았다.
③ 조금 힘들었다.　④ 많이 힘들었다.

☞ ③, ④에 체크 했을 경우, 힘들었던 내용들을 적어 보세요

(____)

7. 피해 사실을 누구에게 알렸나요?(있는 대로 고르세요)

① 가족(부모님, 형제, 자매 등)　② 친구나 선배　③ 학교 선생님
④ 학교폭력 알림함　⑤ 117학교폭력신고센터, 학교폭력전문기관
⑥ 경찰서　⑦ 기타(　　　　　)

8. 아래의 내용 중 2013년 3월부터 지금까지(6개월 동안) 내가 친구에게 행동한 적이 있는 항목에 체크(∨)해 주세요.

문항	항목	없음	있음
1	심하게 놀리거나 심한 욕설, 협박을 했다.		
2	친구가 원하지 않는데 강제로 심부름을 시켰다.		
3	친구가 가지고 있는 돈이나 물건을 빼앗았다.		
4	친구를 때리거나 어떤 곳에 강제로 가뒀다(폭행, 감금)		
5	친구에게 강제추행, 성폭행을 저질렀다.		
6	어떤 친구를 여럿이서 계속 따돌렸다.		
7	컴퓨터나 스마트폰을 이용해 친구를 계속 괴롭혔다(채팅, 메신저, SNS, 이메일 등을 이용한 욕설, 비방)		
8	친구가 싫다고 하는데도 계속 따라다니며 괴롭히고 불안하게 했다(스토킹)		

→ ①~⑧ 모든 항목에 '없다'로 답한 경우 ☞ 11번

9. 학생은 위와 같은 행동을 혼자 했나요? 아니면 여럿이 함께했나요?(하나만 답해 주세요)

① 주로 혼자 했다. ② 주로 여럿이 함께했다.

10. 상대방 친구의 마음은 어땠을까요?(하나만 답해 주세요)

① 힘들었을 것이다. ② 힘들지 않았을 것이다. ③ 별로 생각해 본적이 없다.
④ 그런 일을 당하는 게 당연하다고 생각했을 것이다.

11. 2013년 3월부터 지금까지지(6개월 동안) 내가 아닌 다른 친구들의 학교폭력을 목격했을 때 주로 어떻게 하였나요?(있는 대로 고르세요)

① 목격한 적이 없다. ② 때리거나 괴롭히는 친구를 말렸다.
③ 가족(부모님, 형제, 자매 등)에게 알렸다.
④ 친구나 선배에게 알렸다.
⑤ 학교선생님, 학교폭력 알림함(신고함)에게 신고했다.

⑥ 학교보안관에게 신고했다.
⑦ 117학교폭력신고센터 또는 학교폭력전문기관에 알렸다.
⑧ 모르는 척 했다.　　⑨ 나도 같이 친구를 괴롭혔다.

12. 학교폭력 예방교육을 통해 어떤 내용을 알게 되었나요?

문항	항목	매우 그렇다	그렇다	그렇지 않다	전혀 그렇지 않다
1	어떤 행동이 학교폭력인지를 알게 되었다.				
2	학교폭력이 나쁘다는 것을 알게 되었다.				
3	학교폭력이 발생하면 학교나 학교선생님으로부터 도움을 받을 수 있다는 것을 알게 되었다.				
4	학교폭력이 발생하면 117학교폭력신고센터 등의 기관에 신고하면 도움을 받을 수 있다는 것을 알게 되었다.				
5	학교폭력 문제를 해결하기 위해 학교폭력대책자치위원회가 개최된다는 것을 알게 되었다.				

13. 앞으로 학교폭력이 발생하면 어떻게 하겠습니까?(있는 대로 고르세요)
① 가족(부모님, 형제, 자매 등)에게 도움을 요청하겠다.
② 친구나 선배에게 도움을 요청하겠다.
③ 학교선생님, 학교폭력알림함, 학교보안관에게 신고하겠다.
④ 117학교폭력신고센터 또는 학교폭력전문기관에게 신고하겠다.
⑤ 잘모르겠다.　　⑥기타(　　　　　)

참고문헌

〈국내문헌〉

강경미(2014). 학교폭력 상담. 서울: 대왕사.

강경미·장정임·김성봉(2014). 청소년의 휴대전화 의존이 학교생활적응에 미치는 영향: 우울과 공격성의 매개효과. 청소년학연구, 21(12), 395-416.

강지명·이유진(2013). 성폭력범죄 가·피해 아동·청소년에 대한 회복적 사법의 적용에 관한 연구. 소년보호연구, 33-69.

강진령·유형근(2000). 집단 괴롭힘. 서울: 학지사.

경기도·교육청(2012). 년 경기도 교육과정. 수원: 경기도 교육청.

경기도교육청(2012). 학교폭력 예방 및 대처 종합 매뉴얼. 경기도교육청 장학자료 제9호.

곽금주(2004). 컴퓨터 게임과 아동, 청소년 발달과의 관련성 연구 개관. 한국심리학회지: 문화 및 사회문제, 10, 147-175.

곽금주(2004). 학교폭력 예방 및 대처: 학교폭력대책국민운동 추진을 위한 전문가 워크숍 자료집. 학교폭력대책국민협의회.

곽영길(2007). 학교폭력 피해에 대한 인식과 경험에 관한 연구: 서울시 고등학생을 중심으로. 동국대학교 박사학위논문.

곽형식(1998). 인간심리의 비밀 뇌기능의 이해. 서울: 학문사.

교육과학기술부(2008). 성폭력 예방 및 성교육 강화.

교육과학기술부(2012). 우리들의 행복한 교실.

교육과학기술부(2012). 학교폭력 사안 처리 가이드북.

교육과학기술부(2012a). 학교폭력 사안대응 기본지침.

교육과학기술부(2012b). 학교폭력 사안 처리 가이드북.

교육부(2012). 학교폭력근절 종합대책.

교육부(2014). 학교폭력 사안처리 가이드북.

교육부(2014). 현장중심 학교폭력 대책 14년 추진계획.

국립국어원 표준국어대사전.

권봉주·박세경·방소영·최송규·류민영(2014). 〈론문 (論文)〉: 학교폭력 예방법과 소년법의 관계 분석. 교육법학연구, 26(3), 27-50.

김귀옥·김순영·배은경(2006). 젠더연구의 방법과 사회분석. 서울: 다해.

김남이(2015). Q 방법론을 활용한 학교폭력의 '무관용 원칙'에 대한 인식분석. 이화여자대학교 박사학위논문.

김다현(2013). 왕따와 집단 괴롭힘을 당한 청소년의 외상 후 스트레스 경험: 명상상담을 기반으로 한 내러티브적 사례연구. 명상심리상담, 10(단일호), 27-38.

김다현·임성숙·정석환(2013). 학교폭력의 예방과 대책. 서울: 동문사.

김동현 · 이규미(2010). 초등학생의 또래지위와 공격성과의 관계: 선호도, 인기도를 중심으로. 초등교육연구, 23(2), 175-194.

김동현 · 이규미(2012). 초등학생의 사회적 행동특성과 또래지위 관계에서 교사 선호도의 중재효과. 한국심리학회지: 학교, 9(1), 1-24.

김범수(2009). 학교폭력의 실태와 예방대책에 관한 연구. 한남대학교 법학박사학위논문.

김선영(2003). 현대 국어 접속부사에 대한 연구, 50-52. 서울대학교 석사학위논문.

김의철(1997). 한국청소년의 가치체계. 한국청소년문화 C 심리-사회적 형성요인. 한국정신문화연구원.

김재엽 · 이서원(1998). 청소년 성폭력 예방과 대책을 위한 성폭력특별법의 개정방향. 한국청소년연구. 27, 1-16.

김진한 · 박선환 · 박숙희 · 우지향(2015). 학교폭력의 예방 및 대책. 서울: 공동체.

김진호 · 김진화 · 송병국 · 오해섭 · 윤명희 · 이택선 · 정효진(2003). 청소년개발지표개발 및 활용방안 연구. 서울: 문화관광부 · 한국청소년개발원.

김태경 · 장경희 · 김정선 · 이상현 · 이필영 · 전은진(2012). 청소년의 비속어 · 욕설 · 은어 · 유행어 사용 실태와 언어 의식 연구. 국제어문 54, 2012.4, 43-93.

김평원(2014). 언어폭력지수 개발을 위한 욕설 자극 반응의 측정과 분석. 화법연구, 26(단일호), 255-287.

김혜숙 · 최동욱(2013).(교사를 위한) 학부모 상담 길잡이. 서울: 학지사.

남미애 · 홍봉선 · 양혜진(2007). 가출청소년 및 청소년쉼터 실태조사. 서울: 국가청소년위원회 · 한국청소년쉼터협의회.

도기봉(2008). 학교폭력에 영향을 미치는 공격성과 생태체계 요인의 상호작용효과. 청소년 복지연구, 10(2), 73-92.

박민정(2006). 초등학교 저학년 학생의 폭력적 언어와 유행어 사용실태 분석. 창원대학교 석사학위논문.

박상돈(2014). 학교폭력 사안의 적법절차에 관한 사례분석. 고려대학교 석사학위논문.

박영남 · 정재환 · 김은정(2015). 학교폭력의 실태분석과 개선방안에 관한 연구. 한국재난정보학회, 11(1), 9-22.

박용순(2000). 연구논문: 청소년 성폭력 예방을 위한 사회복지적 접근-가해자와 피해자를 중심으로. 청소년학연구, 7(2), 137-159.

박유진 · 김재휘(2005). 인터넷 커뮤니티의 사회적 지지가 커뮤니티 몰입과 동일시 및 개인의 자아존중감에 미치는 영향. 한국심리학회지: 사회 및 성격, 19(1), 13-25.

박진규(2000). 청소년 집단 따돌림(왕따) 현상에 대한 사회 · 문화적 분석 연구. 청소년행동연구, 5, 1-30.

박태수 · 고기홍(2007). 개인 상담의 실제(2판). 서울: 학지사.

박효정(2013). 노르웨이의 학교폭력 실태와 대책, 그리고 한국교육에서의 시사점. 서울: 한국교육개발원.

박효정(2013). 어울림 학교폭력 예방 프로그램-중학생용(학교폭력 인식 및 대처). 서울: 한국교육개발원.

박효정(2013). 학교폭력예방을 위한 학교문화 형성요인 분석 연구. KEDI 연구보고서.

서울특별시교육청(2016). 대상별 학교 성폭력 사안 처리 매뉴얼. pp, 10-11.

성동규(2008). 인터넷미디어 정책 방향. 진단과 대한 토론회 3, 21-54.

신혜섭(2005). 연구논문: 중학생의 학교폭력 유형에 영향을 미치는 변인-가해경험, 피해경험, 가해, 피해 중복경험에 대한 분석. 청소년학연구, 12(4), 123-149.

안용진(2007). 학교폭력의 유형별 발생원인과 대처방안에 대한 고등학생의 인식연구. 부경대학교 석사학위논문.

양주연(2004). 아내폭력 노출이 청소년 자녀의 학교폭력에 대한 태도에 미치는 영향연구: Mentor 와의 관계 및 사회심리적 학교환경의 조절효과를 중심으로. 연세대학교 석사학위논문.

오승현(2011). 사이코패스 영화에 내재된 정치적 무의식. 문학과영상, 12(1), 139-163.

유가현(2010). 문학교과서 제재로서의 설공찬전 연구. 강원대학교 석사학위논문.

이경숙(1995). 학생의 왕따현상에 관한 연구. 한국교육개발원.

이기문 · 김진희(1999). 혹시 우리 아이 왕따 아닐까. 서울: 국일미디어.

이상필(1990). 학업우수와 부진아의 욕구 및 성격특성 비교연구. 한국교원대학 석사학위논문.

이성식(2005). 사이버공간의 익명성이 청소년언어폭력에 미치는 영향. 한국청소년연구, 16(1), 77-107.

이성식(2006). 연구논문: 중학생 오프라인과 온라인 폭력 원인모색을 위한 주요 요인들의 적용. 청소년학연구, 13(6), 179-200.

이수영 · 유형근 · 권순영(2010). 초등학교 고학년의 언어폭력 예방을 위한 역할놀이 중심 집단상담 프로그램 개발. 한국유아교육학회, 19(4), 199-214.

이순래(2002). 학교폭력의 원인 및 대처방안에 관한 연구. 연구총서, 2002(40), 1-143.

이순래(2007). 소년사법의 현황과 소년범죄에 대한 대응전략. 형사정책연구, 1047-1080.

이은정(2003). 학교체계 요인이 집단 따돌림 가해 경험에 미치는 영향에 관한 연구: 가해 경험집단을 중심으로. 연세대학교 석사학위논문.

이주형 · 안순철(2013). 학교폭력 예방을 위한 사이버불링(Cyberbullying)에 대한 연구: 미국의 법적 대응의 특징과 법제 도입을 위한 검토를 중심으로. 분쟁해결연구, 11(1), 133-157.

이창호(2009). 도서지역 청소년들의 학교폭력에 관한 연구. 목포대학교 석사학위논문.

이혜미 · 김광수(2013). 초등학교 또래상담의 집단따돌림 예방 효과. 초등상담연구, 12(3), 365-383.

정완(2005). 사이버폭력의 피해실태와 대응방안. 피해자학연구, 329-359.

정은희(2006). 학교폭력에 대한 피해학생의 원인에 관한 연구. 경희대학교 행정대학원 석사학위논문.

정종진(2012). 생태학적 측면에서 본 학교폭력의 유발 요인. 초등상담연구, 11(3), 331-350.

정종진(2012). 제대로 알고 대처하는 학교폭력 상담. 서울: 학지사.

정종진(2013). 학교폭력의 개념. 한국초등상담교육학회 편, 학교폭력의 예방 및 대책. 서울: 학지사.

정종진 · 문은식 · 신붕섭 · 이근배 · 조영종(2014). 학교폭력의 예방과 대책. 서울: 태영출판사.

조벽 · 최성애(2012). 최성애, 조벽 교수의 청소년 감정코칭. 서울: 해냄.

조아라 · 이정윤(2010). 사이버공간에서의 악성댓글 사용에 대한 탐색적 연구. 청소년상담연구, 18(2), 117-131.

조영애(2007). 학교폭력에 대한 인식태도와 대처방안에 관한 연구: 학생, 교사와 학부모, 경찰을 중심으로. 단국대학교 대학원 석사학위논문.

조정실·차명호(2013). 교사와 학부모를 위한 학교폭력 상담. 서울: 학지사.

조주영·오인수(2014). 청소년의 학교폭력 경험유형과 유형변화 및 정서문제 간의 관계. 한국청소년연구, 25(4), 301-323.

조향(2007). 청소년 언어사용의 문제점과 개선 방안. 경원대학교 석사학위논문.

주은선·조병주·이현정(2012). 결혼이주여성의 상담 체험에 관한 질적 연구. 한국심리학회지: 일반, 31(1), 45-76.

지승희·박정민·임영선(2005). 인턴상담원이 지각하는 개인상담 수퍼비전에서의 도움 및 아쉬운 경험. 한국심리학회지: 상담 및 심리치료, 17(1), 75-90.

지승희·이명우·신효정·김태선·송운미·김소라(2005). 학교폭력: 어떻게 도와줄 것인가. 한국청소년상담원.

청소년폭력 예방재단(1996). 학교폭력, 고통받는 아이들을 위해 무엇을 할 것인가: 예방에서 대책까지. 서울: 한울림.

청소년폭력 예방재단(2010). 전국학교폭력 실태조사보고서.

청소년폭력 예방재단(2013). 전국학교폭력 실태조사 결과발표.

청소년폭력 예방재단(2014). 2013년도 전국학교폭력 실태보고서.

최은수(2005). 중학교 학생들의 학교폭력에 대한 의식 연구. 숭실대학교 교육대학원 석사학위논문.

최은숙·채준호(2000). 집단따돌림 가해, 피해 경향과 관련된 심리적 요인에 관한 일 연구. 인간이해, 21(단일호), 109-136.

최준(2009). 소년범죄와 개정소년법. 교정복지연구, 16, 37-63.

최해훈·이경숙·김태련(1998). 영아의 애착 유형과 성인의 애착 표상 유형에 관한 연구. 한국심리학회지: 발달, 11(1), 131-142.

한국교육개발원(2011). 학업상담교사의 자격과 역할: 미래사회 직업세계와 고등학교 교육과정과의 연계방안.

한국교육개발원(2012). 2012년 2차 학교폭력 실태조사 보고서.

한국교육개발원(2014). Wee클래스 전문상담(교)사 직무수행 요건 분석연구.

한국교육개발원(2014). 어울림 학교폭력 예방 프로그램: 공감 중학교 학생용.

한국교육개발원(2014). 학교폭력 예방을 위한 학교문화 형성 요인분석 연구.

한국교육개발원(2014). 학교폭력 예방 표준 프로그램 개발 연구.

한국여성개발원(1992). 성폭력 예방과 대책에 관한 연구.

한국초등상담교육학회(2013). 학교폭력의 예방 및 대책. 서울: 학지사.

한국형사정책연구원(1997). 학교주변 폭력 폭력의 실태와 대책. 연구보고서.

현유정·황매향(2013). 학급 중심 언어문화 개선 프로그램이 초등학생의 언어폭력성과 자기존중감에 미치는 영향. 아시아교육연구, 14(4), 307-332.

〈외국문헌〉

Bandura, A.(1973). Behavioral psychotherapy. *Scientific American*, 216, 78-86.

Bauman, S.(2014). Cyberbullying: What counselors need to know. John Wiley & Sons.

Baumgarten, M., Battista, R. N., Infante-Rivard, C., Hanley, J. A., Becker, R., & Gauthier, S.(1992). The psychological and physical health of family members caring for an elderly person with dementia. *Journal of clinical epidemiology, 45*(1), 61-70.

Bernstein, J. Y. and Watson, M. W.(1997). Children who are targets of bullying: a victim pattern [Electronic version]. *Journal of Interpersonal Violence, 12*(4), 483-499.

Bowen, G. L., Bowen, N. K., & Richman, J. M.(2000). School size and middle school student's perceptions of the school environment. *Social Work in Education, 22*, 69-82.

Bronfenbrenner, U.(1979). *The Etiology of Human Development,* Cambridge. MA: Harvard University Press.

Cohen, G. T.(2000). *Prevention of firearm fatalities and injuries: Public health approach*, in M. Shafil & S. L. Shafil(Eds.), School Violence, Washington, DC: American Psychiatric Publishing, Inc., pp. 219-230.

Coloroso, B.(2008), *The Bully, the Bullied and the Bystander*. N.Y.: Harper Collins.

Erikson, E. H.(1982). *The Life Cycle Completed*. N.Y.: Norton.

Farrell, A. D., Valois, R. E., Meyer, A. L., & Tidwell, R.(2003). Impact of the RIPP violence prevention program on rural middle school studies: A between-school study. *Journal of primary Prevention, 44*, 143-167.

Freud(1905). *Three Essays on Sexuality*(Standard Edition, Vol.7).

Gartrell, N., Herman, J., Olarte, S., Feldstein, M. & Localio, R.(1987). Reporting practices of psychiatrists who knew of sexual misconduct by colleagues. *American Journal of Orthopsychiatric, 57*(2), 287-295.

Hirschi, T.(1967). *Causes of Delinquency*. Berkeley. N.Y.: California Press.

Hoover, J, H., & Juul, K.(1993). Bullying in Europe and the United States. *journal of Emotional and Behavior Problems, 2*, 25-29.

Infante, D. A, & Wigley, C. J.(1986). Verbal Aggressiveness: An interpersonal model and measure. *Communication Monographs, 53*, 61-69.

Juvonen, J., & Gross, E. F. (2008). Extending the school grounds?—Bullying experiences in cyberspace. *Journal of School health, 78*(9), 496-505.

Ketteman, K. E.(2000). *Lars Saabye Christensen's Beatles: A study in literary translation and cross-cultural influence*.

Lenhart, A., Madden, M., & Hitlin, P.(2005). Teens and technology: You are leading the transition to a fully wired and mobile nation. *Retrieved October 12*, 2005, www.pewInternet.org/pdfs/PIP_Teens_Tech_July2005web.pdf

Li, Z. Y., & Nakamura, F.(2006). Cluster formation in protostellar outflow-driven turbulence. *The Astrophysical Journal Letters, 640*(2), L187.

Maslow, A.(1943). A theory of human motivation. *Psychological review, 5*, pp. 370-396.

Murray, J. P.(1999). Studying television violence. In J. K. Asamen & G. l. Berry(Eds.), *Research paradigms, television, and social behavior*(pp. 369-410). Thousand Oaks: Sage.

Olweus, D.(1993). *Bullying at school: What we know and what we can do*. Cambridge, MA: Blackwell Publishers.

Olweus, D.(1994). Annotation: Bullying at school: Basic facts and effects of a school based intervention program. *Journal of Child Psychology & Psychiatry & Allied Disciplines, 35*(7), 1171-1190.

Olweus, D.(1999). Norway. In P. K. Smith et al.(Eds.), *The nature of school bullying: A cross-national perspective*(pp. 28-48). London: Routledge.

Olweus, D.(2003). Prevalence estimation of school bullying with the Olweus bully/victim questionnaire. *Aggressive Behavior, 29*(3), 239-269.

Olweus, D., & Limber, S. P.(2010). The Olweus bullying prevention program. In Shane R. Jimerson, Susan M. Swearer, Dorothy L. Espelage(Eds.,), *Hand book of bullying in schools: An international perspective*(pp. 377-401). N.Y.: Routledge.

Patchin, J. W., & Hinduja, S.(2006). Bullies Move beyond the Schoolyard: A Preliminary Look at Cyberbullying. *Youth Violence and Juvenile Justice, 4*(2), 148- 169.

Pepler, D., & Craig, W.(1995). A peek behind the fence: naturalistic observations of aggressive children with remote audiovisual recording. *Developmental Psychology, 31*, 548-553.

Reicher, S. D., Spears, R., & Postmes, T. (1995). A social identity model of deindividuation phenomena. *European review of social psychology, 6*(1), 161-198.

Salmivalli, C., Poskiparta, E., Ahtola, A., & Haataja, A.(2013). The implemen tation and effectiveness of the KiVa antibullying program in Finland. *European Psychologist, 18*(2), 79-88.

Sherer, M., & Miller, O. K.(2004). Aggression and violence among jewish and Arap youth in Israel. *International Journal of Intercultural Relation, 28*(20): 93-109.

Straus, M. A., & Kantor, G. K. (1994). Corporal punishment of adolescents by parents: a risk factor in the epidemiology of depression, suicide, alcohol abuse, child abuse and wife beating. *Adolescence, 29*(115), 543.

Thomas, M. R.(2006). *Violence in America's school: Understanding, prevention and responses*. Westport, CT: Praeger Publishers.

Willard, N. E. (2007). Cyberbullying and cyberthreats: Responding to the challenge of online social aggression, threats, and distress. Research Press.

Ybarra, M. L., & Mitchell, K. J.(Forthcoming, 2004). Youth Internet Users: Characteristics of harasser-targets and similarities with bully-victims. *The Journal of Child Psychology and Psychiatry and Allied Disciplines*.

Zimbardo, P. G. (1969). The cognitive control of motivation: The consequences of choice and dissonance.

저자소개

최헌철 계명대학교 교육학과 교육심리박사(修了)
동국대학교 교육역량개발원 전임연구원

김정원 계명대학교 경찰행정학과 범죄심리박사(修了)
동몽심리연구소 선임연구원

송성순 계명대학교 교육학과 교육심리박사
대구보건대학교 간호학과 교수

김도진 계명대학교 교육학과 교육심리박사
성덕대학 유아교육학과 교수

예비교사를 위한

학교폭력 예방 및 대책

초판 1쇄 인쇄 2016년 10월 25일
초판 1쇄 발행 2016년 10월 31일

지 은 이 | 최헌철 · 김정원 · 송성순 · 김도진
펴 낸 이 | 김기섭
편 집 인 | 이초롱
펴 낸 곳 | 창지사 www.changjisa.com
08589 서울시 금천구 가산디지털 1로 83 파트너스타워 1차 9층
전화 (02)719-2211~3
팩스 (02)701-9386
등 록 | 1977년 4월 28일 · 제1-421호

ISBN 978-89-426-2344-0 (93330)

값 18,000원

이 도서의 국립중앙도서관 출판예정도서목록(CIP)은 서지정보유통지원시스템 홈페이지(http://seoji.nl.go.kr)와 국가자료공동목록시스템(http://www.nl.go.kr/kolisnet)에서 이용하실 수 있습니다(CIP제어번호: CIP2016027645)